"十二五"国家重点图书出版规划项目

教育神经科学与国民素质提升系列丛书

主编：周加仙 ［美］库尔特·W.费希尔

国家出版基金项目
NATIONAL PUBLICATION FOUNDATION

Educational
Neuroscience

The Evidence-based Educational
Policy-making and Practice

教育神经科学视野中的
循证教育决策与实践

周加仙　等/著

教育科学出版社
·北京·

出 版 人 李 东
责任编辑 刘明堂 王晶晶
版式设计 郝晓红
责任校对 贾静芳
责任印制 叶小峰

图书在版编目（CIP）数据

教育神经科学视野中的循证教育决策与实践 / 周加
仙等著. —北京：教育科学出版社，2016.12（2023.7重印）
（教育神经科学与国民素质提升系列丛书）
ISBN 978-7-5191-0955-4

Ⅰ.①教… Ⅱ.①周… Ⅲ.①脑科学—神经科学—应
用—教学研究 Ⅳ.①G42

中国版本图书馆CIP数据核字（2016）第325246号

教育神经科学与国民素质提升系列丛书
教育神经科学视野中的循证教育决策与实践
JIAOYU SHENJING KEXUE SHIYE ZHONG DE XUNZHENG JIAOYU JUECE YU SHIJIAN

出版发行　教育科学出版社

社　　址　北京·朝阳区安慧北里安园甲9号　　　市场部电话　010-64989009
邮　　编　100101　　　　　　　　　　　　　　编辑部电话　010-64989419
传　　真　010-64891796　　　　　　　　　　　网　　址　http://www.esph.com.cn

经　　销　各地新华书店
制　　作　北京博祥图文设计中心
印　　刷　唐山玺诚印务有限公司
开　　本　720毫米×1020毫米 1/16　　　　　　版　　次　2016年12月第1版
印　　张　19.5　　　　　　　　　　　　　　　　印　　次　2023年7月第2次印刷
字　　数　275千　　　　　　　　　　　　　　　定　　价　45.00元

如有印装质量问题，请到所购图书销售部门联系调换。

◉ 丛书总序

从教育神经科学的视角来看核心素养的培育与国民素质的提升

周加仙

　　教育神经科学是将神经科学、心理学、教育学整合起来，研究人类教育现象及其一般规律的横跨文理的新兴交叉学科。教育神经科学的发展推动了神经科学、心理学与教育学的互动，强化了神经科学、认知科学的研究成果在教育中的应用，促进了教育研究、教育决策与教育实践的科学化。由于注重学与教的脑生理机制与认知机制的结合，强调教育的实证研究范式，明确指向教育决策与实践的科学化，近年来它已成为许多国家教育发展战略的基础，其发展对国民素质的提升与国家综合国力的增强具有重要的价值与意义。

一、教育神经科学的国内外发展简况

　　作为一门诞生于21世纪的新兴学科，教育神经科学得到了发达国家与发展中国家的高度重视，美国、英国、荷兰、日本、加拿大、新加坡等国政府都投入巨额资金来发展这一新兴学科。目前，美国哈佛大学、斯坦福大学，英国剑桥大学、伦敦大学学院等国际著名大学已经成立了60多个教育神经科学专业研究机构与人才培养机构。随着大量研究机构的成立，教育神经科学专业研究人员已然成为国际紧缺人才。

2010年，华东师范大学在国内成立了首个教育神经科学研究中心，综合了教育学、心理学、神经科学三个学科的优势，致力于国际水准、本土特色的教育神经科学研究，并得到了国际学术界的高度关注。国际著名学术期刊《神经元》（Neuron）在2010年的特邀综述中，将华东师范大学列为国际教育神经科学的重要研究机构之一（Carew，Magsamen，2010）。该中心致力于为国家教育政策的制定与教育实践的开展提供科学的依据，为教育神经科学的专业人才培养与我国教育神经科学的发展做出积极的贡献。2012年，我国台湾师范大学也成立了教育神经科学实验室，并将它作为学校迈向顶尖大学的重要创举。

二、从教育神经科学的视角来看核心素养的培育

从教育神经科学的视角来看，核心素养是指学生在先天遗传与进化所形成的特质的基础上，借助正式与非正式的教育，而形成的适应个人终身发展和社会需要的必备品格和关键能力。因此，核心素养是在先天能力的基础上，通过后天的学习而获得的，具有可教育性、可学性、可测性以及可持续发展性等特征。它不仅强调知识与技能的形成，更强调知识与技能的获取。它集知识、能力、态度与价值观为一体，具有整合性与系统性的特征。比如，核心素养中语言素养是指有效地表达和交流的能力，超出了语文的学科范畴。

从教育神经科学的视角来看核心素养，其核心在于人脑的认知能力。认知能力是指接收、加工、储存和应用信息的能力。认知能力包括知觉、记忆、注意、思维、想象、语言加工、数学加工等能力，是学生成功完成学习活动的最重要的心理条件。人脑中存在的不同核心系统支持着核心素养的形成。例如，计算能力源于人类进化而来的数感，数感依赖于人脑中的两个核心系统：精算系统与估算系统。精算系统主要由人脑右侧的颞顶联合区表征，估算系统主要与双侧顶内沟有关。精算系统与估算系统的分离性特征主要体现在加工非符号性数字上，如加工视觉呈现的物体数量，而对于符号数字则不存在精算系统与估算系统。精算系统与估算系统是后天数学能力形成

的核心系统。精算能力可能主要来源于人类自身的文化发展过程，而估算能力则主要来源于人类的种系进化过程。在儿童计算能力的发展过程中，估算能力的发展要相对早于精算能力，表现为从以估算能力为主逐渐过渡到以精算能力为主的发展模式（Dehaene，2011）。大脑中支持几何知识的核心系统也包括两个：其中一个系统表征大尺度的定位，另外一个系统表征小尺度的可操作的物体与形状。只有通过对这两个系统表征的创造性融合，人类才能够理解抽象的欧几里得几何系统。这种融合依赖于人类特有的符号工具，如地图与方位语言等（Battro，Dehaene，Singer，2011）。但是，当前，学校中的几何课程与教学几乎没有关注人脑中空间定位与视觉形状这两类最重要的几何直觉能力，而主要关注的是尺子和指南针；其涉及的心智加工程序主要是逻辑推理，尤其是理论证明。这种背离几何直觉发展规律的几何教学内容安排使得很多学生都无法理解与完成几何学习任务，更无法找到这些学习任务与自然情景下的几何活动之间的关系。这种缺乏生活意义的几何学习势必给学生带来巨大的挑战。反之，如果将空间定位和视觉形状分析作为儿童几何学习的开端，其不仅可以适当的形式在较早的学段，比如幼儿园阶段教授，而且更重要的是，这类几何直觉任务对于幼儿既具有挑战性，又能使之获得满足感。关注几何直觉发展规律的几何教学改革，不仅会提高学生学习几何的兴趣，而且还能够提高几何教学的效益。

本丛书从教育神经科学的视角出发，通过系统地阐述核心素养形成的脑与认知规律，从道德、语言、数学、体育与音乐等不同能力展开，从全新的角度来探索基于核心素养的课程编制与教育决策的科学基础，力图为国民素质的提升提供科学的依据。

三、教育神经科学视野中的国民素质提升

国民素质是一个国家的民众所具有的相对稳定的综合品质。素质（predisposition）是指"人生来就具有的某些生理解剖特点，特别是神经系统、脑、感觉器官和运动器官的生理解剖特点。它是能力形成和发展的自然前提"（林传鼎，陈舒永，张厚粲，1984）。它以内在的形式存在，在个体与外部世界接触的过程中，作为主体的内在属性表现出来（单培勇，

2010）。因此，素质是在人的生理基础之上，在教育的影响下逐步形成的。它孕育于生命之初，在生命的发展过程中逐步完善，在先天禀赋与后天教养的共同作用下形成。

素质的形成包含生理、心理、文化、思想等四个不同的层面（柳夕浪，1991）。生理层面提供了生物进化过程所赋予人的先天潜能，这为人的发展提供了可能性。但是与其他动物不同的是，人在出生以后，幼态持续的时间比其他动物都长，这是因为，人的遗传本能并没有为人提供完善的特定化图式，来满足人在成长过程中的各种需要。因此，人需要在后天的教养环境中得到进一步的发展。人的生理素质是教育的必要基础，而教育会对人的基因、人脑的结构与功能产生重要的影响。素质的心理层面是指人脑的机能，是人脑对客观社会现实的主观反映。人脑具有可塑性，人脑的可塑性为人类学会识别与使用人脑所创造的各种文化产品奠定了基础。教育利用人脑的可塑性，通过神经元的再利用过程（周加仙，2011），使脑神经的结构与功能产生改变。

人的心理素质是在人的认知与情绪活动中逐渐形成的相对稳定的心理状态与心理特征。在儿童期，人脑神经联结的冗余，提供了人发展的多种可能性。现代神经科学的研究进一步表明，人脑终身具有形成新的神经联结的能力，因此，人的素质的发展是终身的过程。

但是，人的潜能并不是无限的，文化对人的生理机能的延伸与改变受到生物遗传因素与认知神经机制的制约。与遗传作用相比较，文化教育对人的某些生理素质的改造作用是有限的。素质通过文化与人的心理、生理过程的交互作用，对人脑的结构与机能、人的先天禀赋产生了重要的影响。从认知与情感交融为一体的宗教文化，到认知与情感分离的科学文化，再到情感高度发达所形成的艺术文化，构成了素质的文化层面。人的文化素质使得人类逐步脱离动物性的本能，拥有了理智。人类长期以来不断积累起来的宗教文化、科学文化、艺术文化成果，依靠文化积累与传承的棘轮效应（ratchet effect），能够超越个体的生命而存在，并且不断积累与扩大。

思想是素质发展的高级形态，具体体现在人生观与价值取向上，表现在对现实问题的独特看法中。人生观与价值取向是在社会情境中，通过社会实践而逐步形成的。对于个体而言，传承下来的文化成果不是自己的原创产品，但人对这些文化成果的内化过程却具有原创性，个体需要借助主体的建构活动，经历行为练习、动作内化、思维发生、文化积淀等复杂过程，重演人类创造文化的历程（柳夕浪，2014）。

素质的生理、心理、文化、思想等不同层次，具有时间上的先后顺序和内容上的层次递进关系。后者由前者构造而成，并对前者具有反作用，即思想对文化的改造、文化对心理的濡化、心理对生理的调节等。从生理、心理到文化、思想，通过环境教养因素与先天遗传因素的相互作用，人的素质逐渐形成（袁贵仁，1993）。其中，有组织、有计划的教育发挥着将生物人转化为社会人的重要功能。从某种意义上来说，教育实质上就是人脑的培育（巴特罗，费希尔，莱纳，2011）。因此，基于素质形成的科学规律而构建的国民教育体系，可以有效地培育国民的整体素养，进而提升国民的整体素质。

国民素质的高低是国家综合实力强弱的决定性因素。提高国民素质的主要途径在于国民的学习和教育。学校集中了人的素质生成所需的优质文化养料，但学习者还需要主动吸收校外环境的文化营养。素质的培养需要科学地设计教育环境，根据学习者的脑与认知加工规律，探索最有效的教育模式，让学习者有选择地"复演"人类思想与文化精神发生的过程。素质的培养还需要情感与理智的协调发展。虽然，人类的某些天赋能力在后天适宜的环境中可以得到自然的展开与发展，有时并不需要刻意的培养，但是生活世界的许多技能都需要在先天能力的基础上，通过长时间的刻意学习才能获得（柳夕浪，2014）。素质的可教育性与可塑性，并不能完全脱离先天的遗传限制，但是，文化教育可以对先天遗传机制进行一定程度的改造。因此，加强教育神经科学的研究与应用，以科学的研究成果来提升国民素质，具有重要的理论意义与实践价值。

综上所述，素养是素质的下位概念，具有可教育性、可学性、可测性与可持续发展的特点。无论是核心素养还是综合素质，都具有综合性与整体性的特征。本套丛书采用分析性的思维方式，将人的素质分解为具有独立性质的身体素质、心理素质、道德素质、科学文化素质、审美素质等，是为了更好地阐明素质的独特性质，但是素质的这些组成要素彼此交织在一起，实质上无法分离。素质与学校开设的课程之间也不存在简单的一一对应关系。素质的整体性要求学校的教育活动具有综合性，这样才能培养全面发展的人。

基于上述思考，本丛书从教育神经科学的角度来探索核心素养的形成规律，进而为国民素质的提升提供科学的依据。我们的这一构想得到了哈佛大学库尔特·W.费希尔（Kurt W. Fischer）教授的大力支持。作为华东师范大学教育神经科学研究中心的名誉教授，他自中心成立以来一直积极支持中心的研究，并欣然担任本丛书编写组的总顾问，对本丛书的设计发挥了重要的引领作用。本丛书也是我们这个全国性教育神经科学研究团队集体智慧的结晶。自2010年我们成立"教育神经科学与国民素质提升"研究团队以来，队伍不断壮大。在研究的过程中，部分研究者对自己所研究的领域进行了深入而系统的思考，逐渐汇聚成书，才有了本丛书的问世。课题组成员在美国、意大利、英国、阿根廷、澳大利亚等国召开的国际教育神经科学会议上，以及国内的神经科学、心理学、教育学学术研讨会上发表论文与报告，得到了国内外同行的关注。课题组成员还通过教育神经科学沙龙、电子邮件、电话讨论等多种方式进行研讨，在这个讨论的过程中，我们的队伍不断取得进步。各分册的作者在丛书启动之前，或者在丛书的写作过程中，都到美国、英国、澳大利亚等不同的国度的不同大学进行为期一年或者两年的访学，这使得各位作者能够将不同国家的最新进展与研究思路反映到著作中，使读者们能够通过本丛书了解国内外教育神经科学的最新发展状况。另外，本丛书是对教育神经科学所涉及领域的一个初步探索，各部分均可以进一步拓展与深化。

本丛书的正式出版离不开教育科学出版社刘明堂主任的大力支持与帮助。他全程参与了丛书的策划，并在研究的过程中给予指导与督促，使得我们如期完成了书稿的写作任务。在研究的过程中，我们的论文陆续在国际与国内期刊，如《心智、脑与教育》（*Mind, Brain and Education*）、《华东师范大学学报（教育科学版）》、《全球教育展望》、《教育发展研究》、《教育生物学杂志》、《人民音乐》、《中央音乐学院学报》、《体育科学》等上发表。感谢这些学术期刊对教育神经科学的大力支持。我们期待有更多的学者投身于这个新兴而又重要的研究领域，为了中华民族的复兴、为了每一位学生的发展而贡献力量。

参考文献

巴特罗，费希尔，莱纳，2011.受教育的脑：神经教育学的诞生［M］.周加仙，等译.北京：教育科学出版社.

林传鼎，陈舒永，张厚粲，1984.心理学词典［M］.南昌：江西科学技术出版社.

柳夕浪，1991.谈素质教育［J］.教育研究（9）：17-24.

柳夕浪，2014.从"素质"到"核心素养"：关于"培养什么样的人"的进一步追问［J］.教育科学研究（3）：5-11.

单培勇，2010.国民素质发展规律研究：国民素质学新论［M］.北京：人民出版社.

袁贵仁，1993.人的素质论［M］.北京：中国青年出版社.

周加仙，2011.教育即大脑皮层的再利用：与斯坦尼斯拉斯·迪昂院士的对话［J］.全球教育展望，40（4）：14-19.

Battro A M，Dehaene S，Singer W J，2011. Human neuroplasticity and education ［Z］. Vatican City：The Pontifical Academy of Science.

Carew T J，Magsamen S H，2010. Neuroscience and education： An ideal partnership for producing evidence-based solutions to guide 21st century learning［J］.Neuron，67（5）：685-688.

Dehaene S，2011. The number sense：How the mind creates mathematics ［M］.New York：Oxford University Press.

◉ 目录

第一部分

教育神经科学与循证教育研究

第一章

教育神经科学：走向循证教育决策与实践

　　17世纪，两位天文学家用两种完全不同的方法来研究太阳系。1609年，伽利略（G. Galilei）制作了第一架天文望远镜，并运用望远镜来观察新的星星以及月球表面的特征。而同时代的西茨（F. Sizi）则运用思辨的方法来研究太阳系。他嘲笑伽利略的发现，他说，太阳系只有7个行星，如果增加行星的数量，整个宇宙系统就会毁灭。他认为，人们用肉眼无法看到伽利略所发现的新星，而且它们对地球也没有产生任何影响，所以这些新星是不存在的（Sackett et al., 1996）。西茨和伽利略的故事告诉我们，要认识世界、改造世界，不能仅仅依靠纯粹的思辨，不管这种思辨是多么具有逻辑性、创造性或者现代性。4个多世纪以来，伽利略的实证研究方法显示出巨大的力量。科学发展的历史事实已经雄辩地说明，实证研究方法是推动知识发展与实践创新的巨大力量。技术上的突破，使得科学有了突飞猛进的发展。伽利略制作的第一架天文望远镜，使天文学彻底告别了古代和中世纪占星术的迷信；17世纪英国物理学家胡克（R. Hooke）制作了显微镜，意大利人马尔皮基（M. Malpighi）运用显微镜来观察生物体的组织结构，将人类的视觉从宏观世界引入微观世界，这直接推动了19世纪细胞学、微生物学等学科的建立。1983年，西门子在德国汉诺威医学院成功安装了第一台临床磁共振成像设备，并逐步将其运用于人的认知研究，使人类的视觉从客观的物质世界深入人的主观世界。总之，技术的发展为科学研究提供了强大的工具。没有航天科学研究者的贡献，人类无法登上月球；没有生物医学研究者的共同努力，人类无法攻克医学难题，达到延年益寿的目的。同样，没有科学知识指导的教育改革，亦无法产生深远的影响。真正的知识必须通过科学的研究才能获得，教育决策与教育实践也需要科学证据的支持。

然而，长期以来，教育研究主要以思辨为主。思辨性的教育研究使得教育领域迄今为止没有像其他科学领域一样积淀下可供反复证明或检验的科学知识。没有科学的依据，是世界上许多地方的教育改革仍然如钟摆一样在不同的理论流派间摇摆的根本原因。在这种情况下，循证教育决策与实践应运而生。进入21世纪以来，教育改革与实践所面临的环境更加复杂。借助各种先进的研究手段与研究技术，研究者们对教育决策与实践开展科学的研究，使得教育决策与实践建立在更加坚实的科学基础之上。

◎ 第一节　循证教育决策与实践产生的背景与主要内涵

一、循证教育决策与实践产生的背景

在社会科学与自然科学领域，学科的科学化进程是循序渐进的。物理学、化学的科学化进程提升了学科自身的地位并吸引了许多学科加入科学化的行列。早在17世纪，生物学在传统的观察法、分类法、比较法的基础上，引入实验方法，如哈维（W. Harvey）的血液循环等实验方法。经过几个世纪的发展，生物学中的实验法不断完善，技术手段不断更新，层析、电泳、同位素示踪、X 射线衍射分析、示波器、激光、电子计算机等方法和工具，使得生理学、细菌学、生物化学、胚胎学、细胞学和遗传学等成为严谨、科学的生物学的分支学科。在生物学的影响下，医学也逐渐脱离纯粹的经验观察、理论思辨的研究方式，转向以病例对照研究、队列研究、随机对照实验、回归分析等实验方法为主的科学研究方式。

随后，社会科学也加入了这一行列。科学心理学的奠基人冯特（W. Wundt）于1879年在德国莱比锡大学创建了第一个心理学实验室，他借鉴生理学的实验法，使得心理学从哲学思辨中分离出来，成为一门新的科学学科。循证决策与实践的思想对心理学产生了重要的影响。2006年，美国心理学学会（American Psychological Association, APA）发起了在心理学中实施循证决策与实践的倡议。在教育学领域，研究者在定性、思辨方法的基础上，逐渐引入调查法、量表法，甚至实验法等量化研究方法，形成了"实证教育学"或"实验教育学"。21世纪，随着脑成像技术在教育学领域的应用，一门结合心智、脑与教育的新兴学科逐渐兴起，这就是教育神经科学。教育神经科学为教育决策与实践提供科学严谨的证据，这些证据的科学性达到了"金标准"（gold standard）。这种将生物学与社会科学结合起来的研究方法席卷了整个社会科学领域。在经济学领域，神经经济学在运用客观的方法来描述、解释、预测与控制人的经济行为的基础上，进一步从生理层面来精确、量化地描述经济行为，侧重研究脑与外界环境的交互作用是如何影响经济行为的，其重点是研究个体的经济决策过程；在政治学领域，神经政治学将生物学的研究基础与手段引入政治学的研究中，着力研究政治决策过程中的生物学与神经生物学基础。此外，诸多其他的神经类学科也逐渐形成。例如，神经美学着力建立美学体验；神经儿科学与神经老年病学研究脑的早期与晚期发展；神经神学则研究灵性与神秘体验的神经逻辑基础；神经精神分析学主要研究精神分析理论所描述的神经过程背后的神经基础；神经伦理学则探求道德行为的神经基础，致力于研究神经科学知识及其应用的伦理、社会和法律效应。所有这些领域并不是强调还原主义，而是强调对话、学科交叉以及神经科学与其他领域之间的双向交互作用。经过漫长的科学化进程，许多学科从思辨与内省范式的研究转向科学研究，逐渐成为一门科学的学科，并在研究的技术手段与研究方法方面逐渐向纵深发展。

　　循证决策与实践运动顺应了国际性学科科学化的趋势，并得到了发达国家政府的高度重视。例如，"基于证据的政策和基于证据的政府"（evidence-based policy and evidence-based government）的观念在英国政府，包括英国教育管理层中得到了广泛的传播和应用（Davies，2004）。在美国，对循证教育决策与实践产生巨大影响的是美国的《不让一个孩子掉队法案》（*No Child Left Behind Act*）。该法案规定：联邦政府资助的计划与实践必须"以科学研究为基础"。法案将基于"科学的研究"

（scientifically based research）定义为：

（A）运用严格的、系统的、客观的程序来获得与教育活动和项目相关的可靠而有效的知识。

（B）包括：

1.采用系统的实验方法，如观察或实验方法等。

2.进行严格的数据分析，这种分析要适合于验证所提出的假设，证明一般结论的合理性。

3.利用测量法或者观察法，提供可靠的、有效的证据，这些证据不因评价者与观察者、测量方法与观察方法、实验研究者的不同而不同。

4.运用实验设计或者准实验设计进行评估。在实验设计中，根据不同条件对个体、项目或者活动进行研究，运用适当的方法来评价不同的条件所产生的结果。倡导随机分配实验或者其他包括内部条件与外部条件的设计。

5.保证实验研究描述详细且清晰，可以重复，或者至少提供机会系统地提出研究结果。

6.被同行评议的杂志接受，或者通过同样严格、客观和科学的评审，得到独立专家团体的认可。

这部法案中有111处提到了"基于科学的研究"。例如，该法案的第1条指出："促进学校改革，确保孩子获得有效的、基于科学的教学策略以及具有挑战性的学术内容。"根据这一条款，联邦政府还为处境不利的儿童划拨了巨额资助，并要求各州与地方教育当局督促接受资助的学校根据科学的研究证据来确定核心教育计划。它还要求学校的改革要确保教师专业发展、教学策略、教学方法是基于科学研究的，并且已经证明在解决具体的教学问题方面是有效的，而且这些教学问题的有效解决将使学校整体水平得到提升。由此可见，《不让一个孩子掉队法案》鼓励教育研究者提供更好的、更有用的证据，让教育决策者与教育实践者运用科学研究反复证明其有效性的证据来做出最佳的教育决策，采用科学有效的教学方法。法案还规定，州教育主管部门、高等院校或者州一级认定的专业发展培训机构提供的所有技术性的援助也必须达到科学的标准，以保证新课程、教学策略达到科学的标准。同时，提高低成就学生学习成绩的具体措施也要符合科学研究的要求。在教学材料如教学软件的设计或者实施阅读计划方面的资金投入，或者运用于专业发展机构与地方学校管理部门之间合作的资金，都必须通过"基于科学研究"的标准来确定。同时，美国教育部还制定指南，帮助学校的领导判断教育计划或者实践是否达到了科学的标准。这对于学校的发展非常重要。因为，研究计划与实践的选择将最终依靠学校领导的专业判断能力与专业知识。

2015年12月10日，美国政府颁布的《让每一位学生成功法案》（*Every Student Succeeds Act*）进一步强调了教育研究的科学性。该法案在科学的阅读研究方面详细规定："科学的阅读研究是指（A）运用严格的、系统的、客观的程序获得的有关阅读发展、阅读教学、阅读困难的有效知识；（B）包括：采用观察或者实验等系统的实证研究方法；适合验证假设和证明一般结论的严格数据分析；为评估者、观察者提供有效数据的测量或者观察方法，其有效性得到不同的测量和观察的验证；通过比较严格、客观与科学的评审而被同行评估期刊所接受或者得到独立专家组的评估而通过的研究成果。"

该法案针对《不让一个孩子掉队法案》实施过程中存在的问题做了进一步的规定："不得支持向学校传播不科学的、没有医学证据的或者不准确的材料的行为；不得支持阻止传播科学的、有医学证据的或者准确材料的行为。"

综上所述，循证教育决策与实践运动对教育神经科学的诞生与发展起到了重要的促进作用。

二、循证教育决策与实践的主要内涵

（一）循证教育的内涵

"循证教育"一词由剑桥大学教育学院的哈格里夫斯（D. Hargreaves）教授于1996年率先使用（Hargreaves，1996），也有人将它称为"基于研究的教育"（research-based education）、"基于文献的教育"。对循证教育的阐释最有影响的当属牛津大学的戴维斯（P. Davies），他指出，"正如循证医学指的是'将个体的临床专业经验（expertise）与来自外部系统研究中可以获得的最佳证据相结合'，循证教育指的是将个体教与学的专业知识与来自外部系统研究中可以获得的最佳证据结合起来"（Davies，1999）。"循证教育最重要的特征在于双向互动的过程，即将个体的经验判断与可以获得的证据结合起来，从而拓展个体的经验与判断；研究与获得证据，探讨与验证教师、学生和学习共同体中其他人士的专业经验。"（Davies，1999）

美国国家研究院（American Institutes for Research，AIR）首任院长怀特赫斯特（G. J. Whitehurst）博士指出，循证教育是指专业智慧与最佳实验证据相结合以决定教学方法的一种教育研究与决策方式。专业智慧是指个体通过经验而获得的判断力。实验证据则来自心理学、神经科学、社会学、经济学等科学研究成果，尤其是教育环境中的研究成果。在实践中客观地测量教育教学效果以进行比较、评价以及监控进展情况。在循证教育中，最为重要的是专业智慧与实验证据。没有专业智慧，教育就不能适应当地的情况，在缺乏研究证据或者研究证据不完整时，教育者就不能够机智地进行教育决策，不能形成有效的教育方法，产生累积性的知识，或者避免流行的趋势、想象以及个人的偏见。

综上所述，循证教育的核心思想是实践者运用的教育方法应该得到评估以证明其有效性，研究的结果应该反馈到实践中以影响实践，从而将研究与日常的教学实践紧密地联系起来。循证教育的理念正在改变教育中的方方面面，包括：专业发展计划的实施；教育科研项目的评审；专业论文的撰写；研究问题的提出、研究的设计与问题的解决等。

（二）循证教育决策与实践的内涵

教育决策分为两种，一种是传统的基于观念的（opinion-based）决策，一种是循证（evidence-based）决策。循证决策是指决策者在进行决策、制订计划时，将能够获得的最佳研究证据置于制定与实施政策的核心，根据多方面的信息，并结合专业人士的智慧与价值观来做出决定（Davies，1999；Buysse，Wesley，2006）。以往根据专家意见的决策不是依赖于选择性的证据（如没有关联性的单个研究），就是取决于个人或者团体没有经过验证的意见，常常受到意识形态、偏见或者推测猜想的影响。在卫生保健领域以及其他一些公共政策领域，根据专家意见的决策已经逐渐让位于循证决策。循证教育决策与实践不是一种稍纵即逝的流行趋势，而是一场持久而深入的教育改革运动。循证教育决策与实践作为教育界新出现的一个术语被广泛运用于专业杂志、学术会议、课题申请、互联网等领域。综上所述，循证教育提倡将教育人员的专业智慧、实践经验与目前能够获得的最佳的研究证据结合起来，以慎重、准确而明智地做出教育决策、开展教育实践。循证教育强调的是教育决策与教育实践必须建立在最佳的教育科学研究证据的基础上，因此，其所强调的教育科学研究是一种不同于以往基于经验与思辨观点的教育研究。循证教育所倡导的精心设计的实验、契合的实验方法与技术以及在分析数据时的逻辑性、推理性以及可重复性，使得循证教育的研究结果具有说服力。而使研究具备说服力的一个重要因素是同行评议过程，即在研究方法方面受过专门训练的研究人员对彼此的研究工作进行评价，这对于保证研究方法与研究问题和结果的匹配具有重要的作用。循证教育研究的倡导者号召研究者躬身开展教育实验，通过测量与观察等途径来解决教育中的问题。而研究问题的重要性常取决于它与先前研究、理论的关系，取决于它与政策和实践的相关性。

三、教育研究的科学性

教育界对教育研究方法往往持三种不同的观点（Buysse, Wesley, 2006）。一种是完全否定教育的科学研究方法，认为教育问题非常复杂，难以预测。通过反复的实验来达成对复杂问题的预测与系统控制的科学研究难以实施，因此运用解释性的质性研究方法，将教师的技艺性知识作为核心知识。另一种观点则支持教育中的科学革命，认为教育领域缺乏与科学领域一样可持续的知识与实验证据是造成教育中一种流行趋势取代另一种流行趋势的主要原因。第三种观点则采取折中的方法，持这种观点的人认为，实验研究也有缺陷，研究中所选择的方法应该适应特定的研究问题。在随机实验难以实施的时候，可以借鉴传统的质性研究方法。为了指导教育中的科学研究，美国国家研究委员会提出了6条科学研究的原则（National Research Council，2002）。

第一，提出有价值的、能用实证的方法来进行研究的问题。科学研究的重要特征是所提出的科学论断或者假说可以被测试或驳斥，求取证据的研究方案必须反映对已有理论、方法和实证工作的扎实了解。

第二，把研究与理论联系起来。科学研究的目的是形成普遍适用的理论，因此任何一个具体的科学探究行为都是在已有的理论框架的指导下进行的，通过对已有的理论进行修正和完善来积累科学的知识。

第三，运用能够直接研究该问题的方法。研究方法的适当性与有效性依据课题而定，经过不同方法的验证，可以得出科学且正确的论断。

第四，提供连贯且明晰的推理过程。科学的推理是根据观察，提出解释、结论或进行预测，这是一个"从实证到理论，然后再回到实证"的循环往复的过程。推理的过程具有连贯性、可分享性和说服力，推理的结果具有一定的适用范围。对推理过程的描述与分析有助于他人批评与分析。

第五，研究可以重复并具有可推广性。基于有限观察的研究结果被重复验证时，就推进了科学知识的积累。

第六，公开研究情况，便于专业界的讨论与批评。科学研究的广泛传播与同行评议可以促进科学的发展，科学家专业团体共同执行的规范可以提升科学研究的客观性。

教育具有特定的价值取向，并具有多样化的复杂特征。教育中学科门类多样，专业组织繁多，教育机构与实践遍及不同的地理区域与不同的文化环境。不同学科的期望、对待学生与教师等参与者的伦理道德问题、理论与实践的联系问题等都是需要考虑的重要问题。物理、社会、文化、经济和历史环境因素都会影响教育，因此在运用这些原则时，会面临非常复杂的情况。在教育中运用这些科学原则必须考虑到教育的这种独特性与多样性。关注教育的独特性与多样性对于理解如何根据不同环境中儿童与家庭的多样性来概括不同的理论和研究成果非常重要（National Research Council，2002）。在确定教育干预与教育实践的证据时，科学严谨性是教育研究者必须密切关注的一个重要因素。另外，方法的适切性也很重要。

例如，要研究提高学生成绩的方法，就需要研究者和实践者的长期合作。

但是，需要指出的是，美国国家研究报告虽然对于科学的教育研究具有重要的借鉴意义，但是，该报告的一个明显的缺陷是，重视了量化研究，却忽视了质性研究在教育中的重要作用。教育神经科学的研究既重视量化研究，也重视质性研究在转化应用中的作用。

◎ 第二节　循证医学的核心思想对循证教育的启示

一、循证医学的核心思想

循证教育是循证医学（evidence-based medicine, EBM）的思想与方法在教育中的运用与发展。因此，了解循证医学的发展与核心思想对于理解循证教育的理念具有重要的意义。

循证医学发轫于20世纪中后期的西方国家，是针对传统医学的弊端而产生的。传统医学的主要特征是以教科书理论为基础，结合个人的实践经验、资深医生的指导、医学期刊的个别研究报告，针对患者的实际情况而做出临床决定。这种医学模式没有充分利用已有的医学信息资源，医生往往根据经验、直觉、基础理论或动物实验结果的推理以及零散的、非系统的病例研究结果来指导临床实践，导致许多医生在临床上长期使用一些无效的或有害的信息。临床研究证据的获得比较困难，导致临床医生能够得到的研究证据常常是滞后的，加之人们辨别证据质量的能力有限，一些真正有效的治疗方法长期得不到推广，而部分无效甚至有害的治疗方法却在广泛使用，高额的医疗费用往往换来的是没有证据证明其功效的治疗方法。为了能更充分、合理地利用医学资源，循证医学应运而生。

萨科特（D. L. Sackett）及其同事将循证医学定义为："循证医学将最佳的研究证据与临床专业知识与技能和病人的价值观结合起来。"（Sackett，1997）英国著名医学家科克伦（A. L. Cochrane）、美国耶鲁大学的费恩斯坦（A. R. Feinstein）教授、加拿大的萨科特教授为循证医学的创立做出了卓越的贡献。1972年，英国流行病学家科克伦提出，医护工作应该建立在合理的证据之上，应根据某一种治疗措施，在全世界收集相关的随机对照研究进行评价，并以得出的综合结论去指导临床实践。科克伦在其《效力与功效》（*Effectiveness and efficiency*）一书中批判医学领域没有以系统的、可靠的、累积性的方式来组织其知识，导致了混乱的、无效的、有时甚至是有害的保健护理模式被运用于临床实践。他的这种批判引起了学术界的高度关注。20 世纪80 年代，加拿大麦克马斯特大学（McMaster University）将这种根据"证据"而开展临床实践的工作模式称为循证医学。这个观点得到了加拿大学者盖亚特（G. Guyatt）的积极支持。1992 年，加拿大麦克马斯特大学的萨科特教授及其同事在大量的流行病学研究的基础上，对循证医学的概念进行了整理和完善，其核心思想是审慎地、明确地、明智地运用当代的最佳证据，对个体病人做出医疗决策。综合不同专家的观点，循证医学是指临床医生慎重地、准确而明智地应用当前所能获得的最佳临床证据，并结合医疗人员的个人专业技能、多年临床经验、患者的独特价值取向、权利与期望和实际情况，制定出最佳治疗方案的一种医学决策与临床实践（Straus et al., 2005）。其中，最佳临床证据主要指临床研究证据，特别是以患者为中心的有关诊断、治疗、预后、预防及康复等方面的高质量临床研究证据。新的研究证据往往会纠正旧的结论并代之以更加真实和准确的结论；临床经验是医生长期积累的对个体患者的诊断和治疗的经验；患者的选择是指患者对诊断和治疗方案的特殊选择和需要，每一位患者都可以根据其实际情况做出不同的选择。当这三个方面结合在一起时，患者和医生就形成了诊治联盟，从而使患者获得最佳的临床治疗方案与预后措施，保证患者的生活质量（周珍，2007）。

在循证医学中，科学证据的获得非常重要。在研究方法上，循证医学的两个最主要的原则是：必须无偏见地比较不同干预（随机对照实验）的效果，比较更新不同的研究证据以得到最可靠的效果。循证医学倡导并实施随机对照实验与系统评估的严格方法。自1948 年英国发表世界上第一篇随机对照研究（randomized controlled trial，RCT）以来，随机对照研究被临床流行病学界认为是评价临床疗效研究的最可靠的方法，其研究结果被视为"金标准"。然而，大样本的研究往往需要投入巨大的人力、物力、财力、时间，有时需要许多中心的参与，实施难度较大，特别是在病因研究、疾病预防研究方面，其局限性表现得更为突出。20世纪70年代末科克伦提出的循证方法，将检索到的每个随机对照研究，按照疾病诊断、亚型、疗效等进行汇总，做出系统评价，以得出客观的、真实的、全面而准确的评价结果，为临床医生诊疗决策的制定提供了科学的依据。

循证医学的概念引起了广大研究人员和临床医生的广泛兴趣，发展十分迅速。国际著名的医学期刊，如《柳叶刀》（*The Lancet*）等纷纷发表相关文章，全世界范围内兴起了一股循证医学研究的热潮。1992年以科克伦的名字命名的科克伦中心（Cochrane Center）在英国牛津大学成立。1993年，国际科克伦协作网络成立，其目的是保证大家都能获得、维护与促进保健干预效果的系统评估。1997年，我国卫生部正式批准华西医科大学筹建中国循证医学中心；1998年2月，中国科克伦中心被国际科克伦协作网络正式批准为注册的科克伦中心之一（周祖文，2001）。近10多年来，国际循证医学领域的研究发展迅速，探讨循证医学的文献不仅数量逐年增加，而且涉及的范围不断拓展。研究者们在临床医学、儿童保健、病理、护理、口腔医学领域广泛开展了循证医学研究，循证医疗、循证诊断、循证决策、循证医疗卫生服务产生，循证医学的思想应用于临床各科则产生了循证内科学、循证外科学、循证儿科学、循证妇产科学、循证保健学、循证精神卫生学和循证口腔病学等多个分支（周祖文，2006）。国际上，许多循证医学的大型数据库与信息资料中心创建，如科克伦图书馆、电子期刊及书刊，大量刊登循证医学方面的文献。在人才培养方面，美国大多数医学院校都开设了循证医学课，澳大利亚将之定为医学专业学生的必修课。循证医学的研究使得医学工作者从新的角度来审视医学实践，纠正和更新了过去许多模糊或错误的观点和做法，同时也为医学工作者提供了可供选择的最佳临床决策方案。

综上所述，循证医学强调科学证据的获得、传播与使用，这种研究与实践颠覆了医学界许多以往被认为正确的治疗方法，开启了人类审视医疗活动的新视角，从而对临床医学的发展产生了划时代的影响。英国著名医学杂志《柳叶刀》把循证医学比作临床科学的人类基因组计划；美国《纽约时报》则将循证医学称为最具突破意义的伟大思想之一。在短短的几年间，循证医学的浪潮席卷了整个医学界。它的产生是传统医学发展的必然趋势，也是临床医学的一场深刻变革。它的出现使临床医学研究和临床实践发生了巨大的变化。

二、循证医学对循证教育决策与实践的启示

这里，我们根据循证医学的核心要素来分析循证教育的具体要素，分析循证医学中的临床知识与技能、病人的价值观与循证教育中的专业智慧、家庭与专业人员的价值观之间的对应关系，进而比较循证医学与循证教育中各不同要素之间的差异，参见表1-1。

表1-1　循证医学与循证教育要素比较

要素	循证医学	循证教育
最佳证据	评估诊断精确性与准确性的相关研究；治疗、康复、预防措施的有效性与安全性。	基于特定教育实践与干预效率与效果的科学研究。
临床专业知识与技能（教育实践者的专业智慧）	运用临床技能和过去的经验来判断每一位病人的健康状况，诊断个体的风险因素；干预可能带来的益处；病人的个人价值观与期望。	通过观察、体验、反思达成一致观点；专业实践者的个体与集体智慧。
病人的价值观、（医学）专业实践者与研究者的价值观	在临床决策中，必须综合考虑每个病人在医学情境中的独特偏好、关注点与期望。	在教育实践决策中，必须综合考虑个体儿童和家庭的情况、当地的情况、家长和孩子的价值观、当时的情境。

资料来源：Sackett D L，Straus S E，Richardson R W，et al.，2000. Evidence-based medicine：how to practice and teach EBM［M］. Edinburgh，UK：Churchill Livingstone.

通过上述对循证医学的分析，我们可以得出其对循证教育的几点启示。

第一，建立循证教育决策的信息资源库，确定最佳教育实践的评价标准。循证医学的产生与发展得益于传统医学领域存在的弊端。针对这些弊端，循证医学创建了信息资源库来系统地评价有效的临床实践，让专业人员有了获取这些信息的便利渠道。同样，传统教育中也存在着亟待解决

的问题。教育决策者、教育管理者、教师每日都必须做出教育决策，但是他们在寻找相关的研究证据以及必要的信息来制定教育方案、做出决策时却面临诸多困难。他们必须从不同的期刊、教材、网络资源等来寻找相关的研究成果，这些研究成果针对不同读者而写，难易程度各不相同，教育人员在分析与综合这些文章中的观点时会遇到不同程度的困难。但是，更加困难的是，目前仍然缺乏评估这些研究是否有效的原则，而这些原则对于确定这些研究是否能够可靠地运用于不同的教育情境却非常重要。虽然在教育中，随着专业经验的积累，教育者逐渐形成了专业智慧（专业知识与技能），但是如果没有系统的共享实践知识的方法来保证实践知识的有效运用，教育人员的专业能力可能会逐渐下降。教育专业人员还面临着其他诸多挑战：例如，参与专业发展的机会与时间有限；个体儿童的特征以及社会、文化、地理、政治环境等因素都会对教育干预的规划与实施产生影响。鉴于教育中存在的这些困难，美国政府颁布的《不让一个孩子掉队法案》规定，要建立"有效教育数据库"（www.whatworks.ed.gov），借鉴循证医学中的知识评估系统来对已有的教育研究证据的量、质和相关性进行系统的评估。"有效教育数据库"制定了评价教育研究是否有效的标准，以帮助教育人员筛选有效的研究证据。目前，该数据库主要关注幼儿园至12年级不同学习领域的研究，并且非常重视这类知识在教育人员中的传播。

第二，确定循证教育决策的过程。与传统医学的决策过程不同，循证医学的决策过程可以为循证教育决策提供借鉴：（1）将所需信息转换为可以回答的问题；（2）求取最佳证据来回答这个问题；（3）评价这些证据的有效性、影响力、可运用性；（4）根据自己的临床专业知识，综合分析与评价病人的独特情况与价值观；（5）反思前面的这4个步骤是否有效，并不断寻找办法来提高这一过程的科学性与有效性（Sackett et al., 2000）。

在传统的医学中，教学医院的医生如果要判断病人患某种疾病的概率，往往需要向年长的、有经验的医生请教，然后为病人提供进一步治疗的建议，但是在循证医学中，住院医生通过检索计算机上有关该病的文献，运用确定的标准来判断研究的相关性，同时根据标准来判断哪些研究是有效的。确定与该疾病最相关的研究后，医生可判断出该疾病在特定时间段的发病概率。例如，发病3个月后复发的概率是15%，1年内反复发病的概率是33%—41%，2年后复发的概率是41%—50%，根据这些数据，医生就可以设计出针对特定病人的具体治疗方案。但需要指出的是，循证医学在临床实践中的运用非常复杂。根据萨科特等人的研究，在针对英国外科医生的调查中，72%的医生运用其他人总结的循证证据摘要，84%的医生遵照循证实践的原则，但只有少数医生能够理解评估工具（35%）以及置信区间（20%）等专业知识（Sackett et al.，2000）。在循证教育中，人们可能也会遇到这些问题：实践者理解证据规则的能力以及运用证据资源的能力不足。

第三，确定证据的级别。循证医学对教育学的最大贡献并非提出了遵循最佳证据的原则，而是提出了一种确保人们遵循最佳证据的方法。循证医学对所有的研究证据进行分级，把当前所能得到的级别最高的证据当作治疗的最佳证据。一般来说，随机对照实验研究、系统综述获得的研究证据级别最高，结果最为可信。这种证据具有可重复性与可应用性的特点，使证据的使用者可以预期相同的结果，从而减少不确定性。准实验研究、相关研究、病例研究得到的结论级别次之；教科书建议、个人经验、专家意见等级别最低。在治疗疾病时，应优先根据高质量的研究证据进行治疗，只有在高级别证据不存在的前提下，才允许使用低级别证据所提供的方法进行治疗。

第四，广泛宣传与运用循证教育决策的理念。在医学界，虽然医生们已经广泛地接受了循证医学的诊断与治疗理念，但是在实施过程中还是会遇到诸多挑战，例如，必须培训医疗工作者寻找与分析文献的能力、寻找与获得各种临床证据的能力，临床医务人员很难在临床医学实践中获得足够的证据等。而且，迄今为止，能够证明循证医学提高了医疗效果的证据还不够多。在循证教育中，也会面临同样的问题。

◎ 第三节　教育神经科学与循证教育决策和实践

一、教育证据在循证教育决策和实践中的重要价值

（一）教育证据的定义及其价值

在循证教育中，科学证据具有重要的作用。什么是证据？有效证据的标准是什么？如何综合分析各种类型的证据来做出最佳的教育决策？这些都是循证教育需要思考的重要问题。对于什么是证据这个问题，不同的人有不同的理解，但是，在承认证据具有重要的价值这一点上，大家的看法是相同的。广义地说，证据是研究的结果，是经过系统的研究而增加知识总量的结果（Davies，Nutley，Smith，2000）[3]。牛津英语词典将"证据"定义为"可以获得的事实或者信息的集合，表明一个信念或者观点是否真实有效"（Bernstein，1983）。因此，证据是可以获得的事实或信息的集合，是科学的知识，用于表明一种理念或建议的真实性和有效性。在基于证据的教育研究中，证据与知识既有联系，又有区别。人们一般将证据看作科学知识，是通过科学研究而产生的知识。而实验研究，即随机控制实验，则是创造有效知识的可靠方法。因此，证据的关键特征是其可获得性及有效性。此外，证据还具有重要的价值。

证据对于教育决策者、教育研究者、教育实践者都非常重要。教育决策者需要最佳证据来证明实践方案是有效的，并据此来做出重要的教育决策，分配有限的资源，为广大儿童提供最佳的教育；教育研究者需要证据来提出研究问题、解释研究结果；教育实践者需要证据来促进儿童科学发展，解决教育与儿童学习过程中遇到的重要问题。而有价值的证据来自特殊情境的实验。但是在教育中，许多理论观点都是描述性的，缺乏实验验证。教育证据非常复杂，有时很难对统计出来的研究证据做出简单的解释。另外，根据令人信服的证据而制定的许多教育政策付诸实践后有时并没有产生预期的效果，有些政策甚至在投入大量资金后得到的是没有预期到的结果。这是因为，在复杂的教育情境中，任何细微的变化都可能导致

一些政策与实践产生完全不同的结果。但是这种复杂性并不是说教育中不存在有价值的证据，只要能够揭示教育情境的特征，找到结果所赖以存在的条件，就是有用的证据。这种证据可以证明不同教育情境中的最有效策略。这说明，学校和其他教育机构的这种复杂性更需要通过试点研究以及教育实验对大规模的教育改革实践做出可靠的预测。

（二）教育证据的分类

按照证据的性质来划分，对政策的制定有影响的证据可分为四类（张琦，2007），即描述性证据、分析性证据、评估性证据和预测性证据。描述性证据会对政府的教育政策制定产生很大的影响。分析性证据可以揭示与教育事件相关的一些因素，从而通过控制相关因素来增加或减少某种情况发生的可能性。评估性证据是对现行教育政策的有效性进行直接评价，这种证据对于政策制定有特别重要的意义。循证教育决策倡导在政策执行前，必须先对与该政策有关的项目进行评估，得到科学证据支持的项目才具有发展为政策的可能性。预测性证据是在对备选政策进行分析后所得到的证据，从而挑选出可能产生最好结果的方案。丰富的证据将使政策分析者提出有价值的报告。政策分析报告的影响力取决于多种因素：其一是支撑报告的证据所具有的说服力；其二是政策分析者所处的地位；其三是政策制定者对政策分析者的信任程度；其四，分析报告所引起的社会关注度（张琦，2007）。

（三）教育证据的等级

在循证教育政策与实践中，存在着教育证据的科学严谨性的判断标准问题。在教育领域，一些声势浩大的教育改革措施，虽然都用证据来向学校的领导与教师证明其可以提高教育质量，但是其在实施过程中并没有对教育实践产生有价值的影响，或者使教育实践产生持久的变化。仔细分析这些证据，人们会发现，获得这些证据的实验设计不严谨，或者研究结果是根据研究者的愿望而获得的。国家、地方、学校的教育管理者和教育实践者必须在大量自称为有效证据的研究中寻找真正有效的教育干预计划。但是，正如《不让一个孩子掉队法案》在实施过程中所遇到的问题一样，教育实践者缺乏批判性的思维意识与有效的工具来辨别哪些教育方案是基于严格证据的，哪些不是。在教育研究中，不同的研究方法所获得的证据质量是不同的，为了澄清教育界对研究方法的诸多看法，2002年，美国国家研究院提出了判断教育研究质量的标准。根据获得证据的不同方法，人们可以将证据的科学性与研究性按以下顺序排列：（1）随机实验；（2）准实验，包括前测与后测实验；（3）运用统计方法的相关性研究；（4）没有统计方法的相关性研究；（5）案例研究。这里，我们运用一个金字塔的图形来说明（见图1-1），不同的教育研究方法所取得的证据的可靠性具有不同的层次和级别。

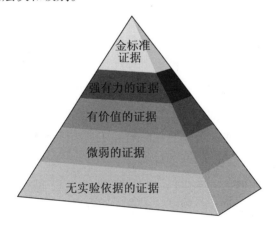

图1-1　教育证据的等级

第一级：随机实验研究所产生的金标准证据。

与心理学、医学、神经科学等领域一样，在循证教育中，精心设计与实施的随机对照实验是评价干预效果的"金标准"。所谓随机对照实验是指将个体随机分配到干预组与对照组，以测量干预的效果的研究。金标准位居金字塔的顶部，它达到了科学研究的所有要求。在脑与认知科学的研究中，许多严格控制条件的实验研究所产生的证据都达到了金标准，因此具有很高的信度与效度。《不让一个孩子掉队法案》倡导的研究标准达到了金标准。

第二级：准实验研究所产生的强有力的证据。

准实验研究的研究设计没有随机分配实验对象，但是控制了影响内部效度的许多因素，因此，也能获得强有力的证据。

第三级：运用统计相关分析研究得出的有价值的证据。

运用统计相关分析研究可以得出有价值的证据。这类研究的结果可以经过多次重复，具有一致性。例如，在教育实验条件下，把教师们在课堂中所运用的不同教育策略和实践活动作为综合的研究对象，由于这类研究的对象受到多种因素的综合影响，而各种因素不能像随机实验那样受到严格控制，所以实验的设计往往不够理想，但是这种实验研究仍然可以获得积极的研究结果。

第四级：没有统计分析的相关性研究所得出的微弱的证据。

在面向大众的、没有同行评估的杂志上刊登的个体教师对课堂教学经验的总结就属于没有统计分析的相关性研究。但是这并不表明这类研究没有价值，而是它们没有控制任何可能导致因变量发生变化的因素。因此，这类研究所得出的证据的严谨性、科学性与证据的说服力也大大降低。

第五级：没有经过实验，从案例分析中得出的证据。

在有关课程与教学的文献中，有两类关于改革的文章，这两类文章都没有提供可靠的证据来说明改革是有益于学生的。第一类是拥护性的文章，这些文章热情地拥护某些课程内容或者教学方法，对于学校和教师为什么应该采用某些实践方案提供了广泛的理论依据，但是并没有提供数据来证明学生接受这类实践后所产生的效果。还有些文章虽然指出某些实践能够显著提高学校的办学质量，但是没有证据证明这种提高。第二类文章指出学生的成绩有了提高，并提供了一段时期内学生考试成绩进步的证据，这似乎提供了实验证据，但是仔细阅读该报告可以发现，这些文章讨论的是学生标准化的成绩，而没有说明学生成绩变化的原因。这些文章常常提供一些能够证明教育方案或者教育产品有效性的证明或者事例，却没有达到科学研究中证据的标准。

上述证据标准为教师判断什么是有效的证据提供了依据。另外，教师判断一个研究是否有效还可以采用以下三个标准：科学文章是否发表在同行评议的杂志上；研究结果是否得到其他科学实验的重复证明；该研究是否得到其他研究证据的支持，并在研究界达成共识（Stanovich, Stanovich, 2003）。倡导循证教育的政府部门要建立教育数据库，列出达到金标准的教育教学方案，供学校决策者和教师选择使用。例如，在美国，达到金标准的教育方案有：（1）合格教师对从幼儿园到3年级的处境不利（at risk）儿童进行一对一的阅读指导，接受指导的儿童平均成绩比控制组中没有接受指导的儿童提高了75%（Wasik，Slavin，1993；Wasik，1998）。研究者运用斯坦福阅读/数学成就测验对从幼儿园到3年级的小班（15人）和普通班（23人）学生的成绩进行比较，发现班额小的班级中，学生成绩比普通班学生要高60%（Mosteller，Light，Sachs，1996）。（2）早期阅读者语音意识的教学和拼读规则的教学效果更好，干预组学生比控制组学生成绩高70%（National Reading Panel，National Institute of Child Health，Human Development，2000）。

循证教育决策与实践中还面临着有效教育证据严重匮乏以及研究证据不完整或者模棱两可的问题。在科学研究中，当一些重要问题的证据不明确的时候，研究人员可以通过设计实验来解决这一问题。但是教育研究中往往缺乏这种求取证据的研究氛围，因此，循证教育的实施首先必须营造重视科学证据的氛围，培养教育者求取科学证据的能力。

综上所述，循证教育决策与实践是当前国际教育研究与实践的一项重大变革。循证教育运动秉持有研究证据支持的教育政策才能够更有效地发挥作用的理念，因此，"证据"在教育决策与实践中具有重要的地位。

二、循证教育实践：沟通研究、决策与实践的桥梁

长期以来，研究与实践的分离，导致教育实践界一般都没有根据科学研究的成果来开展教育实践，而研究界在提出新的研究问题或者解释研究结果的时候也不会去考虑其研究结果的教育应用价值，教育决策者在制定政策的时候，更多地考虑社会、经济与文化因素，以及政策的可行性，常常忽略科学研究的成果。这种分离使得研究者、决策者、实践者处于完全不同的共同体中，由此而产生了三种不同的文化信念与参照体系，最终导致三个领域间不同的信息解释、知识建构以及观点评价的方式（Shonkoff，2000），这主要体现在以下几个方面。

首先，科学家关注的是未知问题，或者是还没有得到解释的现象，他们通过建构理论、验证假设、修正模型来获得客观的证据，但是科学研究

所获得的结果常常具有偶然性，或者这些结果可以用不同的方式来解释。例如，儿童语言、阅读的研究产生了大量复杂的、模棱两可的以及不确定的研究成果。

其次，教育实践者对社会、儿童、家长负有义务与责任，所以必须收集大量可靠的数据才能做出判断。有时为了应对社会、儿童与家长的需要，他们必须在信息不够充分的情况下做出决策，这时，教育实践者只能依靠专业经验来做出判断。这种专业经验来自自己和他人的学习与工作经历，这种经验可能得到也可能没有得到科学证据的支持，是一种技艺性的知识。但是目前在教育实践领域还没有形成收集、检验这种技艺性知识的机制，因此还无法在整个领域中共享这种技艺性知识。因此，教育界迫切需要一种新的模式或者基层组织，促使实践者、研究者、家长和其他人共同努力来建构这种知识产生与共享的体系，形成一种新的"实践共同体"，最终形成循证教育知识体系。这种体系的形成不仅可以提高个体实践的质量，而且还能促进整个专业领域的发展。

再次，教育决策者常常需要在已有知识与应该如何做的决策之间做出决断，例如，决策者必须对资源的分配做出简单而明确的决定。在决策层面，科学研究成果只是一种观点，而且常常对教育决策的影响力不大。教育决策者在决策过程中，还会受到政治、经济、社会因素和决策者个体的价值观和常识的影响。决策者责任重大，因为所有的政策都会影响到千千万万的儿童、青少年及其家庭。

综上所述，在科学界、实践界和决策界所需要的信息之间存在着巨大的鸿沟，但是这种鸿沟可以通过明确标准而逐步缩小。为了缩小三者之间的差距，我们必须了解：（1）这三个不同领域获得与使用证据的规则；（2）价值观对儿童发展、教育和决策的不同影响；（3）社会对教育实践者专业地位的认同程度（Buysse，Wesley，2006）。为了将研究成果转化运用到教育实践中，这三个领域还必须对以下三个方面的信息达成一致（Shonkoff，2000）。

第一，确定的知识。确定的知识来自科学界，有严谨的证据支持，受到严格的同行评估过程的监控。确定知识的量相对较少，其界限是严格确定的。

第二，合理的推论。合理的推论由科学家、政策制定者和实践者、家长以及其他相关人员共同确定。合理的推论立足于确定的知识，但是超越已有的研究结论，其关键特征是可证伪性。如果经过科学实验的证明，则合理的推论就会变成确定的知识。在决策与实践领域，合理的假设体现了基于不完整信息进行决策的负责任的行为。

第三，没有证据的（unwarranted）、不负责任的推论。没有证据的推论可以由任何人产生。这些推论偏离了确定知识的界限，有时完全扭曲了科学的发展状况。与合理假设不同的是，不负责任的推论既不能够促进知识的产生，也不能够产生负责任的政策或者实践措施。其最大的危险在于，这些知识披着科学的伪装，破坏了大众对科学的信任。

为了科学地促进千百万儿童青少年的健康成长，探索一条最佳的途径，将科学、实践与政策领域结合起来，建立一种共同认可的知识基础非常重要。这不是判断思维与行动之间相对价值的问题，也不是考虑实验证据和专业判断之间孰优孰劣的问题，而是形成一种创新性的范式，来协调三个领域之间的不同文化。其中，循证教育实践可以为人们提供一座桥梁，将科学与政策联结起来。但是人们对"什么是有效的实践"这个问题达成一致，并不表明实践界和决策界就会分别将这些知识运用到实践与决策中。例如，尽管脑科学、认知科学、发展科学对于人类学习的许多规律已经达成了普遍的认识，但是这些知识并没有运用于教育实践，实践界与决策层仍然延续以往的做法。循证教育决策与实践运动代表了一种沟通研究界与实践界的努力，为教育的科学研究和科学决策提供一种崭新的视角。

循证教育实践提倡综合分析与运用有关人类学习与教学的科学知识、教育实践者多年来的教育实践知识与专业智慧以及教育实践者和受教育者的价值观念与信念，做出最佳的实践决策。具体可以采用如下几个步骤。

第一，获取科学的知识。运用于循证教育实践的知识包括概念性知识、经过实验验证的知识以及在不同的学科与领域之间达成一致的观点。这些知识通过描述性的、质性的、量化的等严谨的研究方法获得。要获得这种对实践有用的科学知识，可以遵循以下五个步骤：（1）将对信息的需求转化为可以回答的问题；（2）获得最佳证据来回答这个问题；（3）评估这些证据的有效性、影响力以及可应用性；（4）根据自己的专业智慧，综合分析与评价学生的独特情况与价值观；（5）评价前面四个步骤的有效性，以进一步提高其在未来实践中的效用（Sackett，1998）。由此，循证教育决策与实践可以彻底地改变教育界的知识产生、传播与应用的方式，使教育领域的知识产生与发展不再局限于思辨。教育神经科学的严谨研究证据可以为循证教育决策与实践提供重要的科学依据。

第二，通过知识传播的范式来填补研究界与实践界的鸿沟。在循证教育决策与实践中，知识的传播是促进研究成果转化为实践的一种重要手段。循证教育实践涉及多种知识类型，其中技术性知识与科学知识有着明显的区别。前者强调实践者或者从业者的特定知识类型，这种知识受到实践者的价值观以及服务对象的价值观的影响，以具体性和情境丰富性为特征，是一种专业智慧。而科学知识具有研究证据的支持，建立在专业知识的基础之上（Buysse，Wesley，2006）。如果认为把研究与实践知识结合起来，并传播这种综合性的知识就可以有效地将研究成果转化到实践中，这种看法过于简单。长期以来，教育主要依赖于观念而不是证据，循证教育决策与实践的推进必须营造重视科学证据的循证教育文化。从研究到实践的转化还必须考虑到专业人员获取知识的方式。这种获取知识的方式不仅包括不同的学术性知识类型（哲学或者理论方法、概念模型或者框架），而且包括一致性的构建活动（如建议、专业标准和能力、专业组织发表的表明立场的论文）以及各种研究方法（质性方法、强调描述性与解释性的传统研究方法等），否则按照目前的研究现状，研究者运用随机控制研究（被认为是金标准）所获得的知识，很可能让实践者难以理解与运用。例如，在早期教育领域，实践性的知识可以分为：经验性知识、技艺性知识、伦理道德性知识。在早期教育中，流行甚广的蒙台梭利法、瑞杰欧法以及创造性课程等以这种实践性知识为主，其有效性并没有得到科学证据的支持。随着研究方法的改进与研究资源的丰富，这种状况正在发生变化。循证教育实践的开展，首先必须改变目前的这种状况，对知识进行重新组织：（1）关注实践者迫切需要解决的问题以及特定的实践问题；（2）关注提高学生学业成绩的研究；（3）整合实践者所需要的知识类型（包括内容与过程知识、社会文化情境知识、个体差异知识）；（4）运用实践者与研究者都能理解的方式传播知识。因此，循证教育决策与实践与以往的教育决策与实践不同，它重视证据在实践中的作用，其目的是满足个体儿童、家庭与社会的需要，最终达到教育的要求。

第三，确保循证教育决策过程的严谨性。循证教育决策与以往根据决策者的信念或者直觉的决策不同，是一种严谨的决策方法。其目的是运用研究证据来做出决策，推行最有效的教育方案，提高教育质量，评价教育的效果（Buysse，Wesley，2006）。循证教育决策过程中，决策者必须认真收集量化与质性数据，进行分析，并回答四个问题：问题是什么？解决问题的可能方法是什么？这种解决方法会产生怎样的影响？该方法反映了什么样的政治与社会价值观？第四个问题贯穿于所有的政治决策中。有效的证据与基于证据的分析有助于关注证据的各方达成一致，平息政治斗争，减少不同政策选择的社会与经济成本。但是，循证教育决策的过程也具有局限性：争论的双方可以根据自己的需要来选择甚至购买"证据"，使得决策者很难分辨证据的真伪以及证据运用的场合与运用的方式。证据常常模棱两可，难以解释。从研究到政策往往要经过曲折而漫长的道路。同时，在收集、选择与分析数据时，研究者难以克服自身的偏见，正确地理解数据。因此，在政治上接受一项政策并不一定表示这项政策是有效的、经济的或者可行的。基于意识形态和政治主张的决策常常脱离民众的意志，违背科学的规律。如果不充分考虑解决问题途径的经济性与可行性，而导致目标扩大、责任分散、言过其实，循证教育决策也可能会导致失败的结果。

综上所述，虽然循证教育也存在着其自身难以逾越的障碍，但是相对于其他方法而言，循证教育是目前教育界能够拥有的最好的决策与实践方式。

三、教育神经科学：通向循证教育决策与实践的重要途径

长期以来，教育领域有着许许多多美好的设想与改革观念，却没有成熟的机制来确定哪一种设想与观念是有效的。近年来，各国政府积极倡导循证教育决策与实践的理念对教育神经科学的发展产生了重要的影响。基于脑与认知科学的教育决策与实践逐渐发展起来。

首先，国际组织高度重视基于脑与认知科学的教育决策与实践。经

济合作与发展组织积极推动基于脑与认知科学的教育决策与实践运动。1999年，该组织的教育研究与改革中心启动了"学习科学与脑科学研究"项目，目的是鼓励脑与认知科学研究者、教育政策研究者、教育政策制定者之间密切合作，制定循证教育政策。这些研究结果体现在《理解脑：走向新的学习科学》（*Understanding the Brain：Towards A New Learning Science*）和《理解脑：新的学习科学的诞生》（*Understanding the Brain：the Birth of A New Learning Science*）两本书中。世界银行的研究者也重视基于脑与认知科学的教育决策与实践。世界银行出版的《贫困生的有效学习：认知神经科学的前沿研究》（*Efficient Learning for the Poor：Insights from the Frontier of Cognitive Neuroscience*）一书运用脑与认知科学的研究成果为提高贫困儿童的教育质量提供了科学的实证依据。联合国学术影响力组织（The United Nations Academic Impact，UNAI）也高度重视基于脑与认知科学的跨学科研究。2012年，联合国学术影响力等组织召集国际心理、脑与教育相关领域的专家，召开"模糊学科界限：国际教育发展"大会，会后发布了《模糊学科界限：国际教育发展大会宣言》（*Declaration of Blurring Boundaries：An International Educational Development Conference*），作为国际教育的指南。该宣言倡导国际教育界采用循证教育实践，在教师教育学院传授教育神经科学的基础知识，并在学校中运用这些知识；号召研究者投入神经科学与教育学的跨学科研究中。笔者受邀参加了这次大会，做主题报告，并参加了宣言的撰写。大量研究表明，不同种族的人群，脑加工信息的方式既具有相似性，也具有差异性。相似性可能比个体差异或者文化差异更加重要。文化经验的获得会改变脑的结构与功能，从这个意义上来说，世界文化的多样性塑造着人脑。在全球化世界，培养儿童的文化智力，促进不同文化间的沟通与融合非常重要，因此，联合国教科文组织长期以来一直积极倡导"文化适宜性教育"。

其次，发达国家的政府高度重视基于脑与认知科学的教育决策与实践。在这方面，美国政府走在了世界前列，并对世界上许多国家产生了重要的影响。20世纪90年代中期以后，美国两任总统在白宫召开高层领导与科学家共同参与的会议，如1997年的"早期儿童发展与学习：脑科学对早期儿童教育的启示"和2001年的"早期儿童认知发展"的白宫会议；2015年1月，白宫召开了"神经科学与学习"高峰会议，邀请美国境内的重要教育神经科学研究专家以及英国剑桥大学教育神经科学研究中心的负责人戈思瓦米（U. Goswami）教授等著名专家，共同商讨教育神经科学的发展以及研究成果的转化应用问题。这些白宫会议对教育神经科学的研究发挥了重要的引领作用。

在州一级层面上，1996年美国各州教育委员会等组织赞助召开了"架起神经科学与教育的桥梁"政策研讨会，主要讨论教育决策与教育实践中的重要问题。这些会议由资深的神经科学家、认知心理学家、教育研究人员、实践人员以及决策者共同参与，对人们了解脑与认知科学领域中具有教育应用价值的研究成果，在脑与认知科学研究者、教育研究者、决策者和实践者之间搭建跨学科的交流平台，澄清教育界对脑与认知科学的误解发挥了积极的作用。

教育神经科学的研究成果已经开始对发达国家的学前教育、义务教育、高等教育政策产生影响。在早期儿童教育方面，脑与认知科学的研究证据开始进入教育政策文本。例如，1997年美国参议院通过的《早期儿童发展法案》（*Early Childhood Development Act of 1997*）指出，脑科学的证据有力地表明，促进儿童的生理、社会、情绪、智力的发展，将会给孩子、家庭和国家带来巨大的利益。1998年美国《国家立法报告》指出，人脑发展的新观点，在国家、州和地方层面影响着与幼儿及其家庭相关的公共政策。幼儿的脑发育比过去所认为的更快、更早的观点对于教育、保健、儿童保育以及养育有着深远的意义。在州一级层面上，有25个州的立法者与决策者将脑科学的研究成果与早期教育和发展活动联系起来。20世纪90年代后期，神经科学的研究成果至少影响了美国州一级政府五个方面的决策：（1）儿童保育；（2）入学准备；（3）家庭支持；（4）妇幼保健；（5）早期儿童组织与机构。例如，1997年，加利福尼亚州两院通过法案指出，神经元在出生后快速联结，并依赖于婴儿的经验与刺激。1998年加利福尼亚州还通过了《加利福尼亚州儿童和家庭第一法案》（*California Children and Families First Act of 1998*），在陈述制定该法案的理由时，14条理由中有4条涉及大脑的发展以及美国这次早期教育运动的措施。法案指出，儿童生命中的最初3年在脑发展中是最关键的，然而这一重要的时间段却被忽略了，法案还要求对烟草产品增加50美分的税收直接用于戒烟和早期儿童发展计划。爱荷华州1998年颁布文件划拨就学准备专款，该文件认为，早期对脑的刺激可以提高孩子学习的能力。乔治亚州和密苏里州的州长甚至以莫扎特效应的科学研究为依据，向新生儿发送古典音乐磁带（尽管该举动后来受到学者批评），在公众心目中留下了深刻的印象。这些基于脑科学的早期儿童教育决策投入了大量的人力、物力和财力，仅加利福尼亚州就至少征收了7亿美元的烟草税用于早期儿童教育。

在基础教育方面，如前所述，美国2001年颁布的《不让一个孩子掉队法案》规定，联邦政府资助的教育项目与实践，必须以"科学研究为基础"。该法案将"基于科学的研究"明确定义为"采用严格的、系统的、科学的程序，获得可靠的知识"，"基于实验或准实验设计进行评价"。该法案提出了"阅读优先"计划，研究者对10万份有关阅读的实证研究报告进行分析，提出了基于脑与认知科学的阅读教育政策，认为影响儿童早期阅读的关键因素有：音素意识、拼读、流畅度、词汇以及理解。联邦政府据此投入巨额资金来促进美国儿童的阅读发展。在高等教育政策方面，美国《高等教育法案》（*The Higher Educational Act*）倡导基于脑与认知科学的通用教育设计（周加仙，2010）。此外，英国国会、瑞士国会也都召开相关会议，讨论教育神经科学的知识对国家教育战略与教育政策的影响。

再次，国家级的专业学术组织重视基于脑与认知科学的教育决策。英国皇家学会高度重视教育神经科学对教育决策与实践的影响。该学会于2011年发布了四个有关神经科学的研究报告（脑波计划，*Brain Waves Module*），包括：（1）《社会与政策》（*Brain Waves 1：Neuroscience, Society and Policy*）；（2）《对教育与终身学习的启示》（*Brain Waves 2：Neuroscience：Implications for Education and Lifelong Learning*）；（3）《冲突与安全》（*Brain Waves 3：Neuroscience, Conflict and Security*）；（4）《责任与法律》（*Brain Waves 4：Neuroscience and the Law*）。《对教育与终身学习的启示》由神经科学、认知心理学与教育研究者共同起草，报告神经科学对教育的重要价值。报告指出，"新兴的教育神经科学给教育带来了机会与挑战。教育神经科学提供了有效的途径，让教育者、心理学研究者和神经科学研究者之间相互合作，形成共同的话语体系"。该报告明确表明，国家的支持与科学研究者的参与，将成为21世纪人文科学发展的重要力量。

美国神经科学学会（Society for Neuroscience）也高度重视该领域的发展。该学会的主席卡鲁（T. Carew）于2009年6月主持召开了"教育中的神经科学研究高峰会议"（Neuroscience Research in Education Summit），并发布白皮书。该会议发挥了美国神经科学学会的独特影响，召集美国40余名著名神经科学研究者、心理学研究者与教育者开展了一场丰富的对话，号召在神经科学、心理学与教育学研究者之间形成强大的联盟，共同努力，为学校、家庭与社会教育提供科学的依据。会议讨论了三个问题：（1）神经科学的研究如何影响教育策略；（2）在学生学习与思维的问题上，教师想要了解的以及必须了解的内容有哪些；（3）教师的问题如何促进神经科学的研究。目前神经科学的研究成果与提升课堂教学实践所需要的知识之间还存在着巨大的鸿沟，同时，教师对神经科学的知识不了解，仍然信奉长期流传的"神经神话"，尽管有大量的调查研究表明，神经科学研究者对教育问题很感兴趣，但是学术研究机构与高校在促进多学科合作来发展这一新兴学科方面的力度还不够大。白皮书提出了三点建议：（1）教育神经科学研究者应该确定转化研究的重点问题，形成指导纲要，引领未来的研究；（2）教育神经科学研究领域应该总结出该领域的基本知识，形成共同的话语体系，以及交流工具，促进不同领域研究者的合作，增加媒体中的宣传与报道；（3）建立由科学研究者与教育工作者共同组成的教育神经科学咨询委员会，确立并实施该领域中的3—5年研究计划。目前，创建教育神经科学这一新学科的策略、重点以及行动规划已经确定下来，已经投入该领域的研究者以及未来即将投入该领域的研究者携手共进，为创设国家未来一代代儿童的美好明天而努力。

教育神经科学的核心观点是基因与环境和儿童早期经验的交互作用影响发展中的儿童脑结构与功能。神经科学在负性环境对儿童脑的结构与功能的影响方面做了大量的研究，为处境不利儿童的教育政策研究提供了科学的实证依据。但是教育政策面向全体儿童，目前迫切需要对正常环境中儿童的脑与认知功能的研究，为正常环境中成长的健康儿童的教育提供科学的依据。目前，在儿童学习的敏感期（即及时的经验对脑与认知的发展具有重要作用的时期）方面的研究取得了重要的进展。教育政策的制定中，应利用儿童发展的敏感期，创设适宜的环境，积极影响儿童的认知、情绪和社会能力的发展。

最后，开设基于脑与认知科学的教育政策课程，培养专业研究者。为了培养能够根据神经科学、认知神经科学的研究成果来进行教育政策研究与决策的专业人员，一些学校开设了神经科学与公共政策的跨学科课程。例如，2005年，美国威斯康星大学麦迪逊分校正式开设神经科学与公共政策双学位专业课程，并设置了神经科学与教育政策研究方向。该专业课程修业期限为五年，授予公共事务硕士学位和神经科学博士学位，目的是让学生掌握跨学科的研究技能，学会分析与神经科学有关的政策，向大众传播神经科学的研究成果，并将这些研究成果运用于制定保健、教育、福利、安全与环境等方面的公共政策中。该专业开设了有关分子、细胞、系统神经科学、政策分析、公共管理等方面的课程。课程涉及的面很广，主要关注的领域有以下几个。（1）有关脑干预政策的研究，包括新的脑外科手术、神经影像、遗传或者干细胞治疗等方面的政策。（2）脑功能与政策，涉及脑死亡、青少年心理健康等方面的政策。（3）神经科学与人类发展方面的政策，包括早期儿童发展的研究对国家和地区经济发展作用方面的政策。（4）神经科学与教育政策，与神经发育、教育规划、课程开发等有关的教育政策。（5）神经科学与人类行为，有关社会行为、暴力、自杀、成瘾等方面的政策。（6）与神经科学研究有关的管理，如科学基金资助的重点；实验室、实验设备与机构的管理；人力资源的管理；博士与博士后的培养；护理人员和技术员的培养等。课程计划设有每周一次的神经科学与公共政策论坛，该论坛要求学生将神经科学与政策研究的信息整合起来。这种具有挑战性的学习经历对于学生专业素养的发展具有重要的作用。修读该课程的学生可以在大学、政府部门、私营企业就业。可见，美国威斯康星大学麦迪逊分校根据个体学生的需要设置了灵活多样的课程，力图使培养的学生能够适应双学位学生所必须面临的特殊挑战。

综上所述，教育神经科学之于教育，正如生物学之于医学。在过去漫长的几个世纪里，医学实践领域和教育领域一样，医生们依靠自身的经验和同事的建议，运用特殊的药物和某种治疗方法来医治病人的疾病，这种治疗方案有时能够治愈病人的疾病而有时却难以奏效，医生们对其中的原因并不是很了解。那个时候，医学实践也是一种典型的"尝试—错误"的形式。但是，自从1928年弗莱明（A. Fleming）发现青霉素以后，这一切都发生了改变。青霉素的发现不仅使得这种药物成为医生们治疗许多重大疾病的首选药物，而且使医生们理解了青霉素阻断细菌繁殖的机制，并据此来确定多种治疗方案。从此以后，医学实践成为一门融治疗艺术与科学研究为一体的综合性实践活动。

今天，同样的情形也发生在教育领域。许多世纪以来，由于缺乏脑与认知科学的研究证据，教师传道、授业、解惑，却并不了解学生的脑究竟是如何学习的。教师们依靠老教师的言传身教以及自己的实践经验，摸索着教学。各种类型的神经影像技术与行为研究，揭开了人脑学习的奥秘以及教师的教学之道，使得教育工作者也能够洞悉人脑学与教的机制。教育神经科学的研究成果已经为教育提供了大量可靠而科学的证据！教学也和医学一样，从纯粹的艺术转变为融艺术与科学为一体的综合性的科学实践活动。

第二章
教育神经科学视野中的循证教育研究方法

◎ 第一节　建构学习与发展路径的工具①

一、学习与发展的路径

学习的发展路径因人而异。即使同一个人，不同情境下其学习发展路径也是不同的。《圣经·旧约·创世记》中用巴别塔的故事来解释世界上的不同语言和种族。当时，人类联合起来兴建能通往天堂的高塔，这个塔被称为巴别塔。上帝知道后很生气，为了阻止人类的计划，他就让人类说不同的语言，使人类相互之间不能沟通，计划因此而失败。后来，巴别塔成为人类语言和文化多样性的象征。虽然我们试图教育好每一个孩子，但是到目前为止，基于标准的课程并没有充分考虑到儿童的差异性，因此，研究儿童的差异性与多样性非常重要。我们现在的目标是要教育好所有的孩子，而不是像旧教育体制那样，只需要教育好25%的孩子就达到教育目标了。如果这样，受到良好教育的那25%的学生将会得到高人一等的公民权利，这是不公平的。

我们有多种不同的语言，也有多种不同的学习发展路径。限于篇幅，

---

① 本节内容曾发表于《全球教育展望》2011年第9期，原题为《教育神经科学的未来：建构学习发展路径的工具》，作者为美国哈佛大学库尔特·费希尔教授，由周加仙、柳恒爽、王泓翻译。

这里主要阐述阅读的发展路径。我们在有关早期阅读的研究中发现，儿童掌握阅读能力的学习发展路径是不同的。在拼音文字的阅读模型中，儿童必须整合三部分技能。一是词义，例如狗是什么、桌子是什么。第二是视觉图形。在英语中，我们首先关注的是单词是由哪些字母构成的，而在汉语中，我们首先关注的是字形。三是读音分析。世界上很多种语言都是字母—语音对应的，英语也是一种字母—语音对应的语言，但它是所有拼音文字中对应最不规则的。

词义、视觉图形和读音分析这三个技能的发展路径汇集成一个网络（见图2-1），我们用这个网络来比喻语言的发展。在一项实验研究中，我们从课本里选取了16个单词作为实验材料，研究对象是成绩从优到差4个水平的学生共计120名。实验运用6个测试分别得到单词阅读发展的标准模型。根据这个模型，阅读的过程依次为单词识别、字母识别、韵律识别、阅读识别、韵律产生、阅读产生。这个模型的顺序是线性的。我们按照这个线性模型，应用偏序量表技术（POSI）得到一个量表。其步骤是，将测试中最重要的因子列出后，按线性顺序依次呈现出来。该模型获得了很好的数据（见图2-2）。

读音分析　　词义　　视觉图形

图2-1　阅读中各要素协调发展的网络

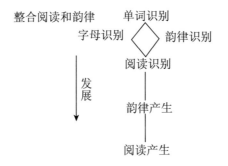

图2-2 简单的标准阅读模型：第一条发展路径

很多研究者会止步于此，但进一步研究发现，120人中，有30人并不是沿着这样的路径来发展的。从这些人的量表中研究者可以发现，每个人都表现出与预期模式（pattern）不同的一个或者两个模式。测验中成绩比较差的30个学生的量表分布很乱，有200多种不同的模式。运用上文所述的6个测试和16个单词，我们又发现了2个模型。第二个模型（见图2-3）和标准模型相比，"韵律识别—韵律产生"从学习发展路径中独立出来，成为与"阅读识别—阅读产生"并列的一条路径，也就是说，阅读和韵律是相互独立的。第三种模型（见图2-4）在第二种模型的基础上，进一步将"字母识别"从学习路径中独立出来，成为第三条并列的路径，也即阅读、韵律和字母识别三者是彼此独立的。因此，从标准模型到第二种模型再到第三种模型，分离程度越来越大。可见，学习路径和模型的种类很多，我们要特别重视儿童学习路径的研究。

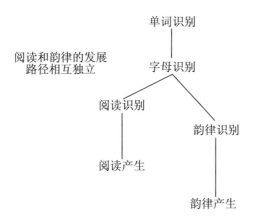

图2-3 阅读的第二条发展路径

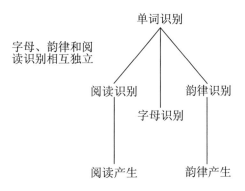

图2-4 阅读的第三条发展路径

二、阅读障碍者的学习与发展路径

由于英语字母和语音之间的对应关系是不规则的，英语阅读障碍的发生率比其他语言要高。我们在研究阅读障碍时发现，阅读障碍有多种机制，例如有的阅读障碍患者在视觉分析方面存在缺陷，而有的阅读障碍患者在听觉分析方面存在缺陷。患有阅读障碍的学生学习英语阅读的方式与正常人不同，似乎是他们脑组织中某个部位的缺陷导致了阅读困难。20世纪70年代的研究发现，阅读障碍者在分析图片的逻辑错误方面似乎存在显著的优势，如不可能图形。在逻辑上，这种图形在真实世界中是不可能存在的，但可以通过两个（或三个）维度画成。许多患有阅读障碍的人发现这个"视觉逻辑"错误的速度比常人更快。阅读障碍者也能够比常人更快地发现照片边缘的错误和异常。这可能是艺术院校阅读障碍者的数量更多的原因。

视网膜的最中央是中央凹，它对微小差异的区分能力很强，例如，我们能够很好地辨别"b""p""d""q"。但是，这些字母在阅读障碍者看来都是一样的，很容易混淆。虽然正常情况是，物体离中央凹越近，对所观察物体的视觉辨别力越好。但对阅读障碍者的研究结果却令人惊奇，例如，患有诵读困难的天体物理学家在搜索天体、探测黑洞时显示出巨大的优势。在距中央凹至少12度时，阅读障碍者探测黑洞的能力比常人更高。面对需要整合大范围视野信息的任务时，阅读障碍者的技能更有优势。而且，离中央凹越远，优势越大，眼睛就越敏感，这一点在其他研究中也得到了证实。例如，我们对18岁的大学阅读障碍者和高中阅读障碍者进行测试后也发现，患有阅读障碍的学生在离中央凹越远的地方，眼睛越敏感。这种差异使他们在完成视觉任务时有许多优势。例如，艺术学校的学生患语言障碍的概率是普通学校学生的2倍。研究发现，阅读障碍者在区分可能图形和不可能图形时，速度比常人快50%。我们的研究结果也表明，阅读障碍者更容易观察出星象模式的差异，更能够在天文图中探测出黑洞。这些研究成果提示我们，阅读障碍患者的视野构成与常人不同。事实上，他们具备一些视觉优势，使其能够成为优秀的艺术家、探测者或者天文物理学家。因此，我们可以得出这样一个结论：阅读障碍不是缺陷，而是不同于常人的一种能力和技能模式。

芬克（R. Fink）访问并评估了许多患有阅读障碍的成功人士。这些阅读障碍患者成功地掌握了读写技能。他们学习读写的方法不同于常人，但是没有得到标准阅读课程的重视。在问到他们如何学习阅读时，这些成功人士说自己找到了另一条掌握阅读的途径。他们受到强烈兴趣的驱使，比如对动物、除草机或内战十分感兴趣，阅读了大量的相关文献，从而学会了阅读。阅读是获得自己感兴趣信息的有力工具，当时这些成人成长的环境中还没有电脑或手机。虽然患有阅读障碍，但是他们仍然选择书籍来阅读。学校并没能很好地教这些有阅读障碍的成功人士学会阅读，他们是在成人的帮助与支持下，自己摸索出了适合自己的阅读方式，并学会了阅读。

三、测量发展路径的方法：技能发展量表

我们在大量研究的基础上，编制了一个以神经科学和认知科学的研究为依据的量表，即技能复杂性量表（skill complexity scale）。用该量表进行的研究表明，人的发展不是连续的，而是以激增或跳跃式的方式为主的。例如，图2-5展示了关于个体语言发展的研究，图中横坐标是孩子的周龄，纵坐标是他们能够运用的代词数量。2岁2个月的荷兰男孩托马斯几乎不会用"你我他"这类人称代词，但在2岁半的时候，他突然掌握了许多人称代词的用法。在实验研究和以往的文献中，我们都发现，认知发展

和身体发展都表现出类似的跳跃现象。这种短时激增在发展过程中重复发生，标志着一系列新能力的生成。

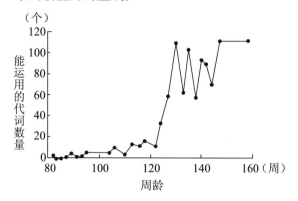

图2-5　荷兰儿童托马斯代词的短时激增

技能的发展如网状结构，在变化中具有不连续性，即在一些特别的年龄阶段会出现较大的间断。儿童技能的发展有两种水平：最佳水平与功能水平。相对于最佳水平（optimal level），功能水平（functional level）的表现一般，因此它的发展曲线也呈现出更多的平稳性和连续性，如智商测试分数。最佳水平往往只出现在获得帮助和可以理解的情况下，只有在这时才会出现激增和跳跃式发展，如图2-6所示。

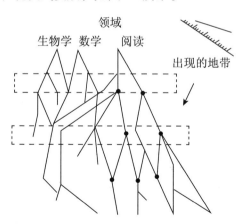

图2-6　技能发展的网状结构

另一个例子与批判性思维能力有关。杜威（J. Dewey）和我的一些同事都提出了反思性判断（reflective judgment）的概念。知识的发展是从绝对知识（absolute knowledge）发展到相对知识（relative knowledge），再到杜威所说的最成熟的形式——反思性判断的过程。知识的发展共经过七个阶段，分别是图中的表征1—3阶段，抽象1—4阶段（见表2-1）。

表2-1　最佳水平和功能水平出现的年龄（岁）

阶段			最佳水平	功能水平
表征阶段	表征1	简单表征	2	2—5
	表征2	表征映射	4	4—8
	表征3	表征系统	6	7—12
抽象阶段	抽象1	简单抽象	10	13—20
	抽象2	抽象映射	15	17—30
	抽象3	抽象系统	20	23—40，或者在许多领域永远无法达到
	抽象4	抽象系统规则系统	25	30—45，或者在许多领域永远无法达到

这里以第六阶段为例。为了更好地解释第六个发展阶段，我们做了一个研究，研究对象是一批从事广告行业、平均年龄为30岁的人，结果呈现出如图2-7所示的发展模式。它很好地呈现了标准的发展曲线图，标准发展曲线是S形的，这与生物学研究和其他研究结果类似。最佳水平条件为被试提供了支持，即有示范的作用。我们可以看到一连串的跳跃式发展模式，这是认知发展的标准模式，也是人脑发展的普遍模式。认知发展的一个重要原则就是，当有很多复杂的原因时，一个阶段的第一次出现只是开始，人们要花很多年的时间进行巩固，从而使之稳定下来。

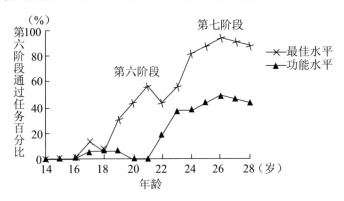

图2-7　知识发展过程的第六阶段示意

多年来，许多文献都提出过这样一个疑问，即认知发展中真的存在这些阶段吗？我们的回答无疑是肯定的。这些阶段存在与否，取决于如何测量及测量的程序。通常情况下，最佳水平很容易呈现出阶段性的特点，而在功能水平的情况下，普通人却并不会表现出阶段性变化，这些阶段性变化只在最佳水平且被帮助、被支持的情况下才会出现。因此，我们可以得出这样的结论：成长顺序是存在的，而且连续的成长也是存在的。我们根据这些证据制定的通用量表，至少包含10个阶段，从婴儿的动作阶段开始，继而进入表征阶段，再进入更复杂的抽象阶段。在学校教育中，抽象概念才是最主要的概念。

从图2-7中可知，人类的某些认知能力在10岁、15岁、20岁甚至25岁后可能还在增长，因此人类发展的进程完全超出了人们之前的想象，新能力的不断产生，也持续推动着认知能力的发展。同时，脑发展和认知发展有很大的相关性，虽然这方面的研究还很少，但已有的研究结果都显示出二者呈正相关。

我们可以用儿童技能发展量表对学生在学校的表现进行评估。例如，可以用此量表来测量弹力球的能量，也可以测量学生对文化相似性和差异性的理解。我们的这些量表可以测试学生的推理能力、批判思维能力和科学思维能力。以前的大部分测试都是以小组为单位进行的，因此不能有效地帮助我们了解每个学生的真实情况。而我们的量表可以让学生进行自我评估，同时，教师也可以在日常教学中用它来评估学生在辩论中是如何推理的、在写作中是如何表达的，等等。因此，用这个测试工具可以测出学生在真实学习情境中的情况。我们的目的是要弄明白学生是如何在真实的环境中学习的，老师是如何教的。我们用这个量表制作了很多测试工具，其中一个就是Disco测试。我们可以用它来测量学生的口语表达水平和书面表达水平，进而分析学生的学习顺序。我们曾对几百个学生进行研究，测量他们的学习顺序，以有效地评估他们的发展。例如，学生可以自行上网回答问题，然后我们在网上给予回复。用这样的方法来测量学生的理解能力，学生可以运用这个量表进行自我评估，也可以由老师进行评估。我们可以运用这个量表来对学生的论文和项目进行评估，从而得出他们理解能力的等级。我们也可以用其来分析课堂上的对话来为我们提供反馈，而不只是将其运用于学业考试中。

◎ 第二节　脑科学与教育创新中的群组研究①

　　21世纪的时代精神即建立在要素还原论基础之上的整合，超学科研究的典型性由此可见一斑。具体来讲，超学科研究包含三个方面的内涵：一是多学科平面之上新维度的发展延伸；二是各基础学科融合之后新领域的形成；三是学者和实践者的多方通力合作。最后一点尤为重要，但在实践中却困难重重。但是无论如何，我们都秉承一贯的科学发展宗旨：为了人类的安全和幸福。

一、日本脑科学与教育研究概述

　　早在10年前，我们就已经开展了"心智、脑与教育"的研究工作。首先，我们重新界定了学习与教育的概念，学习即脑对外部环境刺激做出反应、建立神经元联结的过程，而教育则是通过控制或增加外界刺激来激发学习愿望的过程。这两个概念的内涵相当广泛，甚至纵贯人的一生。在生命的时间轴上，我们可以看到各种形式的学习和教育贯穿人的一生。突触的生成从生命之初就已开始，然后经历选择性修剪，这个过程伴随人的一生。学习从自然学习、社会学习到语言与音乐学习、词汇学习，再过渡到更为复杂的判断与管理。同时我们也可以明确地把学习分为经验驱动和需要驱动两种。前者类似于情境或任务中的直接体验，后者有着直接明确的目的和动机，如图2-8所示。

---

① 本节内容曾发表于《全球教育展望》2011 年第 9 期，作者为日本的小泉英明院士，由周加仙、毛垚力、贾玉雪翻译。

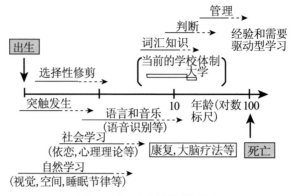

图2-8　人一生中的学习和教育

日本在脑科学与教育领域所做的尝试，可以分为应用研究和基础研究两大类。我负责"脑科学和教育项目Ⅰ"和"心智与脑在物理环境和语言语境中的健康发展"项目，并作为顾问参与"学习科学与脑科学研究""阐明以脑功能发展知识为基础的学习机制"和"培养脑"的项目。经济合作与发展组织（Organization for Economic Cooperation and Development，OECD）的"学习科学和脑科学研究"分为两个阶段，第一阶段从1999年开始到2002年；第二阶段从2002年开始，包括3个研究网络，大约30个项目。2001年，日本科学技术振兴机构（Japan Science & Technology Agency）启动了全国性的项目"脑科学和教育项目Ⅰ"，该项目总共包括12个子项目，这些项目采用自下而上的研究策略。"培养脑"项目包括1个大项目、6个自下而上的群组研究项目。2003年的"阐明以脑功能发展知识为基础的学习机制"项目包括15个自下而上的研究项目。2004年，我们开展了多项群组研究，包括一个大型的群组研究项目和6个不同的群组研究项目。以上提到的都是"脑科学和教育项目Ⅰ"所包含的常规任务。"脑科学和教育项目Ⅱ"则是一些常规性的群组研究，包括6个子项目，采用自下而上的群组研究。日本儿童研究包括1个大的项目，该项目采用自上而下的群组研究策略。最近，这些项目都陆续进入结题阶段，但其中渗透的研究思路和方法仍是我们以后可以长期沿用的。2011年4月开始，日本政府也据此对神经科学领域的发展模式和趋势进行了一些调整。

首先，在这种类型的研究中，我们从一开始就必须特别重视这个领域的伦理道德问题。2004年，我们在国家项目中成立了一个新的机构——神经伦理学研究小组，并将该小组的研究成果运用于神经伦理问题的监控中。该小组的成员来自伦理学、法学、哲学、生命科学、脑科学等领域，还包括科学杂志的记者等。在听证会上，来自各个领域的专家从伦理道德的角度对实验研究中所涉及的伦理道德问题逐一进行讨论、审核。在启动十年计划的任何子项目时，我们都对可能涉及的伦理问题保持高度谨慎。目前已有一万多个被试通过了委员会的严格审核。当然，伦理道德问题并不少见，我们还是尽可能地小心谨慎为好，伦理道德问题对管理这种类型的研究非常重要。

其次是"神经神话"的问题，这也是我们在开始阶段需要特别关注的。第一，大脑形态结构和功能上的变化并不是一一对应的。第二，无创性脑功能成像技术的观察结果是预设阈限水平之上的原始数据，揭示的显著性仅仅是冰山一角。第三，多数情况下，大脑这个复杂系统的运作情况取决于个体水平上多种因素的简单组合。第四，尽管动物研究的结果意义重大，但也不可过度推论至人类研究，而只能将其作为一个合理的假设。因此，运用群组研究的方法对人类进行研究非常重要。群组研究集合了许多动物研究的结果，而并非人类研究的一手数据，因此在运用这些研究结论时要尤为小心。群组研究代表了未来的一种发展趋势，并且在举证解释方面也意义重大。从一般意义上看，掌握确凿的证据十分必要，然而目前在日本等国实证证据还相当缺乏。这样看来，也就不难理解群组研究的潜在发展价值了。尽管协调领域间的合作困难重重，但是我们还是通过坚持不懈的努力取得了较为满意的结果。我认为，最为重要的是，应该根据证据来验证我们已经知道的知识以及探索我们还不知道的知识。

二、日本脑科学与教育创新中的群组研究

2001年启动的"脑科学和教育项目Ⅰ"是通过公开竞争而选择的几个研究计划，我认为这些项目十分具有代表性。每个项目都在神经科学研究者与教育者或者教育实践者之间建立合作关系。具体的项目包括：（1）前额叶皮质功能的发展（基础性学习和心理理论的源头）；（2）交

流的发展（脑与语言的跨通道研究）；（3）脑可塑性（人类大脑功能的敏感期）；（4）记忆的发展（各种学习形式的基础）；（5）可塑性的分子基础（关键期的生物机制）；（6）学校中的实际问题（学习障碍等）；（7）媒体对脑的影响（需要对玩电脑游戏和观看电视时的脑进行研究，这个项目具体实施起来具有很大的困难）；（8）环境对基因表达的影响（侧重于遗传学以及表观遗传学的研究）；（9）第二语言教育（侧重于习得机制和学习方法的研究）；（10）面孔识别的机制及其习得和发展过程；（11）语音的习得机制和应用；（12）母婴非语词交流的分析。以上项目结合了功能性磁共振成像技术、脑磁图技术以及近红外成像技术的研究。第1个至第3个项目始于2001年；第4个至第6个项目始于2002年；第7个至第9个项目始于2003年；第10个至第12个项目始于2004年。

始于2004年的"脑科学与教育项目Ⅱ"主要结合功能性磁共振成像技术的群组研究，这些项目是典型的超学科研究项目，具体包括：（1）东京双胞胎群组项目——婴幼儿时期的纵向研究，样本对象为日本国内的2000对双胞胎，追踪研究长达2—3年，结果发现基因与环境因素之间存在紧密交互作用；（2）语言习得、大脑特异化以及语言教育方面的群组研究（这也是经济合作与发展组织的热点课题），我们的研究包括收集日本的1000多名学生在2—3年内的功能性磁共振成像图，这些成像图有效地表明了日本儿童在英语学习过程中大脑所发生的变化，而且日本的一位教授已据此开展了治疗技术的研发工作；（3）自闭症谱系障碍的群组研究（用一种多学科的方法探索典型性或非典型性发展的社会根源，同时我们也对致病基因进行了分析，相关的操作程序相当复杂）；（4）正常老年人和学习障碍儿童的脑高级功能的群组研究，日本1000多家机构已将研究成果运用到治疗记忆力减退等方面，这项工作对日本这样高度老龄化的国家十分重要；（5）与学生心理保健相关的新型生物医学工具的研发，在此过程中我们采用基因芯片对基因图谱进行分析，并再次证实了基因的重要性以及基因和环境的动态交互作用；（6）有关学习动机和学习效率的功能性磁共振成像群组研究。这些群组研究与传统研究的不同之处在于，我们运用了多种功能成像技术。

如图2-9所示，整合皮质神经元与脑干细胞核的发展研究并不多见，意义却十分重大。该项目要求神经科学研究者、认知神经科学研究者、儿科医生和教育界的研究者广泛而密切地合作，因此研究过程十分困难。例如，睡眠/清醒状态、情绪、动机和思维等多个方面，它们看似彼此独立，实际上却有着紧密的联系，尤其是在人类的不同发展阶段。

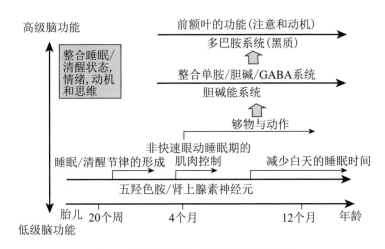

图2-9　整合皮质神经元和脑干细胞核的发展

　　社会能力发展过程的群组研究是近年来最为精确的实验之一。实验的关键在于，从时间轴上的长期发展变化过程来实现从相关关系向因果关系的推证。这类研究比较简单但是非常重要，关键在于在数据统计层面需事先对样本进行筛选匹配。群组在这里是指一组出生日期相近的婴儿，我们持续追踪观察这些婴幼儿数月甚至10多年。因此，"脑科学和教育"是神经影像小组、环境心理学小组和儿童神经生理学小组共同努力而进行的。诸如此类的学科间合作将在今后的同类研究中发挥日益重要的作用。2011年，在此研究基础上，日本政府投入大量经费，开展了更大规模的群组研究，相关的研究工作十分庞大繁杂，还有许多的研究工作需要做。

　　提出假设并检验假设，对环境条件进行控制以及研究的设计和结果测量对于群组研究而言非常重要。如果测量不合理，那么相应的实验结果就毫无价值可言。通过反复讨论，我们确定了研究的目标：探讨社会能力的发展。考虑到这类研究的意义重大，而且神经科学也将在社会研究领域发挥巨大的效能。由此，我认为重要的测量指标应该包括环境的改变量以及儿童大脑在环境影响下的改变量，这就类似于环境测评。早在1984—

1985年，日本就开始了环境变量的记录，解决一些严峻的问题。相对于机器人的研发进程，这个起步似乎已经显得晚了，所以我们急需根据婴幼儿的大脑发展过程建立相应的系统化模型，这就是我们启动这项群组研究的原因。儿童在成长环境中面临着三大巨变：首先是信息化（虚拟环境），虚拟世界通过数字化媒体迅速渗透到生活的各个方面；其次是个体化，与他人的疏离，这在当今日本社会尤为严重；再次是价值观的变化，追求效率。这种环境的变化造成了儿童价值观的变化，而且日常生活中亲身实践的经验（动手做的经验）正在不断减少。这三者重叠的部分正是有待我们研究的内容。我们研究的目的是了解这种环境造成了儿童脑生理与心理方面的哪些改变。社会能力改变的指标包括依恋，心理理论形成前、形成中、形成后的状况，同辈群体的形成（合作与移情），行动与抑制，生活方式和睡眠节律，学习和动机以及语言发展等。我们开始了这些方面的研究，并掌握了大量这方面的有效数据。

三、群组研究中的超学科合作

我之所以和大家分享这些，是因为我对自然科学研究者、社会科学研究者以及人文科学研究者在合作过程中遇到的困难深有体会。经济合作与发展组织开展的项目也遇到了这类困难。我们开展了两个阶段的超学科合作，第一阶段从1994年到1999年，第二阶段从2000年到2004年。超学科合作的第一阶段是无效的，且产生了周期性的研究倦怠，第二阶段则引发了不同领域间的重大争论。就如同孔多赛（Condorcet）在法国大革命时期所做的努力一般艰辛，他的贡献也是超学科的，但是这种努力推动了人类自身和社会的发展。自然科学通常是精确的科学，处理相对简单且为数不多的变量，重点在于推导出逻辑性的一般原则，建立准确的因果联系；而在社会科学、人文科学领域，变量的复杂性和多元性都有所增加，研究重点在于归纳出基本原理，建立起准因果关联。两种思维方式截然不同，因此让这两者发生相互作用是非常困难的。2005年以后的第三阶段则诞生了全新的合作方式来引导沟通交流（见图2-10）。在目前这个超学科领域，通过交替使用归纳和演绎的方法，我们探索出一种新型的溯因推理方法，即渐进重复法（asymptotic repetition method），它在实际应用中效果显著。渐进重复的方法是由皮尔斯（F. S. Perls）在1878年首次提出的。这种方法首先由社会科学研究者与人文科学研究者归纳出一些可检验的思路，然后由自然科学研究者进行可行性的评价以及初步筛选，再交由社会科学研究者进一步修正细化，最后，自然科学研究者在此基础之上调整指标并最终提出有意义的研究假设。目前，自然科学研究者已经意识到自然科学并非完美无缺，对问题的解释力极为有限，而且模型也过于简单。只有通过交流合作，才能实现优势互补从而得出更有价值的成果。在这个过程中，显性知识和隐性知识是相互作用的。

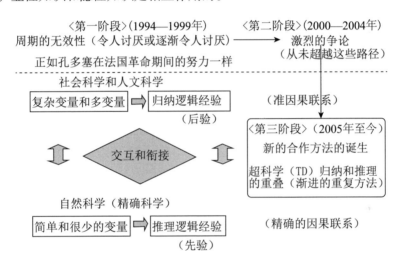

图2-10　超学科研究的尝试

例如，2009年，有人在香港的一个地方发现了贝壳化石，而海岸与贝壳化石却相距甚远，这也许意味着发现地曾经是一片汪洋。这种方法即溯因推理，这种推理方法并没有经过严密的逻辑推证，也可能是海边的贝壳由于某种方式被运送到了这里。但这种假设也存在一定的合理性，我们需要通过后期举证来检验其正确与否。在一项有关舒适程度与存活率关系的研究中，从进化的角度看，对生命体有益的营养物一般比较美味，给人一种舒适的感受，因此生命体会趋近；而有毒物质则散发出警告性的难闻气味，令生命体感到不适而退避三舍，从而保证了物种的存活率。按照这种研究思路，我们从对哺乳动物的研究中归纳出一个系统化的动机模型（见

图2-11），这个模型看起来相当复杂，也并不全面，但是这种模型阐明了动机起源的某些机制。纹状体中的黑质与奖赏预期密切相关，腹侧被盖区和伏状核与奖赏带来的愉悦感直接相关，于是可以从发生顺序上把这两个系统联系在一起。但这些结果主要是从对哺乳动物的研究中得到的，只能从一定程度上表明动物存在某种预期能力。作为人类，我们有着良好的记忆力，能记住过去愉悦的奖赏经历，所以在预测时，如果有把握获得奖赏，那么在结果出现以前我们就可以产生愉悦的情感体验，这不同于动物。

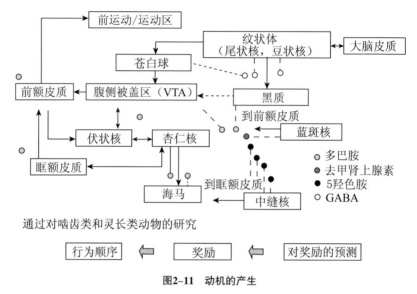

图2-11 动机的产生

我之所以对这类主题如此着迷，是因为哑剧表演引发了我的思考。身体语言常常能表情达意，但无法表达将来时。那么，哑剧表演要怎么来说明指向未来的信息呢？我将这种思路与之前语音环路的生理结构研究相结合，即使与将来有关的信息隐藏在潜意识层面，语音环路依然可以表现出激活。我与权威的动物学家针对这个问题进行了多次探讨，他们认为已有的研究可以说明歌声中存在将来时态的信息，但哑剧演员只使用了舞蹈姿势来传达信息，所以很难表达将来时。这些研究结果还有待进一步探究。

对老鼠愉悦中枢施加电刺激的著名实验揭示了正强化的效用。实验中，在老鼠的愉悦中枢插上电极，当老鼠按压杠杆开关时，回路接通，电流直接刺激该脑区，老鼠便产生了强烈的愉悦体验，促使它一次又一次地按压杠杆以获得持续的兴奋感，好像上了瘾一般直到休克身亡。大脑的边缘系统好像指南针一样，始终指向最佳的生存方式，也即指向能给我们带来愉悦感的事物。同样，2008年，在一项以人类为被试的研究中，研究者发现了金钱和社会性奖赏都能激活纹状体，但两类奖赏刺激的激活程度存在差异。我想这与教育有密切联系，如何塑造孩子服务于他人的价值观呢？这个问题非常值得我们深思。

我向大家推荐由安东尼奥·M. 巴图（A. M. Battro）和库尔特·W. 费希尔（K. W. Fischer）教授共同主编的《受教育的脑：神经教育学的诞生》（*The Educated Brain*：*Essays in Neucroeducation*）这本书。这本书中收录了我的一篇文章《开发脑：学习和教育科学中的功能性磁共振研究方法》（*Developing the Brain*：*A Functional Imaging Approach to Learning and Educational Sciences*）。在这篇文章中我对功能性磁共振成像技术的使用和拓展进行了总结，但我们也不能忽视排在第一位的设计思路和方法，这比具体的技术更为重要。

大家在具体操作功能性磁共振成像、近红外成像、脑磁图、正电子发射计算机断层扫描等脑功能成像技术时要特别注意它们的特点以及适用性，同时也要注意相关的安全问题。2003年《MIT技术评论》介绍了我们利用脑成像技术在教育研究领域取得的突破。在婴儿大脑的功能性恢复研究中，我们发现大脑具有惊人的可塑性，即使内囊完全缺失仍不影响躯体运动，左半球严重损坏却并不干扰正常的讲话，小脑完全丧失仍可以进行复杂动作。利用近红外成像技术，我们从婴儿出生后1—5天便开始追踪他们大脑功能区的发育情况，可以看到母语刺激下早期的语言区、视觉区激活情况以及工作记忆的发展情况。

我们还设计了一款特别的卡车，这实际上是一个移动的脑成像研究室，车内配有脑电图等各种设备，可以非常便利地开到学校等场地进行实验，在第二语言研究中，我们就是靠它收集了1000多名学生的实验数据。通过功能性磁共振成像技术，我们对与社会决策有关的脑区进行了考察，这些结果都体现了脑科学研究的意义和价值。我们也借助近红外成像技术来诊断心理疾病，研究发现正常个体、抑郁症患者以及精神分裂患者的脑激活模式存在着差异。2009年，我们还研发出了便携式光学成像仪，并很快将其运用到社会性活动时的脑激活分析中。

我们相信这些高新技术将给社会性课题，尤其是教育问题的研究创造更多的机会。沿着望远镜、显微镜的发展轨迹，探测人类心理活动的"察心镜"也已经出现，这也是我一直以来的梦想。太空望远镜实现了对远在太空的物体的三维成像，电子显微镜实现了对近处微小实体的三维成像，而我们的便携式光学成像仪则将无形的心理活动可视化。

◎ 第三节 教育神经科学的研究转向：教学脑的研究①

数字化环境的迅速扩大是21世纪人们所面临的一个重要挑战。今天，人类的大多数活动都必须依靠这种新技术的支持。数字化时代给我们带来众多变化，同时，我们也必须重视转变对下一代的教育方式，即我们要做"数字化时代的居民"。对数百万的学生和教师来说，接触数字化的机会可以给他们带来希望，即祛除愚昧和贫穷。这不仅是人的权利，也是这种技术本身的价值所在。

同时，数字化环境在"心智、脑与教育"研究领域也逐渐得到普及。我们认为，未来的教育必须依靠这些学科之间的不断融合。教育是人类的希望，在全球化时代，教师正面临着新的教学方法的挑战。然而，尽管我们对学习脑的知识已经有了很多的了解，但是应当承认，我们对教学脑的知识还相当匮乏。未来几年，缩短神经科学和认知科学之间的差距将是我们努力的方向。

一、从学习脑到教学脑：研究重点的转移

由于数字化时代提供的平台让身处数字化时代的我们有了新的教学方法观，我们正在改变现行的教育方式。现在，我们可以在更加广阔的数字环境下对教师和学生之间的相互作用进行研究。更为重要的是，不仅成人可以教学，儿童也可以教学！此外，数字化平台已经逐渐成为一个没有围

---

① 本节内容曾发表于《全球教育展望》2011年第9期，原题为《数字时代的教学脑》，作者为阿根廷安东尼奥·巴特尔院士，由梁宏琛翻译，周加仙审校。

墙的、扩大了的学校。事实上，现在我们可以通过计算机联网的方式与世界上数以千计的成人和儿童的教学活动相联结。对认知神经科学的研究者来说，这无疑是一个巨大的机会。因为在这个数字化时代，我们不仅可以对个体整个受教育时期的学习技能进行追踪研究，还可以对其教学技能进行追踪研究。教学和学习技能动态变化的观点隐含着认知能力的改变。当前，我们的主要任务是研究受教育者教学脑的发展，而不仅仅是学习脑，这也是我们目前一直在做的工作。

为了说明这个观点，我以雅典学派的著名壁画家拉斐尔（Raffaello）在梵蒂冈所画的一幅画"雅典学院"来切入这个话题，这是引入该主题的一个很好的导言。这幅画中汇集了许多不同时代的科学家和哲学家，有毕达哥拉斯、欧几里得、阿基米德、伊壁鸠鲁、帕尔门蒂斯、苏格拉底、戴奥真尼斯等人，以及那位未被邀请的、假扮成年轻绅士来参加聚会的唯一女性——来自亚历山大的海巴夏。在金碧辉煌的大厅里，大家都聚集在柏拉图和亚里士多德身旁。其实，这幅名画也是大学的一种象征，即"科学聚会之地"（在希腊语中被称为"sumphilosophein"），是学和教的聚会之所。

拉斐尔将所有的塔和拱廊都画成圆锥形，所有的平行线最后都汇聚在柏拉图和亚里士多德这两位著名学者头部后面的视野中。但作者独具匠心的地方在于把这两位伟人凸显出来，使得这两位伟人看起来显得比在正常情况下要高大一些，以达到整体上更加自然的效果。我认为，我们也应该改变看问题的视角，以使对学习脑和教学脑两者的动态变化有更加深刻的认识，正如拉斐尔的杰作在视觉上所传达的细微变化一样。直到现在，认知神经科学一直关注学习、学习脑、学习技能等各个方面的研究，但是今天我们迫切需要对它的另一面即教学技能进行思考。然而不幸的是，现在对教学脑的工作机制到底是什么，我们还一无所知，现在必须努力弥补这种差距。

让我们回到文艺复兴时期另一位伟大的艺术家杜勒（A. Dürer）的杰作中。1523年，他利用视觉机制的原理创作了一系列画作，这些画作可以产生几何透视的效果，从而纠正了一直难以解决的圆锥投影技术所产生的"扭曲"这一经典问题。圆锥投影技术就是离眼睛很近的物体看起来更大，反之则更小。这也就是照相机的原理，在水平方向上拍一座大山，你将会在相框中看到一座很小的山。可事实上，这是人脑在视网膜这个部位对这种圆锥投影技术进行矫正所产生的效果（这跟照相机的原理一样），这遵循了大小恒常性定律。雷格尼（H. C. Reggini）用一台电脑对这种有偏差的视角进行模拟，我也曾经在开阔地带验证了这种现象。例如，在一些助手的帮助下，要求一个坐着的实验被试将搭建的桩保持在两条平行线上。他们只能坐在轴的中心而不能离开自己的位置，指挥助手把相应的桩放在不同的位置，直到他感觉所有的桩都在两条平行的直线上为止。但是实际测量结果却显示，两条线都偏向了被试一侧。这种"自然透视"跟雷格尼的非标准几何视觉投射模型是一致的（Battro，Reggini，1978）。雷格尼幽默地说，这正如"给你的照相机安上人脑"，而且他希望将来某一天数码相机会让这种新奇的想法变成现实，从而可以让我们看到更加自然真实的视觉景象（Reggini，2011）。

在教育领域，我们也必须尝试进行类似的"认知视角"的改变。而且应当从认知神经科学那里为这种具有建设性的自然教学法寻求支持，这种教学法将以一种动态的双螺旋结构把教与学的问题与答案、模式与实验方法等紧密地结合在一起。

二、教学脑的探索：数字化时代的苏格拉底对话

柏拉图（Plato）在雅典创办了当时最著名的学园，当时希腊最富智慧的贤才都在他的学校里学习，其中，有他20余年的忠实信徒苏格拉底。苏格拉底这位伟大的老师就是《柏拉图对话》中的主角。他最伟大之处在于提出问题和讨论问题答案的方式，他总是以非常友善的语气进行协商，并尊重讨论中的不同意见。但苏格拉底总是设法表现出他并不是在教学生任何东西，而只是尽力帮助他们发现自己已有的知识。柏拉图在《美诺篇》——一篇关于美德的对话中，详细地向我们展示了这种特殊的教学方法。柏拉图的朋友美诺问苏格拉底："美德是通过教还是通过实践而获得的？或者这两种方式都不是，或者是天生就获得的，抑或还有其他的方式？"在寻找这个问题的答案时，苏格拉底通过给美诺的一个奴仆上几何

课来证明他独特的教学理论。这个奴仆对几何知识一无所知，该几何问题是如何让正方形的面积增大1倍。通过这个例子，苏格拉底为他独具特色的教学理论提供了详尽的证据。几个世纪以来，这堂课成为苏格拉底教学法的一个经典样本。实际上，这也许是历史上第一次详细地记录教师和学生围绕着一道几何题所提出的问题和回答。我认为它可称为教学法中最美丽的篇章。

最近我们又用柏拉图所记录的这50道问题的标准模式，在布宜诺斯艾利斯的58名高中生和大学生组成的一组样本中，对苏格拉底的问题进行了重新探讨（Goldin et al.，2011）。我们的方法如下：首先对谈话录的语句以线性分句和条件分句的方式进行语法分析。条件分句只有在美诺的奴仆犯了错误而且只有他犯了完全相同的错误时才转换到另一个问题。例如在第10个问题中，苏格拉底问道："这条边是2英尺长，那么对边是多少？是它的2倍吗？"美诺的奴仆回答道："苏格拉底，很明显是2倍。"后面的问题是对这个错误进行详细说明。在我们的实验中，第11题到第20题只有在被试回答为了使面积扩大2倍就必须使得边也增加2倍时会被问到。线性分句是持续进行的，除非被试有了新的发现，这使得持续性的提问显得不合逻辑。例如，在第41到第48题中，苏格拉底详细描述了对角线的方法，即以给定正方形对角线作为一条新的边，从而构造一个新的正方形。在这个时候，如果被试能够理解对角线的含义以及知道怎么做，就直接跳到第49题。在实验过程中，仅有几个问题不管被试的回答是什么都会被问到。

结果发现，我们的实验结果和苏格拉底的对话录有很大的相似之处：在第28个问题上，每一个被试的反应都与苏格拉底谈话录记载的非常相似，正如2400年前的回答那样！在一个问题中，美诺的奴仆犯了一个错误，这种错误属于有无限种可能的错误。实验中所发生的大多数对话都与苏格拉底对话录中所记录的情况一致。虽然实验结果一方面证明了苏格拉底对话录的普适性，另一方面也让我们看到了教育的失败。这至少说明，人们对对话录中的关键部分缺乏关注。实际上，严格遵循每一个问题的提问顺序，包括苏格拉底的对角线法，就可以找到解决这个问题的方法。以给定正方形的对角线作为新的正方形的一条边，就可以使得面积增加2

倍。而当被问到如何使一个正方形（大小与对话中的正方形大小不同）面积增加2倍时，大概有一半的被试未能掌握这种简单的归纳推理。但是不能做出这种归纳推理的原因各不相同，这也是让人感兴趣的地方，我们必须进一步对这个教育问题进行探索。

在一些已经开始使用数字化平台的国家，我们打算在数以千计的孩子和老师中重新进行这段对话。在这些国家的一些城市或乡村，孩子和老师每人一台手提电脑，这就是"每个孩子一台笔记本电脑"项目（Negroponte，2005）[19]。我们已经设计了一种特殊的软件，把它安装在"每个孩子一台笔记本电脑"项目的实验室里。它可以让我们大规模地在线体会苏格拉底对话录的互动过程。众所周知，规模大了会产生很多有趣的现象，在寻找这道几何问题答案的过程中，我们期望看到丰富多彩的答案出现。数字化时代的"美诺问题"，寻找这种问题和答案的路径会被一系列基本而又精心做出的认知决策所打断，我们称之为"按键选择"，例如，通过按键盘上的"是"或"否"键来表示。我们必须对按键的详细过程进行研究，因为这是可以在脑水平上编码的最简单的认知活动之一。

在我的另一项研究中，我发现按键选择是行为的一个基本组成部分（Battro，2004）[78-96]。人类自出生第一个月开始就会执行按键选择这个动作，这对许多认知神经发展的研究非常重要。实际上，是否按键是一个非常重要的普遍命题。它可以用布尔代数四格初级框架来表示。此外，我和德纳姆（P. Denham）一道提出按键选择是一种新的智力，即"数字智力"的"核心"这一观点，它也属于加德纳（H. Gardner）的多元智力理论的分类系统的一部分（Battro，Denham，2007）（Battro，2009）[279-288]。按键这个"外显的动作反应"可以通过脑成像技术来检测，以精确地记录这一动作在大脑皮质的"内隐神经活动"，这就是按键选择的最有用的属性。

迪昂（S. Dehaene）和同事运用这一强有力的特征进行了一项实验，实验让被试判断在一连串呈现的数字中，哪一个数字比5大，哪一个数字比5小，并做出按键选择。实验过程中，在被试通过左手的大拇指或右手的大拇指进行外显的按键选择时，可以对被试大脑中央前皮质的活动状况进行观察。这或许可以称作"反向神经科学"的方法，也就是说，它是从脑到行为的过程。在这个例子里，是从运动准备的实验指标到实际做出反应的过程（Dehaene et al.，1998）。通过在大脑皮质层面上对教师和学生的一系列按键选择反应进行分析，再加上使用合适的可穿戴式无线实验仪器，我期待不久就能把数字化时代的苏格拉底对话录应用到这种反向神经科学的新方法中。我预计，不久的将来，对学生认知能力的许多评价可以通过类似的简单的按键选择任务来实现。

三、神经可塑性与教学脑

到底是什么使得人类自孩童时代就在如此困难的教学艺术中表现得如此出色（Strauss，2005）[368-388]，而动物则不能用人的教学方法来进行教学（Passingham，2008）？毫无疑问，大脑前额叶的显著发展是人类的宝贵财富，但是教学需要"多少脑力"呢？

我曾对我的朋友尼克（Nico）的社会与认知发展进行了为期15年的研究（Immordino-Yang，2008）。他3岁时不幸患上了不可救治的癫痫，只能接受右半脑切除术。从他上幼儿园开始，我一直帮助他使用笔记本电脑，现在他已能熟练地使用这些数字化设备了。尽管他有生理上的缺陷，同时患了偏瘫和偏盲，但是他的左半脑极具可塑性，而且在许多方面已经与正常人一样。更令人高兴的是，现在他不仅是一个绘画能手，同时还是一位业余的击剑爱好者，这两项活动都需要掌握非常精细的技能。他希望能教残疾人练习击剑，并以这个职业作为谋生的方式。这振奋人心的例子说明人任何时候都是可教育的，即使他只有半个脑。

四、儿童教学能力的发展

不同时代与文化中的父母和教师都知道，在教育孩子的同时他们的教学技能也会得到迅速发展。但十分奇怪的是，只有几位发展心理学家关注了这一现象。这一领域的先驱之一就是斯特劳斯（S. Strauss）。在教育领域，由于信息和交流技术的大量使用，我们期待有更多人关注这个问题。孩子很小的时候甚至在还没有学会自己的母语之前，我们就观察到他们数字技能的发展。他们似乎将"数字语言"作为第二语言。他们热切地使用一切可能的数码设备，并把他们所获得的新知识与同伴、父母、朋友进行分享，无论长幼。我们正在通过实验研究一种自下而上的不可思议的教学力量，这种力量在儿童教儿童、儿童教成人的时候从垂直和水平方向展开。在每一个可能的数字化环境中，每一个人都能说出大量有关儿童和青少年之间相互传递信息的新鲜轶事。在一些数字化平台，比如"每个孩子一台手提电脑"项目中，这种不断扩散的"教学力量"可以很容易地得到监控，"每个孩子一台手提电脑"项目可以连续不断地记录孩子们在课堂内外的交流活动。如果没有固定和自发的同伴间的教学，教育领域添置的电脑再多都将以失败而告终。在互联网、数字游戏、社交网络、机器人技术等广阔领域，没有其他教师以及学生的大力帮助，仅仅依靠一个教师来开发具有教学意义的主题是非常困难的。儿童天生就具有教的热情和渴望而且有能力教学，无论在学校还是在家里，在有效的指导下，儿童都可以成为老师和家长最好的教育助手。

教育者必须充分利用这些观念和创新机会（Battro，2007a；Battro，2007b）。我们当前正在教育领域努力扩展一个持续而广泛普及的教育平台，这样，孩子们可以在学习的同时，进行教学和实验。人的智慧（homo sapiens）实质上在于人的施教（homo docens）能力。智人不仅能够学习而且能够教学，由此而一代代地传递真理、美德、正义、平等和美丽等价值观。这种可持续和建构性的历史进程塑造了人类本身。

◎ 第四节　文化神经科学与人类学对教育神经科学的启迪[①]

一、文化神经科学的兴起

文化研究与脑科学一度分属于社会科学与自然科学两个领域，如英国学者斯诺（C. P. Snow）所说，彼此隔着"一条充满互不理解的鸿沟"

---

① 本节内容曾发表于《教育发展研究》2012 年第 22 期，原题为《文化、脑与教育：人类学启迪中的教育神经科学》，作者为钱雨。

（斯诺，2003）。但在人文与科学不断融合对话的当代语境下，跨学科、跨领域的研究日益增多。过去的数十年里，许多研究都发现社会文化环境在个体成熟之前和之后都对人脑的结构与功能产生了重大影响。可以说，文化塑造着人脑，人脑又建构着文化。

美国学习科学发展委员会（Committee on Developments in the Science of Learning）在《人们如何学习：脑、思维、经验和学校》（*How People Learn：Brain，Mind，Experience and School*）中对学习过程中发生的神经加工过程和文化对个体学习的影响进行了考察。研究发现，社会文化影响人类发展的每个方面，不同的文化会影响个体学习的外显行为与内隐因素。2000年美国国家出版社（National Academies Press）发布了一篇由心理学家、神经科学家、儿科医生等17位跨学科专家合力完成的研究报告——《从神经细胞到社会成员：儿童早期发展的科学》（*From Neurons to Neighborhoods：The Science of Early Childhood Development*）。报告结合近年来的脑科学研究成果，对儿童教育提出了明确、具体的建议。报告指出文化对儿童发展的影响是巨大的，但传统的神经科学研究却忽视了文化的影响，关于文化、脑与教育领域中的实证性研究仍不够丰富。例如，多数典型的文献是对欧美中产阶级儿童的研究，被试多取样于大学社区。与此相反，以有色人种儿童为对象的许多研究总是把贫困作为研究的焦点，被试多来自有处境不利群体（肖可夫，菲利普斯，2006）。但是随着文化神经科学与教育神经科学的诞生，人们关于文化多样性、种族主义、歧视等社会文化因素与神经机制之间关系的研究逐渐增多。

文化神经科学（cultural neuroscience）关注脑与文化的双向建构关系。作为社会认知神经科学的一个分支，文化神经科学包含着两个有趣的"人性"问题（刘将，葛鲁嘉，2011）：文化特质，如不同的价值观、信念、习俗是如何塑造神经生物机制和个体行为的？而神经生物机制又是如何促进文化特质的产生与传递的？这些问题与教育神经科学也有着千丝万缕的联系。

研究脑与教育离不开个体所处的文化背景，如价值观、愿望、期待、习俗等。儿童的饮食和睡眠方式、父母对儿童的期待、教师对儿童学习方式与结果的信念……无一不受到特定文化背景的影响。但许多学者发现，对文化的研究远比对神经机制的评估更加复杂（肖可夫，菲利普斯，2006）。除了方法论上的多样性，研究文化在教育中如何发挥作用还涉及许多不可视、难以量化的因素。诸如种族主义、歧视、弱势家庭之类的概念界定与解析本身已具有相当的复杂性，这也为当代教育神经科学的发展带来了新的挑战。

如心理史学家维达尔（F. Vidal）所说，要发展教育神经科学，"神经科学家必须进入课堂，教师也应该把他们的问题带进实验室"；与其他神经科学领域一样，教育神经科学家们必须思考他们的人类学假设，思考在他们的观点中人类和社会是什么以及应该是什么这类问题。

二、当代教育神经科学的发展与挑战

教育神经科学尝试通过认知神经科学、心理学、教育学等多领域的整合，探索有关学习的认知与脑机制，并依据研究成果设计更有效的教学，指导教育政策的制定（Carew，Magsamen，2010）。例如，美国神经科学家已发现，婴儿脑的认知能力远远超出人类以往的想象，这使政策制定者意识到应进一步凸显早期教育的作用。然而，如经济合作与发展组织"学习科学与脑科学研究"项目的负责人基耶萨（B. Chiesa）所说，虽然教育神经科学具有重大价值，但"认为神经科学将为教育政策与课程设计提供现成答案的观点不免有些幼稚与简单"（周加仙，2010）。这一领域的发展并非一帆风顺。

早期的教育神经科学研究引发了一些教育学者对传统教育研究的担忧。例如，有些经济合作与发展组织的国家一直拒绝加入"学习科学与脑科学研究"项目，如法国和瑞典，其部分理由是一些教育学者担心技术导向的、"硬"科学可能取代传统的社会科学，如人类学、社会学、哲学等。有人甚至把神经科学研究看作教育科学的潜在威胁。这些社会学者的担忧、观望甚至对立的状态也可能会导致一个新词"神经科学鸿沟（neuro-divide）"的出现（周加仙，2010）。为此，教育神经科学家需要在自然科学与社会科学之间展开更多的互动与合作。

此外，要在神经科学与教育领域间架构桥梁也非易事。在教育神经科学诞生之初，一些学者曾持悲观的态度，目前仍然有一些学者对此持观望态度。例如，1997年，哲学家、原麦克唐纳基金会主席布鲁埃尔（J. Bruer）曾经撰文，把脑科学与教育之间的联结看作一座"过于遥远的桥梁"，他认为，神经科学"并不会直接带来对教育的更好理解"；"神经科学发现了很多关于神经与突触的知识，但还不足以引导教育实践"。还有更多的研究者认为，虽然脑科学的知识有益于解决教育的难题，但是它终究不能代替难题的真实状况。这些悲观的论调源于这些人对新兴的教育神经科学的研究范式与研究内涵的不了解。时隔10年后，国际教育神经科学的迅猛发展，促使布鲁埃尔主席成为国际教育神经科学的重要推动者。在麦克唐纳基金会的积极支持下，每年在拉美国家举办国际教育神经科学研修班，培养了大量的国际研究人才。2012年2月，人民网新闻介绍了一项脑科学的重大发现——镜像神经元，并称该项成果将正式被推广应用到儿童教育中。然而，如果对儿童在特定社会团体与文化背景下的学习方式缺乏深入研究，脑科学研究成果确实不能直接引发新的教学模式。因此，当务之急是培养了解教育学知识的神经科学研究者，以及能够运用神经科学的知识进行教育方案与环境设计的教育工作者，这些专业人才将大大促进教育神经科学的发展。

当前，脑科学的新技术如功能性磁共振成像（fMRI）、正电子发射断层扫描成像（PET）、事件相关电位（ERP）等层出不穷。精密、科学的实验仪器在揭示神经机制与认知活动之间关系的同时也简化了人性的复杂程度。传统神经科学研究脱离社会文化情境对研究客体进行必要的还原、纯化时，仅能描绘出一幅人类发展特征的不完整图景。或许"传统的工具仅仅关注对群体平均水平的分析，反而掩盖了个体变化中饶有趣味的复杂性"（周加仙，2011）。

具有"超学科"特征的教育神经科学自诞生之日起就是一个多学科交叉的综合领域。美国哈佛大学开设的"心智、脑和教育"专业课程不仅包含了心理学、教育学和神经科学，还涉及人类学、哲学等多门人文学科。运用神经科学技术来研究种族差异与学业成就，探究贫穷、宗教、习俗等对学习行为和人脑结构与功能的影响，这些研究问题已经模糊了学科的界限。借鉴人类学等人文学科的智慧，深入探究文化、脑与教育之间的复杂联系将成为教育神经科学领域长期而艰巨的挑战。

三、人类学对教育神经科学的影响与价值

（一）人类学研究范式的意义

人类学家发现，个体的语言发展、生活习惯、思维模式、节日礼仪、宗教信仰、待人接物等都会受到当地文化模式的影响。作为一种文化分析和阐释的框架，人类学对教育神经科学的首要范式意义体现为"跨文化研究"。比较研究有助于发现不同文化中的规范性价值观和行为期望如何影响该文化中的教养方式，以分析不同文化背景下的教育差异。人类学研究反对那些文化无涉的宏大叙事。人类学家依据田野工作获得第一手资料，联系文化背景来对资料加以分析和阐释。这意味着研究者要深入不同主体的文化，在具体文化情境中分析教育实践。

此外，人类学研究还注重对文化主体以及文化过程的语境把握，提倡整体观的视角。人类学研究集情境逻辑、实地研究和深入阐释为一体，沉浸在一种整体的地方性情境之中。人类学家早已开始关注教育问题的文化社会根源和教育不平等现象。20世纪60年代，美国面临社会和政治危机，弱势儿童的学业失败问题日益受到关注。一些人认为弱势群体的儿童学业失败是因为"文化匮乏"，人类学家则认为，这些儿童学业失败是因为学校中的"文化不连续性"。

文化影响人们在标准化智力测试中的表现和人们的思维方式，因此测试的结果不能代表"真正的智力水平"。人类学研究表明，以主流文化为重点的学校，需要把非主流群体的传统文化价值纳入教育体系之中，才能避免跨文化的冲突与文化不连续性，实现真正的教育公平。教育人类学家斯平德勒（G. D. Spindler）等人尖锐地提出：学校如此明显地倡导主流文化价值，少数民族和其他群体是否感到他们与我们所倡导的价值格格不入呢？有没有能把社会多元文化因素整合为一种与我们的经济、社会制度相符的建设性关系的途径（Spindler，Spindler，1990）？

人类学的跨文化与整体论框架为多元文化中的教育神经科学研究提

供了新的研究视角、研究设计和结果解读。无论科技如何进步，人类学家始终认为"人"才是最重要的研究仪器以及"最敏感和最有理解力的资料采集工具"。人类学研究的民族志、田野研究等方法都是"以达到理解为指向的行为"，是对地方知识（local knowledge）的反思（费特曼，2007）。人类学不会将"人"物化的同时，为"事"注入生命活力，这是其他研究范式难以达到的。

（二）神经人类学的诞生

人类学家对神经科学研究的关注催生了一个新人类学的分支——神经人类学。这一领域的关键词是"文化中的脑（the brain in culture）"与"脑中的文化（culture in the brain）"。早在1976年，滕豪滕（W. D. TenHouten）等人就对脑科学、文化与认知的联系进行了探讨，认为三者之间不应该是分裂而应是整合的关系（TenHouten et al.，1976）。随后，他还开拓性地提出了"神经学人种志（ethnoneurolog）"的概念，对社会科学影响下的神经学进行了初步探讨（TenHouten，1991）。2009年，部分学者正式提出"神经人类学（Neuroanthropology）"的概念，认为这一领域旨在拓展人类对脑与文化之间联系的贫瘠认识。神经人类学的主要研究内容包括文化中的脑——脑的功能与结构如何受到社会意义与文化实践的影响，以及脑中的文化——神经过程如何产生社会成员共享的意义与实践（Lewis，Turner，Egan，2009）。

有神经人类学者认为神经人类学领域具有如下价值：（1）洞察那些影响脑功能与结构的文化过程的特征；（2）对种族优越感等偏见与歧视具有高度敏感性；（3）结合跨文化研究，提高了神经科学研究结果的生态效度；（4）关注文化多样性和个体脑的跨文化差异；（5）使人种志、考古学、古人类学等的研究成果可以用于确定神经科学实验研究现象，生成新的研究假设，并使研究结果具有情境性；（6）为运用神经科学的数据来解释意义、动机提供了可能；（7）为这些数据进一步发展社会文化模式的理论提供了机会；（8）更深入地理解有效知识的认知过程（Lewis，Turner，Egan，2009）。

神经人类学的设想得到了许多学者的支持。美国学者洛辛（E. A. R.

Losin）等人提出，要研究文化信息最初是如何进入人脑，即文化习得的神经活动机制，必须结合人类学的理论和认知神经科学的方法论。这两大学科都有相当长的发展历史，它们迟迟没有相遇只是碍于学科的界限（Losin，Dapretto，Iacoboni，2009）。加拿大学者诺夫（G. Northoff）也认为人类学和神经科学应当"联姻"，两种科学的联盟可以提供对人类若干基本问题的深入洞察（Northoff，2010）。美国西北大学人类学家塞利格曼（R. Seligman）和布朗（R. A. Brown）认为，人类学的工具，如社会理论、人种志、定量建模的文化模式将对神经科学产生重大影响。这两大学科至少有四个重要的交汇点——情感的社会文化建构、地位与支配关系、社会信息的体现以及习俗的社会与生物双重本质（Seligman，Brown，2010）。

神经人类学家沿袭了田野研究的传统，把便携式脑成像仪器带到现场去，使被试在这种友好的环境中放松心情。已有研究者在巴西东北部使用了这种方法，将个人生物反应的模式与社会文化过程联系，他们认为该方法具有很大潜力（Seligman，Brown，2010）。

（三）人类学对教育神经科学的启示：关注教育公平与文化多样

德国学者考霍莱（S. Choudhury）在《开发青少年大脑：脑科学可以向人类学学到什么？》（*Culturing the Adolescent Brain：What Can Neuroscience Learn from Anthropolgy?*）一文中指出，随着脑科学的发展，反思"文化"的含义以及如何在实验室环境中解读文化，对于神经科学研究来说至关重要（Choudhury，2010）。兰西（D. F. Lancy）等人提出，必须将儿童的学习置于跨时空、跨文化、跨种族与跨地域的多元文化情景中进行研究（Lancy，Bock，Gaskins，2012）。在人类学的启迪下，未来教育神经科学研究将进一步为推动教育公平的政策制定和尊重文化多样性的教育实践提供科学依据。

近年来，神经科学研究发现早期养育环境对个体发展中的脑具有重大影响。例如，营养不良、早产等生长不利因素和心理社会性不成熟两种症状中，儿童的脑垂体都无法分泌足够的生长激素，这最终都与他们在社会环境中的失败有关（Skuse et al.，1996）。这些教育神经科学研究成果为政策制定提供了科学依据，并强调国家的责任与作用。政府有责任对处境不利儿童采取积极的早期干预，促进儿童的平等发展。美国的"早期开端"（Early Head Start）和英国的"确保开端"（Sure Start）都是著名的国家早期干预项目，政府为低收入家庭的婴幼儿提供健康、教育、营养等早期教育补偿服务，减小这些儿童和其他儿童的发展差距。这些做法保障了处境不利儿童的受教育权利，减轻了弱势家庭的压力。尤为重要的是，它响应了社会要求教育公平的呼声，有利于文化多元、种族多元国家的和谐发展。

当前国际教育实践与政策研究非常强调"文化能力"（cultural competence）。持该观点的学者认为，具备文化能力的专家自身必须具有跨文化交流的技能，能够根据不同文化的信念、习俗或角色调整交流的模式。对儿童进行评估的程序和工具也应当具备文化适宜性和生态效度。随着人口组成日益多样化，教育政策的制定者、学校和学生之间可能存在巨大的文化差异，这增加了在这三者之间建立关系的难度。但正是这些关系，决定了文化多样性下教育实践的适宜性和最终效果。在人类学影响下，许多跨文化的教育神经科学研究成果也涌现出来，如与文化相匹配的注意力研究（Kitayama et al.，2003），特定部落习俗与仪式对个体学习过程的影响与强化研究等（LeDoux，1998）。在文化多样性的背景下，结合人类学视角的教育神经科学研究可以帮助我们更加深入地了解各种文化的特质，使其得以保存及传承；儿童也可以在一个公平的、多样化的空间中和谐发展。

四、本土教育神经科学的展望

过去10年是教育神经科学飞速发展的10年，"文化能力"之类的术语在政策与实践领域中被反复使用，神经科学也开始为其提供实证证据的支持。神经科学家特纳（R. Turner）在2001年的论文"文化与脑"中只列出了寥寥4篇参考文献（Turner，2001），但是短短的10年间，文化与脑的研究领域取得了突飞猛进的发展。目前，教育神经科学和教育神经人类学的研究问题已经开始涉及教育的各个方面：如何在研究设计中考虑民族、地域或地区的文化传统与整体经验？如何处理好多样性与统一性的关系？如何在教学实践中结合脑科学的研究成果与学生的文化体验？不同群体（如移民家庭和非移民家庭）的文化对儿童脑、认知功能产生了怎样的影响？不同文化族群中青少年的情绪脑与课堂环境的交互作用是否不同？等等。

神经科学影响教育学的方式不仅依赖于科学实证的研究技术和手段，而且依赖于一系列哲学的、人性的反思。只有考虑到研究设计中的多元文化（multicultural）和跨文化（intercultural）因素，才能更好地捕捉人类认知与学习的本质。20世纪最大的成就正是将对儿童本质的理解融入儿童的养护与教育中。正如教育学与人类学联盟，人类学也将与教育神经科学携手，改变人类对自身与文化的理解，带来更合理的教学变革。

中国社会正面临许多重大的挑战，随着我国的经济发展和地区差异、贫富差距等不断加大，不同群体的教育成就差异也开始受到关注。一些城市（如上海）移民人数不断增加，移民儿童、外来务工人员子女、农村儿童的教育问题日益受到瞩目。在教育过程中保护和促进文化多样性、追求教育的普惠性与公平性也成为当前的热点问题之一。

中国的教育变革期待更多本土化的教育神经科学研究。我国丰富的多民族文化背景和显著的地域差异为跨文化的教育神经科学研究提供了基础。本土教育神经科学研究必须选择中国学生所熟悉的文化观念和经验作为研究基础，思考不同文化背景影响下的学习行为的真正意义，寻求适合研究中国儿童及其心脑机制的研究技术与工具以建立自己的学科体系。在吸纳人类学智慧的基础上，教育神经科学的本土研究与审慎应用将有助于加深对儿童学习的内在机制的理解，促进我国不同文化族群中儿童的适应性学习，为尊重文化多样性的教育实践和推动教育公平的政策制定提供坚实的基础。

第二部分

教育神经科学视野中的循证教育政策

第三章

学会关心：从生物倾向到共同伦理

◎ 第一节　关怀的生物机制

20世纪六七十年代，科学技术的发展日新月异，知识增长的无限性与人生的有限性的矛盾日益突出；生产力高度发展对产业结构与社会生活方式产生了深刻的影响，教育与生产力、科学技术的发展不相适应的问题日益严重。面对教育如何适应社会巨大变革的问题，联合国教科文组织于1972年提出了"学会生存"的教育理念，强调早期教育，倡导终身教育，注重培养学生在急剧变化的社会条件下生存所需要的各种知识与能力。但是，20世纪80年代以后，人们的精神生活和道德面貌方面的问题日益凸显，极端个人主义泛滥，社会秩序混乱，家庭观念薄弱，人际关系冷漠。针对这种情况，联合国教科文组织于1989年推出了《学会关心：21世纪教育的目标》（*Learning to Care for Others：The Aim for the Education in the 21st Century*）报告，将"学会关心"作为21世纪人才培养的目标，倡导全球合作精神，关心和保护地球的生态环境，推进全球社会的发展。进入21世纪以后，脑与认知科学研究者也开始关注关怀伦理的研究。本节在阐述关怀的生物倾向与关怀的生理机制的基础上，揭示生物性关怀倾向的缺陷，进而提出针对性的教育政策建议与实践对策。

联合国教科文组织提出的"学会关心"政策要求年轻的一代从只关心自我的狭小天地里解放出来，从"关心自己和自己的健康"，到学会"关心他人，关心家庭、朋友和同行""关心社会和国家的经济和生态利益""关心全球的生活条件""关心其他物种""关心真理、知识和学习"（UNESCO，1989）。因此，"学会关心"政策需要年轻的一代学习者将生物倾向的自然关怀拓展到共同伦理关怀。而美国斯坦福大学教育系诺丁斯（N. Noddings）教授所倡导的"关怀伦理学"从教育学的角度对联合国"学会关心"的教育政策做了诠释。诺丁斯强调，关怀是人的基本需要，关怀就是关心，是对他人的重视与爱护。关怀可以分为自然关怀和伦理关怀。自然关怀是人类天生就具有的自然属性，而伦理关怀则需要后天的教育与学习，需要借助一系列关怀与被关怀的记忆来对他人的需要做出反应。被关怀者有某种需要，而关怀者能够及时辨认出对方的这种需要，并做出相应的关怀反应，同时，被关怀者对关怀者的行为表示认可和接纳，这样就形成了一种关怀关系。这种关怀伦理是一种平等、宽容、相互尊重的关系，不是一方施与另一方接受的关系，而是双方都有付出，也都会有收获的关系。被关怀者获得了所需要的帮助，关怀者则得到了肯定和鼓励，因此，被关怀者并不是被动的接受者，他们也具有主动性。而一般传统意义上的教育关怀强调的是居高临下的、权威式的、控制式的关系。

科学的进步不断破解人类社会行为的自然奥秘。随着研究工具与方法的突破，人的伦理和道德问题也逐步作为一种自然现象得到科学界的关注。在生命伦理的行为研究中，关怀的生物倾向是近年来研究的热点问题。本节中，我们主要从共情关怀的生物倾向、神经机制、遗传基础来系统地阐述目前有关共情关怀的研究，并从共情关怀的生物制约性的角度出发，提出共同伦理的培育。

一、关怀的概念解析

关怀是指看到他人遭受痛苦，对他人的痛苦感同身受，进而伸出援助之手以帮助他人渡过难关的现象。古今中外的先贤早已关注到这个问题。春秋战国时期的孟子就曾假设，当人们看到"孺子入井"时，都会不由自主地产生"恻隐之心"，"所以谓人皆有不忍人之心者。今人乍见孺子将入于井，皆有怵惕恻隐之心，非所以内交于孺子之父母也，非所以要誉于乡党朋友也，非恶其声而然也。由是观之，无恻隐之心，非人也；无羞恶之心，非人也；无辞让之心，非人也；无是非之心，非人也"（《孟子·公孙丑》）。孟子用"怵惕恻隐之心"来描述人性对突然发生的这一事情的"第一反应"，任何人见到孺子突然入井的一刹那，都会感到恐惧、惊骇、伤痛，但是这种体验是孺子的感受，还是见者将自己"投射"到孺子的"位置"，设身处地感受孺子的体验？这里涉及心理学与神经科学中"共情""同情"与"关怀"之间的关系问题。

关怀与共情（empathy）、同情（sympathy）的概念之间存在着复杂的关系。empathy和sympathy这两个词中的"pathy"源自希腊文"pathos"，本义即受苦。而慈悲（compassion）中的"passion"源自拉丁文"pati"，其义也是受苦（Garber，2004）[23]。这三个词均与共同受苦相关，与"恻隐之心"的字面意义具有相关性。恻隐之心与"共情"有关。西方最早对"共情"进行讨论的是在美学领域。德国人菲舍尔（R. Vischer）创造了"einfühlung"一词来表达"人们把自己真实的心灵感受主动地投射到自己所看到的事物上"的能力（郑日昌，李占宏，2006），这种能力使得主体在面对艺术作品时能够获得它的含义。1909 年，铁钦纳（E. B. Titchener）用英文单词共情（empathy）来取代"einfühlung"，将共情作为现代心理学的研究议题。铁钦纳在其"关于思维过程的实验心理学讲稿"中把共情定义为："一个把客体人性化的过程，感觉我们进入别的东西内部的过程。"（Titchener，1909）[211-217]亚当·斯密（A. Smith）虽然没有用过"共情"一词，但他很好地解释了"共情"的含义，"我们就像是进入另一个人的身体，在某种程度上成为和他一样的人"（Smith，2010）。心理学中把共情看作个体感知或想象其他个体的情感，并部分体验到其他个体的感受的心理过程（Singer，Lamm，2009）。也就是说，"共情"是站在他人的角度来思考，是一种强烈而常常无法抗拒的冲动。综合心理学、社会科学的观点，共情非常复杂，具有不同的层次，包括了从单纯的情绪感染到充分理解他人的处境，从进行自我中心的反应到做出指向他人的亲社会行为。比如，看到心爱的人被针刺痛，我们也会感觉到疼痛。"共情"让我们因他人的快乐而快乐，为他人的痛苦而痛苦，因此，"共情"是对他人情绪状态的感受或反应，涉及对他人情感、情绪状态的参与、理解与把握。共情的这种理解和分享他人情绪状态的能力是合作与利他等亲社会行为的一种可能机制。

研究"共情"问题的心理学专家巴特森（D. Batson）教授曾区分出以下8种不同类型的共情现象。（1）认知性共情，了解他人的内心状态、想法、感受。（2）动作模仿，采取与他人的姿态或表情相匹配的姿态、表情，对他人做出回应。（3）感受到他人的感受。（4）设身处地为他人着想。（5）想象他人的痛苦。（6）设想自己在他人位置上的想法。（7）看到他人受苦，自己也感受到痛苦；这种痛苦感受不是针对他人，而是他人的痛苦状态引起自己的痛苦感受。（8）感受到他人的痛苦：这是一种他人取向的感受，是一种关心他人痛苦的慈悲、同情或共情式关爱。（Batson，2009）[3-16]巴特森教授的共情（8）与上文所阐述的"恻隐之心"是一致的。巴特森教授进而提出了共情利他主义假说（empathy-altruism hypothesis）（Batson et al.，1988）[74-108]（Batson，2009）。巴特森教授的观点其实表明了共情现象牵涉两个根本问题：一是认知问题，即"我"是如何知道他人的心理；二是"我"为何会感受到他人的痛苦，关心他人的痛苦。这两个问题的背后都预设了个体主义的自我观。可以说，共情是个体关怀行为的直接机制，同情他人、帮助他人等亲社会行为首先取决于是否能够对他人产生共情，共情使得个体对他人的痛苦感同身受，然后产生同情他人的情感与帮助他人的行为。因此，具有道德意蕴的"共情"现象（同情）是一种他人取向的感受。他将共情（7）与共情（8）加以严格区别，因为共情（7）尽管也可能产生"助人"的动机，但这一动机并不是指向解除他人痛苦这一最终目标，而是指向解除自己痛苦这一自我中心的动机。于是，出于共情（7）而产生的助人行为实际上是一种自利行为。只有指向他人的共情（8）才能够解释利他行为，才能称得上关怀行为，在本节中，我们把它称为"共情关怀"。在孟子的"恻隐之心"中，他人的立场是关怀伦理的关键。

从上述阐述中可知，"同情"不同于"共情"。"关怀"与"同情"的含义有关，因为同情含有"关心某人"的意思。"同情"不仅具有对他人情绪状态的"共情"，而且还含有对他人的积极关注或关心，因此，"同情"包含有对他人福祉的关心这一向度，是一种"他人福祉的内化"（Rescher，1975）[6-13]。更进一步地说，"同情"一词涉及了道德情感，这种参与、理解与把握通常是不由自主的、自发的、无意的（Darwall，

1998），而且带有一种赞成的态度，它是对他人处境的积极与支持性的回应。在看到孺子入井的例子里，我们既不是将感情注入这个儿童，也不是想象这位儿童如何感受这种处境，这种怵惕恻隐之心指向他人。但是需要指出的是，为他人担惊受怕，并不是因为这个处境对我们是危险的，而是因为它对另外一个人而言是危险的（耿宁，陈立胜，2011）。这就属于伦理关怀的范畴，做某事不是针对自己。总之，同情是一种以增加其他个体的福祉为最终目的的利他行为。有研究表明，人类的利他行为是无意识的，而自私是有意识的（Rand，Greene，Nowak，2012）。

综上所述，关怀不仅包括了感同身受与设身处地为他人着想的共情机制（恻隐之心），还包含了具有道德意蕴的对他人的积极关注或关心，即关心他人的福祉（同情），而更为重要的是，关怀还包括了观点采择能力，并在此基础之上，提供针对性的帮助行为。

二、生命伦理：关怀的生物倾向

大量的研究表明，人类的共情关怀能力是一种进化而来的能力，对社会族群的建立与维持具有重要的作用，从孩子的抚育（Preston，deWaal，2002）到道德的形成（Hoffman，2001）以及关怀、同情、帮助亲属与陌生人（Batson et al.，1988），不一而足。共同伦理关怀是在人类这种最基本的自然关怀的基础上通过教育而形成的。因此要培养儿童的伦理关怀，进而形成共同伦理关怀，我们首先必须理解人类最初的自然关怀。

（一）动物的"关怀"倾向

关怀倾向是进化形成的，有些哺乳动物甚至啮齿动物（老鼠）也具有关怀的倾向。其中，最著名的动物利他行为可能是吸血蝙蝠对同伴提供的针对性帮助。同一个洞穴里的吸血蝙蝠外出觅食归来后，会将自己获得的一部分鲜血吐给获得较少鲜血的蝙蝠。如果有一只蝙蝠没有吐血，那么以后就不会有其他的蝙蝠给予他维持生命的鲜血。

动物的关怀倾向包括"关怀性的情绪感染""同情关注（安

慰）""观点采择（提供针对性的帮助）"，这三者之间是一种嵌套的关系，"关怀性的情绪感染"处于最内层，而"观点采择"处于最外层。关怀倾向对生物体适应环境具有重要的意义。关怀倾向由亲代抚育行为进化而来，亲代抚育行为需要具备对后代疼痛、危难等情感信号的回应能力，包括父母的内含适应性（Plutchik，1990）[38-46]。所谓内含适应性就是指在自然选择过程中，那些保存自身遗传基因的行为得以保留下来，即经典适应性；同时，保存与自身基因接近人群（比如祖父母、父母、兄弟姐妹等）遗传基因的行为也得以传承下来。这样亲代抚育因提供明显的生存利益给后代而得以进化。亲代抚育还具有内在的奖赏性。动物研究发现，亲代抚育行为可以激活多巴胺奖赏脑区。关于小狗的功能性磁共振成像研究发现，哺乳期的雌狗只要与幼崽待在一起，其多巴胺奖赏脑区激活就会更强，但是从未生育过的雌狗却显示了相反的结果，即可卡因刺激能更强地激活多巴胺奖赏脑区。这表明，哺乳动物的亲代抚育行为不仅可以使得后代获得更多的生存利益，而且也使得母亲得到内在的奖赏（潘彦谷 等，2013）。

关怀倾向也与情绪感染有关。美国心理学家丘奇（R. M. Church）曾训练大鼠按压杠杆来获得食物，当这只大鼠反复观察到自己操纵杠杆时另一只大鼠会持续遭受电击，虽然这只大鼠很饿，而按压杆能够带给它食物，它仍然会大幅度地减少按压杠杆的频率。丘奇用条件作用来解释这个行为，他认为大鼠看到同伴遭受痛苦，就担心自己的安危（Church，1959）。但是我们的看法与丘奇不同，这只大鼠一直生活在实验环境中，实验室的温度、光照固定，食物充足，没有掠食者，也从来没有遇到过与实验类似的这种情景。这个实验可能说明，大鼠具有一定的推理能力，推断出自己按压杠杆导致了同伴遭受电击，而不按压杠杆则可能减少同伴遭受电击的次数。更为重要的是，这个研究似乎表明，大鼠具有初步的共情能力与关怀倾向，知道他人遭受电击会很痛苦。丘奇的研究引发了研究者对动物"关怀"倾向进行了一系列研究。这里"关怀"一词之所以用引号，是因为"关怀"一词一般用于描述人类的行为。同样，鸽子看到同伴的疼痛反应时，也会抑制操作性行为（Watanabe，Ono，1986）。更有说服力的研究来自马瑟曼（J. H. Masserman）等人的研究。他们以恒河猴为研究对象。研究发现，如果恒河猴拉动链条给自己提供食物的时候，会给同伴带来痛苦，它们就会停止拉动链条。在实验中，一只恒河猴坚持了5天不拉动链条，而另一只则坚持了12天（Masserman，Wechkin，Terris，1964）。

关怀倾向还与同情关注有关。同情关注是指个体同情或者关心处于痛苦中的其他个体，而不只是共享其他个体的情绪。同情关注是一种利他动机，安慰是其典型的表现形式之一。在动物界，人们常常会观察到黑猩猩表现出对生病同伴的安慰和关心，无论是野生的黑猩猩，还是圈养的黑猩猩，它们在冲突之后都会表现出安慰行为（Kutsukake，Castles，2004），宠物也会在主人情绪不安时舔舐主人的脸庞。黑猩猩的安慰行为已经具有选择性，旁观的黑猩猩更多地安慰被攻击的受害者，而不是侵略者；与受到轻微攻击的受害者相比，旁观的黑猩猩会更多地安慰受到严重攻击的受害者（Frans，de Waal，Aureli，1996）[80-110]。黑猩猩的这种安慰行为更频繁地发生在具有亲密关系的个体之间，如亲属或具有亲密关系的同伴之间，安慰行为可以减弱被攻击者的压力行为反应（Fraser，Stahl，Aureli，2008）。除了黑猩猩以外，旁观的白嘴鸦（Seed，Clayton，Emery，2007）、老鼠（Langford et al.，2006）等也会对处于痛苦中的同伴进行安慰，这种行为具有减轻同伴痛苦的作用。

迄今为止，世界上发现的大约30个"野生儿童"（杨雄里，董奇，1999）以及上述事实似乎表明，动物具有关怀的倾向与能力。关怀作为一种在进化过程中保留的能力，可能是因为关怀有利于群体进化或亲缘选择，即对同伴身上发生的事情感同身受，进而做出某种利他或者互利的行为，使得双方都得到好处，从而提高群体的适应度。

（二）人类婴儿的关怀倾向

运用注视偏好和违背预期等非言语研究范式，研究者们发现人类婴儿已经具有了初步的关怀倾向。他们对帮助别人实现目标的人给予关怀的爱抚，同时对阻止别人实现目标的人给予厌恶的拍击。由于进化而获得的这种关怀倾向使得婴儿能够运用这些策略来预测别人的行为意图，并选择自己的行为方式。布卢姆（P. Bloom）等人对不同年龄的婴儿做了系列研究。通过注视方向的研究发现，3月龄的婴儿更喜欢注视帮助者。3月龄的婴儿注视中立者的时间要长于阻碍者，但是他们对帮助者和中立者的态度没有明显的差异（Bloom，2011）[71-89]。这与成年人和儿童的研究结果一致，即人类对坏事或者坏人（即阻碍者）的感知能力要比对好事或者好人（即帮助者）的感知能力更敏锐。在婴儿的心理发展过程中，前者出现的时间要早于后者。哈姆林（J. K. Hamlin）等人的一个著名研究以6月龄和10月龄的婴儿为研究对象，目的是了解婴儿根据他人的行为意图而表现出的好恶选择（Hamlin，Wynn，Bloom，2007）。研究者先让婴儿观看动画片，让有着大眼睛的红色圆球连续试着滚上斜坡，但是红色圆球两次都从山上滚落下来，然后让黄色三角跟在红色圆球的后面，缓缓地将它推上斜坡（帮助者）；或者把一个绿色方块放在红色圆球的前面，把它推下山（阻碍者）。动画片结束后，让婴儿选择帮助者或是阻碍者，结果几乎所有的婴儿都选择帮助者（见插图3-1）。进一步的研究表明，如果将滚上斜坡的红色圆球的眼睛去除，而变成看似无生命的对象后，婴儿对于往上推的黄色三角或是向下推的绿色方块就没有明显的偏好，表明在实验中婴儿的选择确实是因为片中人物的互动，而非研究对象的上下移动关系。如果在实验中加上不帮忙也不阻碍的中立者，婴儿的选择趋向仍然是帮助者优于中立者、中立者优于阻碍者。这些研究结果表明，婴儿在获得语言能力之前，就已经具备了初步的关怀倾向，喜欢与帮助他人的人交往，避开阻碍他人的人。除了选择实验之外，研究人员还进行了婴儿注视时间测试，让婴儿看类似的木偶剧，但是在上述过程后，让剧中爬坡木偶接近帮助者或是阻碍者。6月龄的婴儿对于两者的注视时间没有差异，但是10月龄的婴儿对于木偶接近阻碍者的剧场注视时间明显增加，表示他们对这一举动感到惊讶。这也显示，尽管6个月的婴儿对于人物的友善与否已经具有判断能力，但是还不具备对他人违反常理的社交动作进行判断的能力。虽然这项研究并没有表明，婴儿根据观察而判断剧中人物的友善能力是先天的本能，还是在6个月的后天学习中所获得，但是，研究却告诉我们，6月龄的婴儿已经能够将关怀从自己拓展到他人。进一步的研究表明，婴儿在9个月或者12个月时在帮助者和阻碍者实验中的表现与他们4岁时的社会推理能力有关。这种对友善行为的判断与关怀倾向是以后道德思维形成与行为发展的基础。

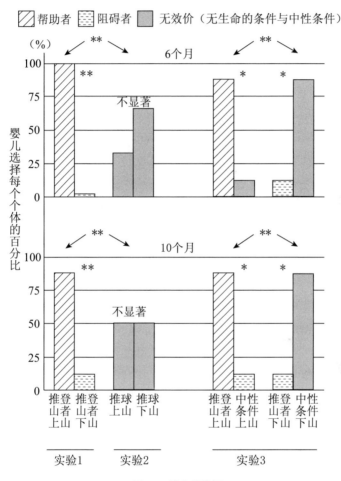

图3-1 婴儿的选择

注: *表示单尾检验，$p < 0.05$；**表示$p < 0.05$。

其他类型的研究更进一步证明了婴儿具有关怀的品质。在一项研究中，研究者让婴儿观看开盒盖的动画片，在片中的主角努力打开盒盖的时候，剧中的一个玩偶过来帮助他掀开盒盖，而另一个玩偶则跳到盒盖上把盒子盖上。研究表明，婴儿更喜欢帮助别人打开盒子的人，而不喜欢将别人盒子盖上的人（Hamlin，Wynn，Bloom，2010）。同样，在玩皮球的动画片中，主角玩的皮球滚跑了，一个玩偶把球踢回来，而另一个则抱起球跑了。5个月大的婴儿更喜欢把球踢回来的"帮助者"，而不喜欢带着球离开的"阻碍者"。3个月大的婴儿就能表现出这些偏好。这说明，婴儿倾向于奖励帮助他人的人，而惩罚阻碍别人的人。当婴儿看到其他人痛苦或疼痛时，会尝试抚慰他们。在人类儿童中也存在目睹同伴的冲突后对受害者的安慰行为（Fujisawa，Kutsukake，Hasegawa，2006）。

婴儿不仅具有了初步的道德判断能力，而且萌发了帮助他人的倾向。当他们看到成人努力够取拿不到的东西时，他们会试图把东西递给他们（Warneken，Tomasello，2006）。婴儿的共情能力以这样的方式来引导婴儿形成关怀的行为。在看到成年人怀抱了很多东西，挣扎着想要打开柜门的时候，大部分婴儿都会主动帮助成人打开柜门，而不需要成年人提出任何请求，甚至也不需要成人用目光示意。对于婴儿来说，帮助他人是十分复杂的问题，婴儿首先必须知道他人的需要，继而采取相应的行为才能够满足他人的这种需要。虽然这些实验还无法证明婴儿对这些行为的理解能力是否可以算作道德，但是所有这些研究结果都表明，婴儿已经具备了初步的、普遍性的关怀倾向。他们认为应奖励以关怀的态度对待他人的行为，而惩罚阻碍他人的行为。关怀能力在1—2岁的学步儿童（toddler）中得到快速发展。从完全根据自己的需要做出关怀反应，到考虑他人的感受和需要，个体的关怀能力跨越了人生的第一个阶梯，发生了质的飞跃。12个月的学步儿童就会安慰悲伤的同伴，14—18个月时婴儿就能表现出自发的和不需要奖赏的帮助行为（Warneken，Tomasello，2009）。同时，他们会对他人的悲伤发出表示询问的声音，并试图通过模仿他人的语音和动作等来了解他人的感受。即使缺乏明确的表情线索，18—25个月的学步儿童还是倾向于同情那些冲突中的个体（Vaish，Carpenter，Tomasello，2009）。学步儿童的帮助、假设检验和关心等认知共情的指标都随年龄的增长而发展。

婴儿的这些反应已经具备了道德判断的关键因素，即婴儿已经能够对成人社会所认为的"善意行为"或者"恶意行为"进行判断，而且这些判断与自身无关。因此，这些研究者认为，可以把婴儿的这些行为看作"道德感"的萌芽。根据苏格兰启蒙运动哲学家哈奇森（F. Hutcheson）、休谟（D. Hume）和亚当·斯密等人的观点，道德感是做出某种判断的能力，也就是区分好与坏、善与恶等的能力，而不是做好事与坏事的冲动。亚当·斯密生动地描述了道德感："与外部感官有几分相似。正如我们周围的物体以一定的方式刺激我们的外部感官，让我们了解不同的声音、味道、气味和颜色；人类心灵的各种情感也以一定的方式触动我们这个特殊官能，让我们了解亲切或者可憎、美德或者丑恶、正确或者错误。"（Smith，2010）这些研究似乎表明，人类天生就拥有道德感与关怀他人的生物倾向。婴儿的道德感可以预测其日后的道德能力。从进化的角度来说，人类婴儿这种利他行为和亲社会行为也具有进化优势，能够增加群体适应度。在人类从婴儿的道德感，发展到区分特定类型的道德行为的能力，形成特定的道德感受，产生采取道德行为的某些冲动，如为有需要的人提供帮助、对遭受苦难的人产生同情之心并伸出援助之手、对残忍暴徒的愤怒、对自己可耻行为产生的内疚感或羞愧感、对自身善举的自豪感等的过程中，教育发挥了重要的作用。

三、关怀的神经机制

大量研究表明，共情可以分为认知共情（cognitive empathy）和情绪共情（emotional empathy）两大类。共情关怀的情绪分享过程是一种自下而上的信息加工过程，而认知调节是自上而下的加工过程（黄翯青，苏彦捷，2012）。这两种成分在共情关怀行为中发挥着不同的作用，具有不同的神经环路以及不同的发展轨迹和机制。神经影像与脑损伤研究表明，支持认知共情与情绪共情的神经机制不同。认知共情与心理网络有关，包括腹内侧前额叶、颞顶联合区、颞极（Schnell et al.，2011；Shamay-Tsoory et al.，2009；Zaki，Ochsner，2012）。情绪共情则与镜像神经元系统有关（Shamay-Tsoory，2011a）（Shamay-Tsoory，2011b）[215-232]，主要包括下顶叶、杏仁核等（Cox et al.，2012；Shamay-Tsoory et al.，2004）。实际上，在正常的共情加工过程中，人的认知共情与情绪共情都会激活

（Schnell et al.，2011）。

个体之所以会被他人的情绪所唤醒，是因为个体之间存在着"共享表征"（shared representation），人们对自己进行过的动作和体验过的情绪会产生一个心理表征，在知觉到他人进行同样的动作和体验同样情绪的时候也会产生一个心理表征，两个表征中重复的部分就被称为"共享表征"。当个体知觉到他人的情绪，就会同时激活储存在大脑镜像神经系统中的共享表征，从而将他人的情绪自动地转化为自己的情绪，因此体验到他人的感受，这就是知觉—行动机制（perception-action mechanisms）（Preston，de Waal，2002）。这个过程是自动化的，个体很难仅知觉而不体验到他人的情绪。储存于镜像神经系统中的共享表征会随着个体年龄的增长和经验的积累而变得更加丰富。这些共享表征从最初的以具体的表情和动作的形式发展到以抽象的方式进行存储，阅读故事或者想象都能激发个体对他人的情绪共情。

认知神经科学的有关研究发现，包括前运动皮质、前脑岛和杏仁核等区域在内的镜像神经系统是大脑存储自我和他人共享表征的场所（Schulte-Rüther et al.，2007）。镜像神经系统在胚胎时期已经初步发展。婴儿脑中的镜像神经系统使他们能够观察他人的动作，并模仿看到的东西。在婴儿出生后的最初几个小时，新生儿听到其他人哭时，其镜像神经系统就可以对哭泣等基本行为产生反应，会以哭来做出回应。到2—3周以后，婴儿看到大人伸出舌头时，就能做出同样的动作（Meltzoff，Moore，1977）。这些行为表明，婴儿能够与他人产生共鸣，拥有与他人相同的情绪和行为。在生命之初，人类就已经能够自然地分享他人的经验，能够感受到并理解这些经验与感受（见图3–2）。

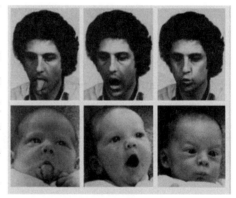

图3–2　出生2—3周的婴儿的模仿能力

镜像神经系统在婴儿出生的前8个月得到迅速发展，到个体发育到40个月的时候就已经相对成熟。学习和经验对于镜像神经系统的发展有着巨大的作用，他人的动作和情绪是否能够激活个体的镜像神经系统，取决于个体是否体验过类似的动作，或者是否曾经确立过相似的目标（Gazzola et al., 2007）。

人类感同身受的能力也来自于镜像神经系统，因此镜像神经系统在共情中发挥着重要的作用。镜像神经系统不能对个体未直接或者间接体验过的动作和表情做出反应。例如，当看到一个人伸手去够某个物件时，大脑相同的区域会被激活。这与他们自己伸手取物是一样的，只是激活的程度稍低（Rizzolatti, Craighero, 2004）。这或许可以解释上文所述的婴儿帮助他人获取够不到的物体的倾向。他人的经历和情感产生于他人神经元间的电化学信号，而镜像神经系统可以在我们脑中的神经元间传递类似的信号。我们在看到球击打在足球运动员的腹部时，镜像神经系统会使我们感受到疼挛。是人脑中镜像神经系统的模仿机制使得人类具有了感同身受的能力，使人们可以感受到他人的动作、感觉和情绪。因此，镜像神经系统使得人类的社会性学习成为可能。总之，这些研究表明，婴儿似乎生来就已经具有了基本的共情能力，能够内化他人的经验和感受，这是人与人之间相互理解、相互合作的基础，支撑着关怀他人的倾向。镜像神经系统这种分享他人的痛苦和喜悦的神经机制是直觉利他主义的基础。这种机制使得在大多数文化中，人们都能够直觉地信奉一些基本的伦理道德法则。例如，许多文化与宗教中都有所谓的道德黄金法则。例如，基督教要求"所以无论何事，你们愿意人怎样待你们，你们也要怎样待人"，伊斯兰教也认为，"你们任何人都不算（真正）归信，直到他为他的兄弟祈望，如同他为自己所祈望的一样"。这是因为，大脑具有与生俱来的直觉利他、关怀他人的道德机制。正如饥饿驱动人们寻找食物、性欲驱动人们产生性行为、愤怒驱动人们面对威胁积极抗争一样，共情作为一种人类的本能激励着人们去关心他人，做出利他行为。

镜像神经系统还具有"自我学习"的功能，分布在脑的许多关键区域的镜像神经系统可以内化他人的经验与情感，不断将他人的动作、情绪与自我体验联系起来，使得自我与他人共享的表征不断丰富。执行功能可以调节和抑制镜像神经系统的激活，执行功能较弱，个体情绪共情的强度就会升高，甚至产生过度的情绪唤起。老年人抑制能力减弱，无法调节镜像神经系统的激活，这可能是老年人情绪共情强度高于年轻人的一个原因。

从生物倾向到共同伦理的形成与发展是一系列非常复杂的脑与认知过程。目前，这方面的研究才刚刚起步。共同伦理的形成受到人脑中概念系统和规则体系的调节，体现在认知共情的发展中，以理论的方式自上而下地推断他人的情绪和感受。从进化的角度来说，具有共情能力的人存活的机会更大，更具有遗传的优势。

综合上述研究，我们也许可以这样从镜像神经元理论的角度来解释"同情"与"共情"的神经机制，了解关怀的本质：当我们发现他人在承受痛苦时，我们大脑中的镜像神经元的活动能使我们感受到他人的痛苦，进而想帮助他人减少痛苦。这种归纳也许过于简单，但是用"共情"这一更基本的心理机制来解释"关心他人"这个神秘难解而又意义重大的现象，也许可以窥探人类共情、同情与关怀本身及它们之间的复杂关系。

四、关怀的遗传基础

人类的催产素（oxytocin，OT）、催产素受体（oxytocin receptor，OXTR）、加压素受体1a（arginine vasopressin receptor 1a，AVPR1a）、多巴胺D4受体基因（dopamine D4 receptor gene）等调节与同情关怀等亲社会行为有关的神经回路。其中，催产素会影响情绪共情，而不会影响认知共情。脑损伤研究表明，选择性损伤双侧杏仁核的病人在催产素敏感的情绪共情任务上存在缺陷，但在认知共情任务中表现正常，表明催产素能够促进依赖杏仁核的情绪共情（Hullemann et al.，2010）。催产素受体和加压素受体1a也分别与情绪共情和认知共情相关（Uzefovsky et al.，2015）。多巴胺D4受体则主要与认知共情有关，而与情绪共情没有关系（Uzefovsky et al.，2014）。这里我们主要阐述催产素和催产素受体与共情关怀的关系。

（一）催产素与共情关怀的关系

从进化角度来说，早期的亲子依恋在哺乳类动物中普遍存在。催产素与啮齿类动物的关爱子女的母性行为和亲子依恋有关（Insel，2000；Kendrick，2000）。催产素可以通过调节共情来影响人们的同情、关怀等亲社会行为。催产素能增强亲子关系、增进积极情绪、增强同情心、强化对他人的信任度等亲社会行为。

催产素是一种由9个氨基酸组成的多肽分子（见图3-3），在室旁核与视上核合成释放，通过垂体后部进入血液。催产素既有外周效应（Keverne，Kendrick，1992），也有中心作用（Donaldson，Young，2008）。外周效应指催产素调节子宫收缩、催产、促进乳液分泌以及止痛并促进伤口愈合的效应。中心作用则体现在催产素作为一种神经递质，可以从神经元细胞膜各部分释放，影响大脑的很多部位，如杏仁核、海马、前扣带皮质、纹状体、伏隔核、终纹床核、脑干、膝下皮质等部位（Tost et al.，2010），从而调节包括性行为、同情、人际关系和社会认知等在内的行为。对于人类来说，无论是在产前还是产后，催产素对人类母亲的关怀行为、母婴亲密关系的形成以及降低母亲压力反应都有重要的作用（Neumann，2008）[81-101]。怀孕期间，受雌激素水平升高的诱发，催产素在子宫和脑中增多，促使母亲对胎儿的各种反应更加警觉并做出积极反应；子宫颈在分娩过程中的收缩激活了下丘脑的催产素受体，从而刺激催产素在大脑的很多区域释放，包括视叶前区、腹侧被盖区、嗅球，这些区域都会参与到关爱与照顾幼代等许多母性行为中。

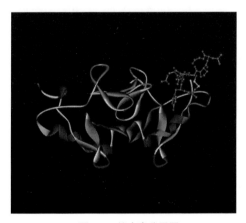

图3-3　催产素分子图

催产素是人类母亲关怀行为与母婴依恋关系的重要生理因素。在人类婴儿出生后，催产素与母亲积极的情感和压力感知也高度相关。哺乳期母亲催产素水平一直较高，导致母亲压力感知和负性情绪状态普遍减少。同时，催产素与父母的关爱行为是双向作用的。哺乳过程中，婴儿对母亲的触摸促进了母亲催产素的分泌，母亲对儿童的抚摸频率也随之增加；母亲对婴儿更多的儿化语、积极情感的表达、爱抚也会引起母亲催产素水平的升高；父亲在与婴儿的目光交流、爱抚以及抱婴儿的过程中，其催产素水平也会增加；父亲的催产素水平升高会使其增加对婴儿的丰富刺激，照顾孩子的频率也会增加（Gordon et al., 2010a；Gordon et al., 2010b）。而尤其重要的是，父亲—母亲—孩子组成的核心家庭是孩子接触到的第一个社会性组织，因此三者之间的关系会影响孩子的依恋与关怀伦理的发展。有研究表明，父亲和母亲血浆中的催产素水平越高，一家三口之间的亲密互动质量也越高，因此，催产素对早期亲子关系的形成具有重要作用。亲子之间的这种依恋、关爱关系对于人类的发展非常重要，因为这可以确保婴儿的存活以及促进婴幼儿的社会、情绪和认知发展。

研究表明，母亲本身的依恋类型会影响亲子关系的形成。母亲的依恋类型可以分为两种：安全型依恋与不安全型依恋。不安全依恋型母亲很难与孩子建立安全的关系，她们的孩子往往会在调节情感、形成同伴关系以及建立安全的依恋关系方面遭遇到更大的困难（Bakermans-Kranenburg，van IJzendoorn，2008；Bakermans-Kranenburg，van IJzendoorn，2009）。有研究者通过成人依恋量表将母亲分为安全依恋型与不安全依恋型，让这2组母亲观看6种类型的婴儿面孔图片：自己孩子的快乐面孔（OH）、自己孩子的中性面孔（ON）、自己孩子的悲伤面孔（OS）；他人孩子的快乐面孔（UH）、他人孩子的中性面孔（UN）、他人孩子的悲伤面孔（US）。无论是安全依恋型母亲还是不安全依恋型母亲，在看到自己孩子的笑脸时，边缘系统的奖赏区激活增加，而且她们在与自己的孩子互动时，周边催产素水平的升高与催产素和多巴胺奖赏系统有关的脑区活动呈正相关，即下丘脑—垂体区域以及纹状体。但是两组被试对自己孩子的悲伤面孔反应却出现了显著的差异。安全依恋型的母亲在奖赏加工脑区的活动更强，但是不安全依恋型母亲在前脑岛的激活更强，该区域与不公平、痛苦和厌恶的情绪有关（见插图3-2）（Strathearn et al., 2009）。这可能表明，安全依恋型母亲的腹侧纹状体激活可能是强化与促进母亲关注孩子的重要信号。母婴的亲子互动所诱发的周边催产素分泌与脑中奖赏区域的激活有关，这可能表明催产素是一种机制，相关的刺激通过促进催产素的分泌而激活了多巴胺通路，进而强化这一行为。换句话说，安全依恋型母亲的亲子互动会使母亲分泌更多的催产素，而更多的催产素增加了奖赏体验，进而促进母亲提供更多、更一致的关爱行为。目前这一研究结果还需要更多实验的证实。

催产素与共情的相关关系得到了许多研究的证明（Barraza，Zak，2009）。催产素水平是个体共情的生物信号。研究发现，共情体验会提高个体血液中的催产素水平。共情水平高的个体对陌生人表现得更为慷慨，这是因为催产素水平的升高促进了被试的情感共情，提高了其对他人情绪状态的感知和反应能力，从而使被试表现得更加慷慨。催产素还可以提高被试对眼部情绪图片所代表的恐惧、傲慢、恼火、害怕情绪的辨别能力，而且对较难图片的准确判断水平更高，促进了个体对他人产生情感上的共鸣（Domes et al.，2007）。这表明，催产素提高了个体的情绪识别能力和共情能力，使人们更多考虑他人的心理状态，重视对方的感受和体验，这种共情认同将在很大程度上促使人们建立良好的人际关系，做出关爱同情的善举。从生理通路来看，催产素抑制了杏仁核的活动水平和下丘脑—垂体—肾上腺轴（the hypothalamic-pituitary-adrenal axis，HPA）的应激反应水平（Neumann，2008）[81-101]（Viviani，Stoop，2008），导致与压力、焦虑等相关的防御行为也被抑制，这也有助于人们提高对正性人际关系的感知，增加同情关怀等积极的亲社会行为并建立起良好的人际关系。

关怀他人意味着对他人的信任，并具有合作的倾向。催产素还会提高对他人的信任程度，同时降低大脑杏仁核等与恐惧加工和行为适应相关的脑区的活动程度以及参与懊悔情绪、记恨情绪的背侧纹状体的活动程度来促进信任行为，维持人与人之间的关系（Baumgartner et al.，2008）。但是催产素的这种降低只在人与人交往时才会发生，积极的人际接触有降低恐惧、减缓焦虑的作用。当个体的交往对象是陌生人时，血液中的催产素水平升高，并与多巴胺系统发生作用，然后驱动个体产生建立社会联结的愿望。如果个体建立的是积极的联结，那么催产素就能达到减轻压力的效果；如果这种联结是消极的，那么催产素则会导致压力进一步增加。因此，在这个过程中，人与人之间的互动是先决条件。这说明，催产素并不会导致盲目的轻信，而是通过积极的人际接触而使个体产生信任感。体内催产素信号通路的失常可能是孤独症和精神分裂症等患者缺少信任情绪和社会归属感的原因之一（Baumgartner et al., 2008）。脑成像研究表明，催产素对合作行为也会产生影响，在社会接触且合作动机较强时，催产素能加强合作行为（Declerck, Boone, Kiyonari, 2010）。

在群体关系上，催产素会加强群组内部人员的合作和信任行为，但是，如果自己和群组内部人员的利益受到威胁或侵犯时，催产素会驱使个体表现出对组外人员的防御性攻击行为（de Dreu et al., 2010）。在族群关系上，催产素会增强个体对本国人的偏爱，在道德两难的困境中，催产素组的被试更愿意牺牲外国人来救更多本国人的生命（de Dreu et al., 2011）。这一行为倾向可能具有进化的起源，因为早期的动物研究也表明，催产素会增强动物对幼仔的保护和对领土入侵者的攻击行为（Bosch et al., 2005）。在社会行为中，催产素能否促进亲社会行为还依赖于被试所处的情境，积极的情境促进共情关怀、同情他人等亲社会行为，而竞争情境会增加嫉妒和幸灾乐祸感（Shamay-Tsoory et al., 2009）。

催产素对共情的作用存在个体差异。研究发现，催产素能显著提高自闭症谱系商数高的个体在共情判断任务上的得分，而对低自闭症谱系商数个体的共情没有明显作用（Bartz et al., 2010）。共情引发的催产素变化在女性中表现较强，而在男性中则表现较弱，因此，女性的共情水平显著高于男性。这些研究表明，催产素通过提高人们的情绪识别能力和共情能力（Domes et al., 2007），使人们更多考虑他人的心理状态，重视对方的感受和体验，这种共情认同将很大程度上促使人们做出帮助他人、关怀他人的行为。

综上所述，催产素能够增强父母对子女的共情关怀、信任与合作行为等。环境对催产素的信任与合作等亲社会作用会产生影响。在积极的情境中催产素会增强信任与合作行为，而在竞争性情境中，催产素会增加嫉妒和幸灾乐祸心理，同时会增加群组偏见和民族主义情绪。

（二）催产素受体基因型与共情关怀的关系

人类催产素受体基因位于染色体3p25位点，长约19kb，包含3个内含子和4个外显子，该受体基因拥有单核苷酸多态性，而且在不同的位点上，基因型不同（Lucht et al.，2009；Israel et al.，2009）。催产素受体基因与人体内催产素的水平高低有关。不同催产素受体基因型的个体在依恋、信任、共情方面存在着差异。动物研究表明，催产素受体基因敲除的雌鼠在性行为、生育能力上与正常鼠相似，但由于其缺乏对子女的照顾，导致更多的子女夭折（Macbeth et al.，2010）。催产素受体基因有G和A两种变体。在rs53576、rs7632287、rs237887、rs237897 等位点上，基因型表现为AA、AG 和GG 三种类型。GG基因携带者更具有同情心，更值得信赖，更能关怀他人。催产素受体基因型还与父母亲的教养方式与反应风格是否敏感有关。婴儿的哭泣包含了健康、饥饿等多种信息，会引起母亲的心跳加速、皮肤电反应，进而促使母亲对婴儿做出迅速反应。不同基因型的母亲对婴儿哭泣的生理反应不同，导致教养风格不同。有研究考察了催产素受体基因型对母亲亲子互动关系的影响，GG 基因型的母亲比AA基因型的母亲对婴儿的帮助和反馈更及时、更敏感，对婴儿反应的敏感性程度高于AA/AG 基因型的母亲（Bakermans-Kranenburg，van IJzendoorn，2008；Riem et al.，2011）。但是控制了母亲的社会经济地位和受教育程度后，二者的差异并不明显。这在一定程度上说明基因对教养方式的影响是有限的，而且这种作用会受其他因素如环境、个体特质等的影响。母亲对婴儿的反应风格还会受到抑郁症的负面影响。

催产素受体多态性片断rs53576 为GG 型的个体比AG 或AA 型的个体在眼中读心测验中的成绩更好（Rodrigues et al.，2009）。另外，催产素受体位点的基因型可能存在跨文化的差异。在rs53576 位点上，韩国人群中AA 型基因的人群比例显著高于美国人群中的AA型基因人群的比例，而美国GG型基因的人群的比例显著高于韩国人群中GG型基因人群的比例（Kim et al.，2010）。催产素受体基因也与共情有关。一项对催产素受体基因多态性位点rs53576 与共情关系的研究发现，在以眼中读心任务作为共情测量指标的研究中，GG型基因个体的共情分数显著高于AA/AG

型，前者的正确率高出后者22.7%；在自我报告的共情结果上，GG型基因个体比AA/AG 型个体报告有更多的共情体验，表现出更多的共情倾向（Rodrigues et al.，2009）。因此，催产素受体基因多态性也与社会行为有关。

催产素受体基因型还与信任行为有关（Kosfeld et al.，2005）。GG基因型的人更具有同情心，更让人信任，也更能够关怀他人，而AG或AA基因型的人更缺乏共情关怀，他们罹患自闭症的风险可能也更高（Kogan et al.，2011）。

综上所述，催产素对于关爱、同情、信任、合作等社会适应行为具有增强作用，这为我们更系统、更科学地理解催产素影响行为的神经和生理过程以及调节情绪和社会行为的机制提供了实证研究证据。

五、生物性关怀倾向的局限性与教育的作用

上述实证研究从关怀的生物倾向、关怀的神经机制与遗传基础等多个方面解释了关怀的生物基础。这些证据从不同的侧面表明，我们关怀与自己关系密切的人，或者与自己类似的人。出生伊始，相比其他语言，婴儿更喜欢倾听他们在母亲的子宫里就听到过的声音（Moon，Cooper，Fifer，1993）。婴儿也更可能模仿那些他们认为更像自己的人。观察者与被观察者之间的社会关系也会影响关怀行为。我们对关系亲密的人更容易产生共情与关怀的倾向。例如，有研究者运用神经影像技术对16对情侣进行研究。实验有两种条件，第一种条件是女性被试自己接受电击或者没有电击，其目的是比较自己疼痛与不疼痛时大脑的神经活动状态；第二种条件是让女性被试观看她的男朋友受到电击，以比较自我与他人情景中与疼痛有关的脑激活状态。研究表明，在对恋人产生共情关怀的时候，至少有一部分神经机制与自己感受到疼痛是一样的，由此产生共情关怀（Singer et al.，2004 ）。知觉到他人的痛苦，产生共情关怀的脑区主要有前扣带回、脑岛等区域，而这些区域主要是调节自己痛苦经验的脑区（见插图3-3）。共情关怀的神经反应还会受到个体间情感联结、对疼痛的注意、个体间社会关系等多种因素的影响。

人类进化出来的这种共情关怀受社会因素的影响很深，也和个体本身的经历、个体间的关系有着复杂的联系。大量研究表明，人们更倾向于同情与自己同一个族群的人，而且这种共情倾向很早就体现出来，3个月大的婴儿就更喜欢自己族群的成员而不是外族人（Kelly et al.，2005）。非洲裔美国人对遭受飓风灾害的非洲裔美国人表现出比高加索美国人更强烈的关怀（Mathur et al.，2010）。白人大学生对于白人被告有比黑人被告更强的共情，表现出对族群内部成员的共情偏向（Johnson et al.，2002）。还有研究表明，无论是黑人还是白人，观看同族群成员遭受疼痛刺激时均会引发共情的感觉运动反应，而对于外族群成员则没有表现出这种替代性的疼痛投射（Avenanti，Sirigu，Aglioti，2010）。同样，中国人受到针刺会激起中国被试的同情。韩世辉团队让中国人和白种人分别观看两段视频，一段是中国人面孔被针扎，另一段是高加索人的面孔被针扎。中国人看中国人面孔被扎时，前扣带回区域激活显著；高加索人看高加索人的面孔被扎时，前扣带回区域激活也非常显著。但是，无论是中国被试还是高加索被试在观看疼痛刺激施加于族群外部成员的面孔时，前扣带回的活动反应显著下降（见插图3-4）（Xu et al.，2009）。这些研究表明，族群间的关系会影响共情。但是值得注意的是，共情反应的这种族群偏向并非针对某一特定族群，决定共情偏向的关键因素是观察者与目标之间的群体关系，而"群体关系"是社会经验与实践的产物，这在不同的社会文化环境中是普遍适用的。这表明共情偏向并不是由于目标人物的肤色引起的。目前的研究结果表明，普遍的跨文化族群关系概念可能对于塑造共情关怀的神经活动具有重要作用。

但需指出的是，这种与生俱来的生物性关怀倾向在本质上是有缺陷的。在当今全球化世界，如果我们只关心身边的亲人与朋友，或者与自己同族群的人，就会产生生存的问题。幸运的是，人类的共情与关怀倾向会在后天的文化与教育的影响下发生变化。在欧洲、美国出生和长大的中国人在看到白种人和中国人遭受痛苦时，在共情激活的神经机制与行为表现方面没有差别。因此，后天的文化环境与教育可以弥补人类关怀生物倾向的不足。

◎ 第二节　学会关心：基于脑与认知科学的视角

一、学会关心：从亲缘利他到共同伦理

关怀教育的倡导者诺丁斯认为，道德发源于人类最基本的关怀情感，这是一种不想伤害他人并想促进他人福祉的愿望与意念。关怀理论认为，道德教育既要培育自然关怀，也要培育伦理关怀，后者是对前者的深化与延伸，关怀的伦理美德由此产生。关心别人是一种利他行为。然而，生物学家认为，在进化过程中，无条件的利他天性，即关心与帮助无血缘、无地缘关系的陌生人，由于缺乏生存优势，在漫长的进化过程中会被淘汰。这一论断简洁、冷酷，但是现实世界中不仅存在着感人至深的母爱、亲情、同乡之情，还存在着异乡人之间的互助。我国汶川地震期间就有不同国别、不同肤色的陌生人伸出援助之手。那么这种美好的无血缘、无地缘关系的异族之间的关怀行为究竟是如何产生的呢？

（一）亲缘利他

汉密尔顿（W.D.Hamilton）提出的"亲缘选择"（kin selection）理论得到了许多研究者的关注。他认为，母爱是亲缘选择的理论基础与核心，亲缘利他在此基础上展开（Hamilton，1963）。"亲缘选择"理论将帮助自身以外的任何人都看作利他行为，从这个角度就可以清楚地分析利他行为的源头。母爱是自然选择的结果，得到母亲关爱的孩子存活率高，孩子继而继承母亲的品质，这一品质在进化过程中经过自然的选择而代代相传下来。从总体适应度（inclusive fitness）的角度来说，一般的利他行为可能会降低个体的适应度，却能够提高他人的适应度；而血缘群体中的利他行为虽然会降低个体的适应度，却能够提高亲属的适应度，因而也间接地提高了个体基因的适应度和自己的总体适应度。亲缘利他的前提是识别亲子与亲属的能力，动物就已经具有这种识别能力。"这种社群的天性从来不扩展到同一物种的全部个体。"（洛耶，2004）当代生物学研究已经证明，某些动物的这种判断亲缘关系的能力已经高度发展。例如，一只失去

母亲的、孤零零的幼海豹饥饿而无助，但是其周围数百只有哺育能力的母海豹却没有一个关心它，给它喂食。成群的母企鹅满载着食物从海上归来，通过声音特征来识别其幼崽，避免喂食其他幼崽。这种识别机制使得动物的母亲把关怀仅仅给予自己的后代。仅有少数动物由于受到环境因素或者生理机制的影响而渐渐失去这种识别机制。例如，在孤立的峭崖边缘上建巢的鸟类。

　　动物世界的亲缘利他行为与血缘关系有着密切的关系。蚂蚁群体表现出的利他行为高于其他物种。从血缘关系来看，雌性蚂蚁由受精卵孵化而成，拥有来自父母的2套染色体，是双倍体，而雄性蚂蚁由未受精的卵子孵化而成，是单倍体。蚂蚁兄弟间共享50%的基因，而姐妹间共享75%的基因，因为父亲是单倍体，雌性蚂蚁身体中的一半基因与父亲的完全相同，同时共享母亲的一半基因。蚂蚁群体的雌雄比例是3∶1。蚂蚁与人类群体中共享基因的差额对应于人蚁社会中的利他行为差异，这一事实虽然可以旁证亲缘利他理论，却无法说明人类亲缘群体中的利他差异：共享的基因越多，例如母子关系，关爱的程度越高；共享的基因越少，例如，叔侄关系，关爱的程度越弱。如果探明这一点，可以理解人类生物性利他倾向的实质。

　　孩子的基因50%来自母亲，50%来自父亲，但是母爱远远多于父爱。人类社会中父母行为的差异与上述的共享基因决定人蚁社会中的利他行为差异的论断明显不符，这可能是由"确定性"的问题导致的。从进化的角度来说，人类在漫长的原始社会或者在灵长类动物进化过程中，母子关系具有很好的确定性，而父子关系的确定性与母子关系相比较小，对于父子关系而言，可以确定的是大家都处于一个血缘群体之中，共享比例不等的基因。因此，这种确定性的亲子关系决定了母子之间是一种亲子利他行为，相对而言，由于父子关系存在着模糊性，父子之间的亲缘利他行为存在着范围由小到大，强度由强到弱的特征。这里，亲缘选择理论很好地解释了父母亲对子女的关爱与依恋行为的差异。

（二）互惠利他

　　哈佛大学的生物学家特里弗斯（R. Trivers）于1971年提出了互惠利他

的理论（Trivers，1971）。生物世界充满着残酷的竞争与互惠的合作。互惠利他可能是一群动物或者两群动物在长期的交往中建立起来的。例如，灵长类动物之间互相理毛舔毛，避免感染疾病；吸血蝙蝠捕食失败，同伴会吐血给他；海洋中有50多种清扫鱼，可以清除大鱼身上的寄生虫。互惠利他行为的难题是欺骗会导致互惠利他的持续。博弈的结果是互惠利他具有特定的条件与范围：其一，小且稳定的互惠团体或环境；其二，没有等级制度；其三，持续性的交往（吸血蝙蝠的寿命是18年）。由于双方没有血缘关系，互惠利他行为的产生需要这些条件以及动物所具备的识别能力，这种识别能力比亲缘间动物的识别能力更高。吸血蝙蝠的献血行为主要发生在老朋友之间，这是维持持续性互惠利他行为的保障。著名政治学家艾克斯罗德（R. Axelrod）在其《对策中的制胜之道》（*The Evolution of Cooperation*）一书中，将"关系持续"（重复性博弈）看作互惠利他的基础。有时，敌对双方也能达成互惠利他关系。在人类社会，亲缘利他和互惠利他是两种不同的生存策略，亲缘利他可能先于互惠利他而产生，并可能启发了互惠利他的产生。亲缘利他不求回报，是"硬核"（hardcore）型的利他行为，是真诚的，而互惠利他是要回报的，属于"软核"（softcore）型的利他行为，具有机会性与算计性。但是，在进化过程中，并不是亲缘利他越坚固越好。例如，在前述蚂蚁社会中，由于共享的基因比例高，其利他行为几乎全部是"硬核"型的，导致同物种的不同亲族之间互不通融，彼此敌对，陌生者侵入立即被杀戮（威尔逊，1988）。在人类社会中，区分"硬核"型的利他行为和"软核"型利他行为非常重要，因为奠基于亲缘选择的极端亲族利他行为与人类社会的文明发展格格不入，如果人类仅仅遵循先天的学习规则和预先导向的情绪发展，而且其宗旨仅仅是为亲属及其部落服务，那么世界和平与国际合作将被无休止的战争与经济纠纷所取代（威尔逊，1988）。互惠的另一面是抗议与报复。灵长类动物猩猩不仅知道互惠，而且知道抗议和报复（威尔逊，1988）。在威尔逊看来，生物界的自利与利他行为是一个连续体。在人类社会，如果个人作为一端，另一端是最高政治社会单位，两者之间依次有核心家庭、大家庭、社群、部落。动物世界，鲨鱼在极端利己的一端，而水母、蜜蜂、蚂蚁则处于利他的一端，人类处于两极间靠近个人的一端，这表明，人类不会被基因牢固地绑在血缘上，也不具备蚂蚁那样的硬核合作基础，而是更加依赖于互惠利他的行为作为其合作的基础。人类的利他行为还受到时空的限制。比起远距离的家人与朋友，人们往往会对时间与空间上更近的家人与朋友付出更多的关爱，彼此间体验更多的共情情感，承担更多的道德责任。

（三）共同伦理

群体选择理论将利他行为解释为提高群体的适应度。如在面临危险时，羚羊的跺脚行为和鸟类的警告性鸣叫都是警告同伴危险将至，让它们迅速离开，但是这一行为却增加了自己的危险。群体选择理论的批判者认为，利他者将自己生存与繁衍的机会让给他人，而利己者获得了这种机会，在漫长的进化过程中，利己者的后代会延续下来，继承了利己者的基因。因此，上述亲缘选择与群体选择理论的一个致命弱点是，利己者将在进化过程中逐渐胜出，利他群体则逐渐被淘汰。但是，人类文化群体会通过文化手段对群体内的行为实行奖惩，抑制极端自私的行为。《文化与进化过程》（*Culture and Evolutionary Process*）一书的作者博伊德（R. Boyd）做了一个电脑模拟实验。他的实验中同时存在两种竞争：个人与个人之间的竞争和群体与群体之间的竞争。他假设了三种角色：合作者、背叛者、惩罚者。实验显示，在群体极小（4人）的时候，合作者占上风；而群体规模变大，背叛者占上风，这时惩罚者进入实验，使得背叛者为其行为付出相当的代价，惩罚者的策略在群体中迅速扩大；当背叛者较少时，惩罚者的行为成本降低；当惩罚流行时，背叛者就逐渐消失，于是良性循环开始形成（Boyd，Richerson，1988）。有研究者在有关共情与利他动机的神经机制研究中也指出："有效合作的生物优势体现在对更小的社会群体的归属感，与这个群体成员分享有限的资源，这样，个体的非互惠性利他的成本与危险就降低了。"（Mathur et al.，2010）

另一方面，镜像神经系统虽然让人类具有了直觉利他、关怀他人的道德机制，但是人类还具有趋利的愿望。在许多情形下，人类的趋利愿望会减弱由于共情的机制而产生的同情心，再加上距离影响，我们对遥远地方的人的共情关怀程度会降低，而戒备与防范的意识会增加。因此，世界上的很多地方仍然存在着不同族群之间的流血战争。全球范围内的军备竞赛以及远距离大规模杀伤性武器的发展都服务于人类的这种趋利愿望。人是进化的结果，人类在进化的过程中自然选择了能够留下更多后代的个体，而不是那些在服务于他人时忘记自身利益的利他主义个体。镜像神经元的这种共享他人情绪的神经机制似乎与进化论中的适者生存法则相背离。但是，人是社会性的动物，从家庭这个最小的社会单元，到社区、国家、世界，社会成员之间相互尊重、协调合作，才能够解决许许多多的困难。在漫长的进化过程中，人类依靠这种协同合作的能力，从狩猎、采集，到农业耕种、畜牧驯养，再到大工业化的集成流水线操作，一直发展到今天知识经济时代更加复杂的信息产业创新。在整个进化过程中，具有这种协同合作能力的个体与家庭会留下更多的后代，更适应时代与社会的变迁。个体由于脑中的共情机制，直觉地具有同情他人苦难的能力，并付出了分担他人痛苦的代价，但是同时，这种关怀他人的利他主义道德行为，使得这些个体更多地获得了文化和社会稳定所带来的全部好处。镜像神经系统使得人类能够更深入地了解善恶，真正关心他人，就如同他们是我们自身扩展的一部分。这种协调合作能力以及更高级的关怀利他的道德伦理发展需要在社会学习与正规教育中逐渐形成。共情与关怀研究对于教育具有重要的价值与意义。理解共情关怀的形成与发展规律以及环境所产生的影响，有助于教育者制定科学的教育政策与实践方案，培养能够超越个体关怀的生物倾向，更好地适应环境需要的新一代学习者。

二、关怀的本质：情感的投入

达尔文在论述道德问题时，也采用了他一以贯之的动物与人是进化的连续体概念。他认为，道德意识可能是从人类强烈的性本能、亲子本能和社会本能中产生的，进而产生"推己及人""爱邻如己"的道德观念（洛耶，2004）。性本能、亲子本能和社会本能中都蕴含着情感的成分。这里，我们主要介绍三种重要的情感：性情、亲情和共情。

性情，在这里是指性所驱动的强烈情感，它是两性繁衍的基础。情爱或者恋爱是所有情绪情感状态中最强势的、压倒一切的情感状态，多产生于异性之间,如恋人之间浪漫的爱情和夫妻之间的情感。在动物世界与人类历史上,不乏因强烈的择偶交配的欲求而发动的争夺战。有时,情爱具有牺牲精神,如螳螂在交配后,雌螳螂会吃掉雄螳螂。情爱促使人带着强烈的冲动,参与情感的交流,学习关怀他人,抑制个体面临竞争时的极端利己本能,指引他们温情地对待某些人。巴特尔斯(A. Bartels)等以处于热恋状态的人为被试,运用功能性磁共振成像技术研究恋爱的神经基础,结果显示,情爱具有独特的神经网络区域(Bartels,Zeki,2000)。

亲情中最强烈的是母爱。母爱是指母亲在与她的孩子互动交往时产生的一种情感和情绪体验,初分娩的母亲面对新生儿时,这种情感体验最为强烈。神经科学的研究表明,母爱与眶额皮质有关,该区域与愉快的情绪评价有关。母爱体现了关怀的极致,具有牺牲与无偿奉献的精神,而且牺牲者、奉献者乐在其中。母爱可以让母亲完成最严酷的劳作、最艰辛的子女抚育。无助婴儿的啼哭会激发母亲无限的怜爱之情,促使母亲时时刻刻、几十年如一日地关爱着孩子的一切。

情爱与母爱都是强烈的情感体验,两者有共同之处。研究表明,中脑皮质边缘的多巴胺、催产素和后叶加压素在母爱和情爱中发挥着重要作用。在人脑中,情爱与母爱这两种情感激活脑区都存在各自的特定区域,同时在大脑奖赏系统存在重叠(Bartels,Zeki,2004)。人类和动物都有趋利避害的行为倾向,产生这种倾向的关键是对刺激的奖赏和惩罚价值进行表征和预期,将这个预期作为决策的基础并指导行为。这一过程所涉及的脑机制就是奖赏系统。两种情感类型都抑制了与消极情绪、社会判断和心理理论相关的脑区活动,即抑制了评估他人意图和情感的脑区活动,进而弱化了社会距离感。这也可以解释为什么爱的力量可以给人动力和愉快的感觉。情爱与母爱的关怀是无条件的,同时也能给自己带来愉悦感。

共情是基于日常生活中对自己和他人行为与情绪状态的普遍经验。动作表征调节情绪活动的神经机制可能是共情产生的基础。颞上皮质和额下皮质是动作表征的关键区域,并且通过脑岛与边缘系统相连。人类的生活圈是逐步展开的,从血缘到地缘,从亲属到熟人再到陌生人。共情增加了熟人圈中的互惠行为,互惠也激励着移情的行为。

情感系统不同于理性系统。情感驱动的行为不经过思考,抽象的说教、冰冷的统计数字很难驱动情感，因为情感不是产生于抽象的环境，而是来自具体的环境，在亲子关系、两性关系中，经过自然的选择而产生。

社会本能使得一个动物在过群居生活的时候感到愉快（洛耶，2004）[131]。因此，社会本能使个体对他人怀有同情心、恻隐之心、不忍之心。这与前文所述的人类具有利己本能产生了冲突。在动物身上，我们常常可以看到不同本能之间的斗争。例如，在鸟类迁徙的季节，有研究者连续2年观察36个鸟巢，发现12个鸟巢有鸟死亡，5个鸟巢尚有没来得及孵化的鸟蛋。这或许是迁徙的本能战胜了母爱的本能（洛耶，2004）[118]。与鸟类不同的是，人类的同情心与利己本能是在同一个维度上的，这使得人类完全无私、完全冷漠都是不可能的。这两种品性的冲突，常常是生存中的两难问题，是本能与本能之间的冲突。同时，人类的本性中，利己与同情心并存，这为教育提供了发挥作用的空间。

总之，情感产生于两性关系和亲子关系，后经移情，旁及他人。互惠关系是社会生活的关键。互惠利用了人类情感的工具箱。在他人那里，由于互惠的关系，移情得到了极大的鼓励。感激之情是互惠关系的融合剂和润滑剂，是维持双方关系的纽带。而报复心则是互惠关系的另一面，报复一般是针对朋友或者合作者的背叛而产生的强烈感情，是为了捍卫互惠的原则，主观上是利己的，客观上具有积极的社会效果，使得破坏互惠原则的人心有忌惮。内疚与报复相反，内疚是个体危害了别人的利益或违反了道德准则而产生良心上的反省，是对行为负有责任的一种负性体验。旁边缘系统前部在调节个体的内疚情绪方面发挥作用。内疚是从主观上保卫互惠的原则，内疚与报复一正一反、一里一外，守卫着互惠原则，推动社会走向公正。义愤可能是一种移情的情绪，黑猩猩看到一只雄猩猩追打另一只猩猩时的喊叫，可能是舆论的前身。从进化的角度来看，公平的原则可能起源于人类对不公平（吃亏）的怨恨，进而联想到自己获得更多会引发其他人怎样的感受，最后形成了公平感。因此，人的情绪在公平道德的形成中发挥了重要的作用。道德标准的建立，可能就是源于这样一个自下而上的过程，把那些给别人带来正面影响的行为整合起来，形成社会道德规范。

三、关怀教育的理想：多元文化世界的共同伦理关怀

（一）人类关怀的"生命与文化"双重伦理属性

上述有关关怀的生物学研究与文化研究表明，人类的关怀具有"生命与文化"的双重伦理属性。关怀的生命伦理与文化属性之间是一种相互作用、相互重叠的动态平衡关系。关怀的生命伦理属性是在人类漫长的种系发育过程中逐渐形成的，并且存在着表征代际传递的机制，在个体发育过程中会表现出不同程度的"重演"。如前所述，在发育早期，个体的关怀行为一般表现出明显的"亲缘伦理"，从"完全"利己性到逐渐发展出利他性，从最初的亲子之间的关怀，逐渐发展到情侣与配偶之间的关怀，然后扩展到社群内部，最后才是社群之间，这种利他性随亲缘关系的由近至远而有所减弱。这说明关怀的生命伦理具有一定的"先天性"，是一个人生存与生活所必需的。关怀的生命伦理是人类行为的底线伦理，一旦突破，将导致家庭破裂、人际关系冷漠并危及社会的和谐与稳定。教育对人类关怀的文化属性的快速进化发挥了重要的作用。接受了教育的人，推理与反思的能力不断提高，从而使其道德意识与行为从最初的"亲缘伦理"扩展到更大的社会范围，甚至整个人类。但是，由于人类关怀的文化属性源于其自然属性，这种文化属性或许可以超越自然属性，但并不意味着能够脱离自然属性，更不能无视和背弃自然规则。人类关怀的文化属性的最重要意义在于其影响人类的道德行为，而其他动物只能由自然选择决定其行为表达。从人类独具文化属性的观点出发，人类所独具的关怀伦理属性首先应该是生物的，其次应该是文化的，而后才是社会的。人类行为除了受到自然法则的约束外，还应具有伦理道德上的自觉自律性。因此，根据人类行为系统发育和个体发育规律的比较研究，在个体关怀行为的培养过程中，应该首先了解其生命伦理的演化规律，培养其生命伦理观念，使之形成共同的社会与文化关怀伦理观念。

（二）多元文化世界的共同伦理关怀

从词源学来看，世界主义"cosmopolitanism"这个词，由希腊词

"cosmos"和"polis"两个词根组成："cosmos"意指"宇宙"，一种普遍的秩序；而"polis"所指的城邦政治是地方性或区域性的，含有"公民（citizen）"的意思。所以，"cosmopolitan"的含义既是普遍的又是地域性的，是指所有的人同属一个地球村。由此可见，世界主义是由"普遍宇宙（cosmos）"和"地方性政体（polis）"共同构成的概念。在全球化进程中，"所有的人同属一个地球村"的理念得到了越来越多的人的认可。不同国家经济文化日益融合，交往日益频繁，全球性的相互依存性越来越强。在全球化的进程中，社会发生了深刻的变化，与此相应，教育也应该适应不断变化的社会经济的要求。在人类迈入全球化的21世纪，培养学生共同的伦理关怀是学校教育的一个使命。

然而，学校要完成这项使命将会遭遇巨大的挑战。如前所述，人脑的进化是为了适应我们所生活的小部族的环境。在漫长的进化过程中，我们只需要关怀我们周围的人就能够生存下来。现在，文化进化的速度已经远远超过了生物进化的速度，我们生活在一个非常复杂的、相互联系的全球化社会。

通过互联网，我们的关怀可以跨越国界，抵达以往难以到达的地方。从亚马孙河丛林深处的蒙杜鲁库人（Mundurukú）（Dehaene et al., 2009）到会说克罗语的印度人都可能成为我们关怀的对象，我们的生命与几十亿从未谋面的人以复杂的方式联结在一起。我们的日常行为可能会在全球范围内激起层层涟漪。在这样一个时代，教育者应如何培养学生，使他们将自己源于生物机制的关怀跃升为共同的伦理关怀？进化赋予人类生物关怀倾向，但是随着社会的进步，人类的关怀发生了显著的变化。在原始社会的狩猎时期，人类的关怀局限于自己的宗族。随着农耕文明和文字系统的出现，人类能够跨越时空的界限，开始将关怀拓展到宗族之外，去关怀拥有共同宗教信仰的群体。工业革命以后，随着市场扩张和民族国家的建立，人类的关怀拓展到整个国民群体。在全球化的当代世界，人类的关怀继续扩大，逐渐成为一种符合多元文化伦理标准的关怀。

关怀伦理的形成受到文化的影响。文化不仅影响人类感知觉、注意的神经机制，而且影响人类的高级认知功能和情感，包括语言、音乐认知与音乐欣赏、数学认知等，还影响人们看待自己与他人的方式、对他人的感觉等。例如，文化会调节某一种文化群体成员对恐惧的初级反应。

在多元文化世界，人们是相互依存的全球化社会中的一员，从深层意义上来说，文化为我们每个人所共享。虽然不同的民族创造了不同的文化，每一个国家都各自拥有隽永的文化，但是所有的文化都是在其他文化的影响下产生的。在多元文化世界，人们有着多重身份。例如，持有美国护照居住在美国洛杉矶的中国移民就拥有多元身份，但这些身份在他们的心目中可能具有不同的分量。

与家人、朋友在一起的感觉要比和从未见过的陌生人在一起更亲密，这是一种自然的关系，这种自然关系是多元文化世界中伦理关怀的基础。在多元文化中生活，可以了解异域文化与本族文化的相同点与不同之处。人类有着相同的生物进化历史，在艺术、习俗、观念、价值理念上都有很多相同之处。例如，所有的文化中都有绘画、音乐、舞蹈形式的艺术，所有的文化在结婚和丧葬时都有特定的仪式。所有的文字中都有表达过去/现在/将来、父母/孩子以及关怀/伤害的词语。不同文化的许多价值观是共通的，例如礼貌、互惠、好客与关怀。因此，不同文化之间可能拥有更多共同的价值观。

坚持共同的伦理价值观非常困难，因为人很可能会受到自己所意识不到的民族中心主义思想的困扰。践行共同的伦理关怀包括倾听被关怀者的心声，回应他们所表达的需求。如果关怀者傲慢地认为，他们比被关怀者更知道他们需要什么，那么关怀者的努力就可能完全无效，甚至还可能非常危险。例如，中非一些地方曾抵制非营利组织在家庭住宅的屋顶上安装烟囱的计划，因为当地的神话传说"当月光透过屋顶照射下来，孩子就会死去"。但是那个非营利组织不顾他们的反对，在屋顶上建了烟囱，并且坚持认为，儿童直接暴露于厨房的烟雾中对他们的健康有消极的影响。建完烟囱之后，儿童的死亡率直线上升。又过了一段时间，当地居民找到了堵住烟囱的方法，这时儿童的死亡率又降回了之前的水平。事实上厨房的烟雾能够保护孩子不被蚊子叮咬，进而免受疟疾的感染。站在全人类利益的立场上，关怀者不能想当然地将自己的观点强加于人，而应该倾听他人的需求，使他们了解什么是人权，以参与现实对话的方式来支持他们（Noddings，2005）。

共同伦理关怀需要尊重他人，具有多元化思想。世界主义者对其他文化都非常好奇，并且急切地想要学到多样的风俗、传统和哲学思想。他们认为，现有的知识只是暂时的，是带有文化偏见的，多元化文化观点可以充实已有的知识。世界主义者具有跨文化的分析处理问题的技能，认为其他文化的观点也是有意义的并以此寻找和平解决问题的方式。

四、基于脑与认知科学的关怀教育

（一）营造情绪感染的氛围，强化模仿学习的效果

上述研究表明，可能是进化过程中所形成的"共情"能力使得婴儿拥有关怀他人的直觉。共情能力是一种能设身处地理解和体验他人情感的能力。情绪分享的过程是关怀的基础。当个体知觉到他人的情绪线索而唤醒自己的情绪体验，情绪感染就产生了（Decety，Lamm，2006）。观察学习与模仿可能是情绪感染的基础。情绪感染是一种与生俱来的能力，刚出生几个小时的婴儿就会受到他人情绪的感染。新生婴儿听到其他婴儿的哭声，会产生更多的哭泣反应（Field et al.，2007）。同时，婴儿已经具备了自动化地模仿他人的能力。对婴儿做出嘴部和面部的动作，婴儿会倾向于做出更多相似的动作。婴儿期的这种传染性哭泣和自动化模仿的能力是个体关怀行为发展的起点。婴儿期的情绪感染体现出一种共鸣的特征，婴儿对与自己同性别、年龄相近的个体有更多的反应性哭泣，对陌生人甚至母亲所做出的共情反应却没有显著差异。人类正是通过对他人的情绪进行快速的模仿和复制，从而感受到他人的情绪（Preston，de Waal，2002）。模仿的基础是自我和他人的相似性，这种模仿具有自动化的特征，人们无法随意控制其发生，也无法控制其发生的强度。因此，从这个意义上说，情绪共情是一个自下而上的自动化过程。

基于脑与认知科学的关怀伦理教育倡导一种新型的师生关系，在师生之间形成平等、宽容、相互尊重的关怀关系。在这种关系中，学生的主体性、潜能能够得到肯定和充分的发挥。因此，基于脑与认知科学的关怀伦理教育倡导教师要进入学生的生命世界，与学生形成一种充满德性的

师生关系，师生间形成真正互动、互惠、共生性的关怀，这种关怀提升了师生关系的品质。根据上述观点，生物性的关怀倾向是通过观察模仿而内化他人的经验和情感形成的。因此，在教育中，教师身体力行，塑造关怀的榜样对于培养儿童的关怀伦理具有重要的作用。心理学家班杜拉（A. Bandura）认为，他人的榜样行为最能够影响儿童的利他行为。很多研究都证明了他的这个观点。罗森汉（D. Rosenhan）和怀特（G. M. White）以4、5年级的学生为研究对象，这些学生与一个作为榜样的成人一起打保龄球，赢的人每次可以得到2张糖果券。实验组学生会看到成人每次都把自己获得的2张奖券捐出1张，放到一个写有"托伦顿孤儿基金"的瓶子里。对照组成人则没有捐出任何奖券。结果显示，当成人在场的时候，看到成人捐款行为的实验组学生中有63%的学生捐出了自己的奖券，即使在成人不在场的时候（排除为了得到表扬而做的因素），也有47.5%的学生这样做了。但是，对照组中没有孩子捐款（Rosenhan，White，1967）。做慈善行为的成人并没有因此得到任何好处，孩子模仿成人，仅仅是因为孩子会将成人看成年长的、更有能力的人。因此，单纯模仿这些"更有能力的人（competent others）"的行为就会让孩子感觉很好，无须其他奖赏来激励。这也是为什么家长的行为无论是好还是坏，孩子都会模仿的原因。

（二）建构关怀的"同心圆结构"，产生教育的"涟漪效应"

"学会关心"要求学生将生物倾向的关怀拓展到共同的伦理关怀，学校教育在"关怀"品质的发展过程中将发挥重要的作用。关怀伦理学说构建了关怀的圈层结构，即以关怀者为圆心，以不同的相遇关系为环形的圈层结构。这接近努斯鲍姆（M. Nussbaum）所谓的"同心圆结构"："第一个圆圈围绕着自我，接下来是直接的家庭，然后是延伸的家庭成员，再后面依次是邻居或地方群体，同城居民以及国家同胞，而我们也很容易在这个清单里增加根据族裔、语言、历史、专业、性别、性取向划分的各种群体类别。在这些圆圈之外，是最大的一个圆——整个人类。"（刘擎，2015）个体的关怀依赖于人与整个同心圆由近及远的多重关系。每个人既是独立的个体，同时又是这个同心圆结构中的成员，我们关怀他人，又被他人关怀，因此，同心圆结构中的关怀关系既是多重复合的，又是复杂多样的。他者与关怀者的相遇比率与强烈程度决定着关怀的可能性及其深度。频率越高，程度越深，享有关怀的可能性也越大。关怀关系的焦点是被关怀者，关怀者时刻关注被关怀者的需求与变化，及时调整自己的关怀行为。

基于关怀的生物倾向而形成的关怀教育倡导个体从帮助自己和周围的人开始，并促使我们帮助过的人帮助更多的人，这样就会在关怀的同心圆圈层结构中产生关怀的涟漪效应。就像往一片平静的湖水里投入一块石头，泛起的波纹会逐渐波及很远的地方。但是这种自发力量掀起的涟漪效应在中心部位力度最大，越往边缘散去，力度越小，甚至还会变形走样，这是客观存在的一个自然现象。而关怀的"涟漪效应"从关心身边的人出发，引发周围人持续关心身边的人，慢慢将关怀的种子播撒到远距离的人。虽然个人的关怀所引起的涟漪效应会随着距离的由近及远而慢慢减退，但是教育会促使我们关怀过与帮助过的人去关怀与帮助更多的人，这样就能将关怀的涟漪持续不断地、毫无衰减地传播到遥远的地方。

美国教育心理学家库尼特（J. Kounit）也曾经提出过"涟漪效应"，亦称"模仿效应"，是指一群人看到有人破坏规则，而未见对这种不良行为的及时处理，就会模仿破坏规则的行为。如果破坏规则的人是人群中的领导者，那么波及人群的效应就更加严重。根据脑与认知科学的研究而形成的关怀教育所塑造的这种关怀的"涟漪效应"不同于库尼特的"涟漪效应"，它不是一种自发的模仿行为，而是在教育的作用下，通过树立关怀的榜样人物供学习者观察与模仿。关怀教育的涟漪效应就是要在整个社会逐渐形成一种关怀的示范效应。当人们看到了关怀者获得社会的认可与嘉奖，就会效仿关怀行为，进而由点及面，在全社会形成一股关怀的力量，最终形成关怀的"潮涌效应"。与自然的涟漪效应不同，文化与教育所塑造的这种涟漪效应的辐射力是无与伦比的。它浸透血脉、刻入骨髓，会逐渐成为一个民族源远流长的精神、信仰和价值观。当这种精神、信仰和价值观成为主宰，它发酵、滋生的影响力、吸引力、穿透力，就无限神奇地沟通着世界、融合着世界、改变着世界、塑造着世界。

教育之所以能够产生这种强有力的涟漪效应，是因为人脑具有很强的适应性与可塑性。如前所述，在特定文化的濡化过程中，人脑会将世界划分成"我们"和"他们"的世界，而人脑的强大适应性与可塑性，使得文化环境与教育可以改变这种划分方式。例如，婴儿偏好自己族裔成员的这种习惯可以在与其他族裔成员的交往中得到改变。同样地，对其他群体成员有偏见的态度在群体间的互动中会有所减弱。因此，早期沉浸于多元文化环境有助于减少对同族人的偏好，从而减少种族偏见、冲突与战争的可能性。

（三）创设沉浸式的多元文化环境，在情境中体验共情关怀

世界不仅是不同文化共存的处所，而且是来自不同文化传统的人们共建的目标。共同伦理的原则生成于特定的地方，通过扩展、改造，最终上升为普遍有效的价值观和规范。从这个角度来说，共同伦理的建构是由不同的文化汇聚融通而成的。因此，21世纪的学校应该鼓励学生们深入思考他们在世界中的身份，以及对全球化社会的责任。学习其他文化会使学生们更理解自己的价值观，并丰富他们的身份认同。就如奇萨（D. Chiesa）所说的"鱼不离开水就永远不会知道水是什么"（OECD，2010）。这也体现在苏轼的诗中，"不识庐山真面目，只缘身在此山中"。因此，创设体验式的跨文化教育活动，让学生们探寻不同的文化生活方式，他们才会更深入地理解自我。学生们可以通过体验学习、跨文化交流来学习其他文化。例如，学生们可以通过视频会议、电子邮件和其他国家的学生交流，和国外来的参观者交谈，到国外旅行，参与全球性社会正义活动或分析与欣赏跨文化的艺术品。

这种沉浸式的多元文化环境不仅会改变人的行为，而且会改变人脑的神经活动。研究表明，出生在西方国家或者很小就移民西方国家并居住在高加索人聚集社区的中国人，脑中对中国人与高加索人疼痛的共情活动是一样的（Zuo，Han，2013），更为重要的是，新近移民到其他国家的中国人，与其他族群的日常接触会影响这些中国人对其他族群的共情的神经活动。影响的程度受到与其他族群的接触量、接触的质量（如拥有其他族群人作为亲密朋友）的影响（Swart et al.，2011）。这种影响会降低个体辨别本族群与异族群面孔的差异的能力（Walker et al.，2007）。如前所述，比较个体对同族群与异族群疼痛的神经活动，是共情关怀研究的重要

神经指标。有研究者比较了近5年移民到澳大利亚的中国人对自己族群和异族群疼痛的共情感受，发现对同族群疼痛的共情感受激活了双侧脑岛，这与以往的研究结果一致。但前扣带回的共情反应却显示出族群效应，即对同族群的疼痛激活程度更高。但是这种效应会由于与异族群的接触增多而降低。与异族群接触多的被试，对高加索人的疼痛会产生更强的神经活动（Cao et al., 2015）。这说明，对异族群的共情会在短期内产生变化，而且这种变化并不是由于与异族群的亲密接触而造成的，日常的偶然性接触就足以产生这种变化，甚至视觉接触就可以产生这种变化，这可能是由于观察其他情境中异族群的视觉经验影响了高级的神经反应，进而产生"异族效应"。研究还发现，与异族群体的接触越多，对异族群体成员的共情神经反应越强，这可能是由内在的族群社会身份的变化而造成的，因为新近的移民会对新的社会环境中所遇到的人产生更强的族群联系（见插图3-5和插图3-6）。

因此，学校可以配合体验式的跨文化教育活动，向学生传授文化历史观，让学生认识到不同文化之间的复杂交互关系，以及共同的文化遗产。学校也可以教授学生有关共同伦理关怀的必要技能，包括批判性思维、观点采择、多种语言、多元化思维以及解决跨文化冲突的技能。在这种体验式的跨文化教育活动中，教师可以示范世界主义者的角色，让学生们参与到全球化的活动中（Noddings, 2005）。这种教育模式可以帮助学生理解全球化事件，关心距离遥远的陌生人，把自己看作全球化社会中的一员。

卡尔（L. Carr）等的研究表明，动作表征调节与影响情绪活动的神经机制可能是共情产生的基础。情绪与动作表征的神经系统是分离的，颞上皮质和额下皮质是动作表征的重要区域，而边缘系统是情绪加工的关键区域，两者通过脑岛相连。因此，脑岛可能是从动作表征到情绪加工的关键传递者。研究者采用功能性磁共振成像技术，向被试呈现一些面部表情的图片，要求被试模仿或者只是被动地观看。研究表明，模仿和观看表情图片激活的脑神经网络大部分是相似的，但是在前运动区包括额下回、颞上回、脑岛和杏仁核，模仿任务的激活程度比观看任务更高（Carr et al., 2003）。因此，在教育中创设直观的环境，树立关怀的榜样，让儿童亲身参与关怀性的活动，培养其关怀伦理的效果比课堂说教或者观看电影等活动效果更好。关怀的形成需要情境的支持。越是直观具象的事物，越容易引起同情关怀的情感。因此，视频、电影、图片呈现的直观情境更容易激发他人的同情心。马戏团走钢丝的表演者会让在场的每位观众都屏气凝神，捏一把汗，葬礼中的气氛会让许多参与者痛哭流涕。而那些远在异国他乡因战争或自然灾害而死亡的人，即使数量再多，对人们来说也不过是一个冰冷的统计数字。《贫穷的本质》（*Poor Economics：A Radical Rethinking of the Way to Fight Global Poverty*）一书的作者美国麻省理工学院福特基金会国际经济学教授班纳吉（A. V.Banerjee）曾经描述过这样一个实验，研究人员给每位参与研究的志愿者5美元，然后让他们看一份传单，请他们为"拯救儿童"项目捐款。传单设计了两种类型，第一份传单大意为：

马拉维的食品短缺影响了超过300万儿童，在赞比亚，自2000年以来的严重干旱已导致粮食产量下降42%。因此，300万赞比亚人将面临饥饿；400万安哥拉人（占安哥拉人口总数的1/3）已被迫离开自己的家乡；超过1100万埃塞俄比亚人急需食品援助。

第二份传单的大意是：

罗西娅是一个来自非洲马里的7岁女孩，她过着极度贫穷的生活，甚至面临着挨饿的危险。然而，您的经济援助将会改善她的生活。有了您以及其他好心人的支持，"拯救儿童"将与罗西娅的家人以及社区里的其他人一起帮助她，让她能吃饱饭，接受教育，具备基本的医疗及卫生常识。

研究中，一些志愿者看到的是第一份传单，另外一些志愿者看到的是第二份传单。结果，虽然第一份传单的数字具有震撼性，但是看了此传单的人平均每人捐款1.16美元，而看了第二份传单的人，平均每人捐款2.83美元。但是，研究人员随机选定一些志愿者，让他们决定捐款之前先后看了这两份传单。结果显示，先看第一份传单的志愿者所捐的钱没有发生大的变化。然而，先看第二份传单的志愿者所捐的钱远远却降低了。虽然这一研究结果还需要更多研究证据的支持，但研究说明，在某些情境下，统计信息无法激活道德情感。进化论可以对这两种道德情境下被试的不同道德行为进行解释。如前所述，人类的关怀本能是由"亲缘伦理"逐步发展而来的，人类的祖先在面对面的情境下，从关怀孩子到关怀配偶，逐渐扩展到部落内部，再后来才是部落之间。关怀伦理在情境中逐渐演进，近距离的特定环境与真实的事件往往能够更强烈地激活人脑中的情绪中枢，而冰冷的统计数据则会让人变得更加冷漠。因此，关怀伦理的培养需要营造直观的关怀情境。

（四）改变思维定式

学校是培养文化意识的机构，通过多元文化交流项目、体验式学习活动和出国旅游等方式搭建文化桥梁，让学生们拓展自身所具有的生物性关怀倾向，去关爱周围的人，逐步形成共同的伦理关怀。运用这种方式的前提条件是学生对这些事务很感兴趣，思想开放，具有强烈的探究多元文化世界的愿望，并在教师的指导下，探索其他文化，学习不同的语言。但是大多数学生都是在特定的民族文化环境中成长的，他们具有民族中心主义的思维方式，缺乏探索其他文化的内在动机，思维保守。这种文化环境会使他们形成一种狭隘观点，即否认理解其他文化可以拓宽自身的思维，缺乏挑战在本族文化环境中已经形成的观念与价值观的能力。同时，许多教育者也是在特定的民族文化环境中成长起来的，他们也并不都认为接触其他文化会有益于个体或者整个社会的发展。这是因为关怀的生物学倾向使得我们更关心与自己相像的人，这会导致单一文化的思维定式。这对教育者乃至整个社会提出了挑战。了解关怀的这些生理机制，可以使教师认识到自己与学生所形成的这种思维定式的局限性，努力帮助自己与学生克服这些生物倾向。

儿童的脑具有可塑性，因此，创设有效的多元文化教育环境可以影响儿童的早期发展，帮助其克服单一文化的思维定式，形成适合多元文化环境的思维方式。在通过情绪体验培养关怀他人、具有同情心的个体的过程中，镜像神经元具有重要的作用。以情感学习去影响学生有助于激发镜像神经元在不同的文化之间进行有意义的联结。要改变在民族中心主义环境下成长的个体的思维定式，教育者必须了解儿童脑中概念改变的复杂过程。教育者要改变儿童单一文化的思维定式，就必须认识到，在多元文化背景中，单一文化身份是不够的，还应该创设更多情境，这些情境包括其他文化的生活与工作方式，这是概念转变的最初步骤。改变儿童的单一文化的思维定式是一个复杂的过程，尊重学生的现有观点，理解他们对其他文化的恐惧而不是去评判他们，这些教育策略很重要。教育者示范开放性的思维，培养学习者多元文化的意识，破除学习者对异域文化的神秘感，帮助学习者减轻对"他者"及未知世界的恐惧，让他们逐步了解其他文化。改变个体思维定式的过程中，还需要了解儿童的文化认知状态，确定改变的路径，以有意义的、没有威胁的方式来提供支持。所有这些改变都需要时间，最终目的是培养儿童主动探索不同文化的愿望，积极地看待异域文化。

对儿童进行多元文化教育，尤其是早期儿童的多元文化教育，需要让儿童初步了解所有的文化，但并不沉浸于特定的文化中，其目的是形成多元文化的意识。接受多元文化教育的儿童形成了独特的价值观以及宽容与善良的行为，他们会顺应全球化发展的大趋势，认同异族文化。基于神经科学的研究，突触的改变伴随着行为的改变，儿童善良、诚实与团队合作等行为会使他们的脑中形成相应的神经联结，逐渐形成关爱他人的品质，这种品质不分种族、民族、宗教信仰，具有跨文化的普遍性。学习是从具体到一般的过程。即使关心亲近之人（无论是文化上的还是地缘上的），也可以使学习者形成善良的品质。乐善好施与关怀行为可以使个体形成善良与关怀的神经网络，这些神经网络的反复运用可以维持这种关怀的行为与品质。

需要指出的是，有些人会出于保存文化的目的，不让自己或孩子处于多元文化背景之中，这是一种试图保存民族文化智慧与知识的积极态度，而并不是一种消极的态度。但是这些人认为多元文化教育会破坏自己的文化。因此，创设多元文化教育环境，改变这些人的思维定式，让这些人理解异域文化，进而形成关爱异文化背景中的人也很重要。

综上，共情关怀能力的培养是一个循序渐进的过程。从对关怀的圈层结构的理解，到关怀涟漪的激发，进而为学生创设多元文化的环境，设计培养共情关怀的教育内容，营造直观的教育情境，这一切都建立在了解共情关怀的生命伦理特征与属性的基础之上。

第四章

文化适宜性教育政策：东西方文化对人脑的塑造

◎ 第一节　东西方文化对脑与认知的塑造

最近几十年来，文化多样性与全球化趋势的影响不断扩大，人口的迁移，以及不同区域之间人口的流动，把新的文化价值观、实践与文化产品带到了特定的社会文化环境中。这导致了不同文化的变革，文化因素成为教育决策与教育改革中的重要因素。教育者面临着教育具有不同文化背景的学习者的挑战，同时也面临着如何实现联合国在各种文件中所倡导的"文化适宜性教育"的挑战。文化敏感性与文化适宜性教育引发了教育研究者的浓厚兴趣。文化适宜性教育关注适应全球化背景的教育能力，强调教学对文化的敏感性，尊重不同背景的学习者与教育者的不同世界观、认识论和不同民族的文化传统与文化多样性。

联合国教科文组织对于文化适宜性教育的传播发挥了重要的作用。1953年，联合国教科文组织发布《在教育中运用母语》（*The Use of Vernacular Languages in Education*），这一报告高度重视文化适宜性教育。50年后，联合国教科文组织在其报告《多语言世界的教育》（*Education in A Multilingual World*）中重申了对文化适宜性教育的积极态度。2007年，联合国大会通过投票表决的方式通过了《原住民权利宣言》（*Declaration on the Rights of Indigenous Peoples*），该宣言规定了原住民传承文化的权利，并积极倡导文化适宜性教育。联合国颁发的这些纲领性文件对于各国政府重视文化多样性，推动教育公平具有重要的影响。在国际组织的积极倡导下，一些国家的政府部门开始重视文化适宜性教育，例如，美国阿拉斯加"原住民教育联合会"于1998年制定了《阿拉斯加文化适宜性学校标准》（Alaska Standards for Culturally-Responsive Schools）（Alaska Native Knowledge Network，1998），中国也在高中学校推行具有文化特色的语言教学（Muir，2007）。总之，文化适宜性教育得到国际社会的高度重视。理解文化对脑功能与结构影响的普遍性与特殊性，对于教育决策与教育实践具有重要的意义。

一、东西方文化塑造脑与认知行为

文化是一个复杂的动态系统，持续而双向地影响着参与文化的个体的心理与生理过程（Ray et al.，2010；Vogeley，Roepstorff，2009）。文化具有普遍性与特殊性。文化的普遍性是个体共同拥有的文化特征，而文化的特殊性是指某个文化亚群体、个体或者地区所拥有的具体文化特征。从地区文化的特殊性来说，尼斯贝特（R. E. Nisbett）及其同事提出了一个文化框架来阐述西方与东方文化与价值观是如何深刻地影响人们加工信息以及理解事件的范式的（Nisbett，Masuda，2003；Nisbett et al.，2001）。这个文化框架得到了心理学、哲学与神经科学的支持，研究证据包括行为、眼动与神经科学证据，这些研究为我们了解东西方文化差异对人脑思维的影响提供了科学的证据（Park，Huang，2010）。尼斯贝特提出的研究框架表明，东亚与西方的不同文化价值观与信仰对个体信息加工方式与理解世界的方式产生了巨大的影响（Nisbett，2003）。根据这一研究框架，东亚人在道教与孔子的哲学思想影响下，传承了集体主义文化与辩证思维的哲学传统，因此思维方式表现出整体性，强调人、社会环境以及自然环境之间的和谐相处。东方人倾向于集体主义思想以及辩证的思维方式，体现出关系、内部特征以及相互依存性的自我表征（当然，每一个文化群体又有不同）。具体而言，东亚人更关注情景刺激特征（Masuda，Nisbett，2001），更具有场依存性，对环境的共变性更敏感（Ji，Peng，Nisbett，2000）。例如，在语言学习中，东亚双语者更关注英语或者汉语的词与词之间的功能或者关系，而较少关注词与词之间的类别属性，体现出一种关注关系而不太注意分类的特点。另外，与英语测试相比，中国大陆人与中国台湾人在汉语测试中更关注关系，而中国香港人与新加坡华人在英语和汉语测试中关注关系的程度相同（Nisbett，2003）。西方文化来源于古希腊的还原主义、个体主义以及功利主义的文化传统。西方人更倾向于分析性的思维方式，强调逻辑思维与范畴分类，表现为基于规则与特征的分析与注意分类的认知加工方式。西方文化主张个体独立于自然与社会环境。因此，文化不仅显著地影响了个体的认知能力和信仰，而且影响了文化实践与文化产品。其他相关的理论还有：现代理论（modernization hypothesis）、病原体流行理论（pathogen prevalence theory）以及维持生计理论（subsistence style theory）。现代理论提出，随着社会财富的增多、民众受教育水平的提高和资本化程度的加深，社会中的个体将更加倾向于个人主义和分析性思维方式。这种假说得到了世界价值观调查以及玛雅人融入市场经济后思维方式的改变等研究证据的支持，然而却无法解释人均GDP已经高于欧盟的日本、韩国、新加坡、中国香港等地民众仍旧普遍呈现出集体主义的思维与行为特征的现象。而病原体理论则认为，一个国家中传染性疾病的高发性会使得与陌生人打交道更加危险，这会导致该社会的文化更加封闭，并在社会内部呈现出集体主义的趋势。研究发现，历史上传染病的流行与集体主义和低开放程度相关。但是病原体假说引入了平均气温这个混淆变量，在平均气温更高的地方水稻种植也更多。维持生计理论提出，农业种植的方式有多种，而某些形式的耕作需要有更多的协作。例如，水稻需要足够的水才能够正常生长，因此水稻种植地区的人不仅在种植和收割的日子里相互协调，还需要在水稻生长的整个过程中协调灌溉，以达到相互帮助的目的。而小麦是旱地植物，种植者之间不需要彼此协调，他们的耕作更具独立性。这种不同的耕作方式影响了人的思维方式。

大量研究表明，西方和东方文化背景下的人不仅在思维与行为方式上存在差异，而且在对文化信息进行加工的神经机制上也存在差异。东西文化背景下的人的差异具体表现在以下几个方面。

（一）集体主义与个体主义文化

文化价值观、文化实践与文化产物对人类心理过程的实质性影响在于人们是如何界定自我以及与他人的关系的。美国心理学家詹姆斯（W. James）认为，一切与自我有关的事物都会在某种程度上成为自我的一部分，即自我是与自己相关的一切所构成的。自我具有独特性，决定了个体是如何看待世界、如何行动的。我国学者朱滢系统地考察了东西方哲学、心理学、神经科学层面对自我的研究，发现这三个层面对自我概念的研究表现出高度的一致性（朱滢，2007）。大量的心理学、文化神经科学的研究表明，个体的自我概念受到东西方文化的影响。东方文化塑造了相互依赖型的自我（Markus，Kitayama，1991），而西方文化塑造了独立型的自我。

中国人的自我概念突出个体自我与他人之间的联系，强调人与社会环境、自然环境的一致性，强调人与人之间的依赖关系。在哲学上，中国人的自我概念强调本我决定自我，自我与他人、他物有着千丝万缕的联系；心理学上，中国人的自我概念强调自我包含着父亲、母亲、好朋友等非常亲近之人；与心理学相一致，神经科学的研究发现，与西方人相比，中国人在思考亲密他人（如自己的母亲）的时候，腹内侧前额叶皮质的激活程度高于西方人，表征亲密他人的脑区激活的强度与表征自我的脑区激活的强度相同（Han，Northoff，2009；Heine，2001；Markus，Kitayama，1991；Zhu et al.，2007）。人们会区别对待族群内部与外部的成员，族群内成员（in-group members）是自我的一部分，自我与非自我的界限就是族群内成员与族群外成员（out-group members）的界限。因此，中国人的内侧前额叶皮质既表征自我，又表征母亲。中国人的这种相互联系的自我体现了集体主义的观点。集体主义或者个体主义的价值观对自我判断或者对他人判断的影响会激活内侧前额叶皮质的观点也得到了一些研究（Chiao et al.，2009）的支持。

而西方文化则将自我看作独立的个体，强调自我与社会、自然的分离。与东方文化不同，西方文化把自我与他人的界限看作"我与他"之间的界限，即自我与非自我的界限。因此，西方人的自我概念突出个体的自我，排除自我与他人的联系。从哲学的视角来看，西方人的自我概念突出个体自我的主动性，而在心理学上，西方人的自我概念突出个体自我的独立性。与哲学和心理学的观点相一致，神经科学研究表明，西方人的内侧前额叶皮质表征自我的强度高于表征母亲（Heine，2001；Zhu et al.，2007）。

东方人和西方人对自己面孔的识别也存在文化差异。在高、低威胁情境下判断自我面孔和导师面孔的行为研究中，中国被试对自己导师面孔的识别速度快于对自己面孔的识别速度，而美国被试在两种情境中都表现出对自己面孔的优势效应，表明相互依赖的集体主义文化中，社会阶层概念对个体的影响（或者威胁）大于相互独立的个体主义文化（Liew et al.，2011）。这也从一个侧面说明中国师道尊严的传统文化对学生个体的影响。认知神经科学的研究也得出了与这一行为研究一致的结论。英国和中国文化背景的被试都能够快速识别自己的面孔，但是英国被试识别自己面孔的速度更快，这表明自己的面孔更容易引起英国被试的注意（Sui，Liu，Han，2009）。在对面孔加工的深度方面，两国文化背景也对被试产生了影响。英国被试仅对自己的面孔进行深度识别，而中国被试对熟悉面孔也会进行深度识别，因此集体主义的文化对中国被试产生了影响（Folstein，van Petten，2008）。赫登（T. Hedden）等人的研究则更进一步表明，东亚被试接触西方个体主义文化的时间越久，反映西方文化的神经激活模式越强（Hedden et al.，2008）。东西方人这种不同的看待自我的方式会影响个体与他人的关系，还会影响个体的态度、行为及个体在多元文化世界中的交流与合作。

（二）整体思维与分析思维

在有关西方人与东亚人的思维方式的研究中，神经影像研究与行为研究一致表明，东方人更多地表现出整体思维的特点，而西方人更多地表现出分析思维的特点。有关高加索人与东亚人观察线框刺激材料的研究表明，高加索人在绝对任务中判断更精确，而东亚人在相对任务中判断更精确。在这个研究中，高加索人关注的是线条，而东亚人则关注编码情景信息（即线框中的线条）（Kitayama et al.，2003）。与此研究相一致的是，赫登等人运用脑成像的研究技术验证了东亚被试与西方被试在判断绝对任务与相对任务时所激活的神经网络。研究发现，东亚人在完成绝对判断任务（与情景无关）时，更多地激活了前额叶—顶叶网络，而西方人则在完成相对任务（即将线条与情景整合起来的任务）时激活了这个网络（Hedden et al., 2008）。这个研究表明，文化适宜性的任务需要较少的神经资源，而非文化适宜性任务则需要更多的神经资源。这两个研究分别从行为层面与神经机制层面揭示了文化对思维方式的影响，而且这些研究似乎表明，文化适宜性的任务更有利于认知加工。因此，在教学中，采用文化适宜性的教学任务也将更有利于学生的学习。

识别面孔的情绪特征是21世纪的领导者与劳动者所需要的重要技能，而这种技能的形成也会受到东西方文化的影响。东亚人在识别面孔的时候，主要看面孔的中央部分，对面孔进行整体加工，而西方人关注眼睛与嘴巴，倾向于对面孔进行分析性加工（Blais et al., 2008）。研究表明，在面孔的情绪识别中也存在着族群优势。与识别异文化群体成员的表情相比，人们识别同文化群体成员的面部表情更准确。文化神经科学的研究证实了行为研究所得出的结论，在人们识别同文化群体成员的情绪时，与情绪加工有关的脑区激活程度更强。例如，日本人和美国高加索人看到自己文化族群中的成员所表达的恐惧情绪会激活更多的杏仁核区域，这表明对恐惧的反应也会受到文化的影响（Chiao et al., 2008）。

（三）情景加工与物体加工

东西方人在知觉方式上也存在着文化差异。在东西方文化的影响下，人们对物体与情景的关注程度不同，理解的方式也不同。大量的跨文化研究表明，西方人习惯于选择性地注意重要事件，而东方人更习惯于注意社会与物理环境中的重要事件（Nisbett，Miyamoto，2005）。西方人对于重要事件的这种选择性关注有助于对这些事件的内在特征进行分析，但是却容易忽视他们所赖以存在的情景。

有研究者运用功能性磁共振成像技术将加工物体的脑区与加工情景的脑区分离，发现与物体加工有关的脑区在外侧枕叶，而与重复情景加工有关的区域是海马旁回（Goh et al., 2004）。在此研究的基础上，有研究者运用适应性磁共振成像研究的范式，评价不同文化对一致情景与不一致情景的神经适应性。结果发现，中国被试在外侧枕叶表现出对不一致情景的更强神经适应，这个区域是表征物体加工的区域。这说明，由于中国人对整个情景敏感，因此在加工不一致的情景时投入了更多的神经资源，而美国人似乎没有受到不一致情景的影响，因为他们主要加工的是物体而不关注情景。

东西方文化关注不同的内容，使得学校教育不仅会对学生的自我概念产生影响，而且会以集体主义与个体主义的取向来影响学生的价值观念。在西方文化中，持有独立性自我概念的学生倾向于采用"我"的身份。在小组合作学习环境中，采用社会主导的态度，观点鲜明，运用竞争性的冲突策略。而持东方依存性自我概念的学生则倾向于采用"我们"的身份。东方文化使得他们更倾向于避免冲突，运用合作性的策略。这些倾向与脑成像研究结果一致。这些研究表明，在主导型的任务中，美国被试激活了与奖赏有关的脑区，而日本被试则在依从性的任务中激活了这些区域（Freeman et al.，2009）。集体主义和个体主义的价值观不仅影响了学生如何理解自己，而且在他们与教师的关系上也发挥了作用（Chiao et al.，2009；Liew et al.，2011）。个体具有内隐的与自我的积极联系，因此个体一般对自己面孔的反应速度要快于对其他人面孔的反应速度，这个效应被称为自我面孔优势效应（Keenan et al.，2000）。但是这种效应会受到个体自我概念的影响（Ma，Han，2010）。在高威胁及低威胁的情景下，中国研究生识别导师面孔的速度要快于识别自己面孔的速度，这被称为"老板效应"（Ma，Han，2009）。如果老板是具有社会影响的导师，那么在老板在场的情况下，"老板效应"会显著地影响中国研究生加工自己面孔的速度。但是，欧洲与美洲学生在识别导师面孔的时候，仍然表现出自我面孔优势效应。但他们的自我面孔优势效应会随着他们对老板社会地位评分的增加而降低。这些结果表明，个体的社会地位，而不是等级位置，调节了美国学生的自我加工。因此，文化也能够在学校情境中显著地调节自我面孔加工，社会位置概念对于不同文化中成长的学生具有不同的意义（Liew et al.，2011）。

二、东西方文化与基因的协同作用

基因、脑与文化之间是动态交互作用的，这种交互作用包括了特定功能所需要的环境输入（Gottlieb，1997）。根据文化—基因协同进化论，"文化特质具有适应性，由于环境与生态压力的作用而形成，在发生独特遗传选择性的不同地域具有不同的特征"（Boyd，Richerson，Henrich，2011）。

西方个体主义与东方集体主义的文化差异根源是什么？这需要从生态学、社会学、人口学、经济学、心理学以及生物学等多角度进行研究。人脑是所有这些因素交汇的中心，因此可以从文化神经科学的角度来阐释。基因影响脑的功能，进而影响文化常模的适应和形成，同时文化也会影响基因的表达与选择。5-羟色胺转运体（serotonin transporter）分为长臂基因和短臂基因。有些个体的5-羟色胺转运体基因中DNA片段更长。个体在该位点有三种不同的表型：短/短、短/长、长/长。研究发现，短臂基因尤其是携带短/短表型基因的个体在遭受生活中的不幸事件时，比长/长表型基因携带者更容易患抑郁症，对正性与负性事件的敏感性更高。5-羟色胺转运体和压力与心理状态之间的关系受到环境的影响。有研究者调查了个人主义—集体主义文化价值观和大脑神经递质之间的关系，发现在29个国家中，持集体主义文化价值观的人较多携带与安静情绪相关的短等位基因（S allele），而持个人主义文化价值观的人则较多地携带与活跃情绪相关的长等位基因（L allele）（Chiao，Blizinsky，2010）。

三、东西方文化取向的地域性特征

与文化适宜性教育相关的重要问题包括一种文化所重视的特质以及人脑对这种文化特质的适应程度。但是近年来，越来越多的证据表明，思维与行为中的文化取向并不是像尼斯比特及其同事提出的文化框架所描述的那么界限分明。例如，一个国家的不同地区之间也存在着文化差异：美国南部各州的人相对而言更具有集体主义的特征，而西部山区以及大平原各州的人更具有个体主义倾向（Vandello，Cohen，1999）。我国北方以种植小麦为主，南方以种植水稻为主，这两种主要的耕作方式显著地影响了我国南方人与北方人的思维方式。有研究者比较了现代理论、病原体流行理论以及维持生计理论对我国南北方不同种植方式影响人们思维方式的解释力度，提出了"稻米理论"（The Rice Theory）作为前述维持生计理论的延伸。稻米理论认为，水稻与小麦的种植在灌溉与劳动力两方面迥然不同。种植水稻需要持续供水，要求有完善的灌溉系统，而灌溉系统作为一种公共服务设施，需要耗费大量的人力物力来建设和维修，使用灌溉系统需要各人的用水与耕作日程，因此稻农之间彼此协调、配合，建立基于互惠的密切关系，避免冲突。同时，一个农户对灌溉系统的使用有时也会影响到别的农户，这也要求邻里之间有更多的沟通。种植水稻也对劳动力提出了极高的要求，人类学家的研究表明，种植水稻所需的劳动力大概是种植同样面积的小麦的2倍。由于水稻的种植和收割对劳动力的投入要求甚高，农民通常会采取劳动力交换、错峰播种等方法来更加有效地组织生产，而这些方法都要求村民之间进行有效的沟通和协调。而相比之下，小麦的种植基本不需要精细灌溉，因此，不需要修建灌溉系统；更轻的劳动任务也让麦农不必依靠他人就能自给自足。因此，在相同条件下，种植水稻的村民比种植小麦的村民更有可能存在合作与沟通。作者认为，正是由于我国南方与北方不同作物的耕种方式导致了村民间的相处、合作方式存在差异，最终形成了地区间巨大的文化差异。而这种差异并不仅仅存在于种植这两种作物的农民身上，而且会深刻地影响所有在种植水稻或小麦地区成长起来的个体。为了验证这个假设，他们对北京、福建、广东、云南、四川和辽宁6个地域1162名汉族大学生进行调查，测量了参与者的文化思维方式、内隐个体主义、社会关系以及对待朋友和陌生人的忠诚度等不同维度。实验分以下几个部分进行。第一，让被试将"火车""汽车""铁轨"3个词语进行两两归类，归为同一个抽象类别，如火车和汽车均属交通工具，也可以按照功能性关系归类，如火车在铁轨上运行。词语测试结果表明，南方水稻种植区域的人群，更可能进行关系性的配对，揭示他们更倾向于整体性思考。研究还发现，来自更富裕省份的人反而会倾向于整体性思考，而来自更高寄生虫疾病发生率的省份的人却进行了更少的整体性思考。相比之下，在这个测试中，稻米理论是唯一与结果相符的模型。第二，由于中国北方和南方在气候、方言等方面有较大差异，研究者还分析了靠近水稻—小麦分界线的5个省份人群的文化思考差异。研究发现，分界线以南以种植水稻为主的人整体性思维的程度显著高于分界线以北以种植小麦为主的人，并且分界线区域的效应量与全国范围内的水平相似。第三，为了检验稻米理论是否会超越认知水平，在行为层面上造成影响，研究者对被试进行了社会关系测试。他们让被试画出自己的社会网络，用圆圈表明自己和他人。研究者测量代表自己的圈和代表朋友的圈的大小，从而得到对自我的隐性测量。在以往的研究中，美国人画的"自己"平均比"他人"大6mm，英国人的"自己"平均比"他人"大3.5mm，而日本人的"自己"比"他人"更小。在这个研究中，来自水稻种植区的人把自己画得比他人小，与日本人类似，南方水稻种植区的人把自我缩小了0.03mm，而小麦种植区的人与欧洲人类似，把自我画大了1.5mm。同样地，疾病的流行程度和人均GDP都不能预测将自我画大的程度。第四，研究者评估了被试对待朋友和陌生人的区别程度。实验让被试假想与四类人打交道的商业情景：诚实的朋友、不诚实的朋友、诚实的陌生人、不诚实的陌生人。实验中，对方的不诚实让被试在交易中损失金钱，而诚实则让被试赚取更多的钱。每个案例中，被试有机会用自己的钱奖赏或惩罚另一个人。研究者用被试奖赏朋友与惩罚朋友的金钱差值衡量被试对朋友的忠诚度，发现来自种植稻米省份的人更可能对朋友表现出忠诚，而在对待陌生人的态度上两组被试没有差异。之前的研究表明，新加坡人对朋友的奖赏比惩罚更多，而美国人更可能惩罚不守信的朋友。第五，为了检测文化差异是否会推广到更大的人群，研究者还收集了不同省份的离婚率和创新专利的数量。通过对1996年、2000年、2010年中国的离婚率数据进行分析，研究者发现以种植水稻为主的省份离婚率更低，这可能是由于稻米文化强调避免冲突和维持关系的结果。现代化程度也能预测离婚率，更富裕的省份离婚率更高，但是疾病发生率则不能预测离婚率（见图4-1）。在控制了人均GDP之后，以种植水稻为主的省份比以种植小麦为主的省份创新性更少。这与之前的关于分析型思维者具创造性的研究结果相一致。这五个研究表明，南方以水稻种植为主的省份的人群更倾向于整体性思维，更倾向于相互依赖和集体主义的思维方式，而以小麦种植为主的北方省份的人群更倾向于分析性思维和个体主义的思维方式（Talhelm et al.，2014）。不过，稻米理论还需要进一步接受检验。

综上所述，是区域性的历史与文化环境和人类的基因逐步塑造了文化的特征。文化取向的差异是逐步形成的，人脑动态地适应这些逐步形成的文化经验，同时受到当前文化的调节。

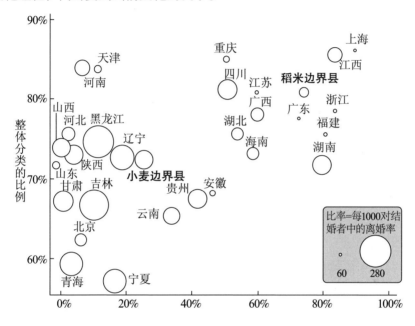

图4-1　水稻种植区的文化思维方式

每一个圆代表一个省份或稻米—小麦边界县，圆圈的大小代表控制了GDP后的离婚率。

图片来源：Talhelm T，Zhang X，Oishi S，et al.，2014.Large-scale psychological differences within China explained by rice versus wheat agriculture［J］.Science，344（6184）：603-608.

总之，东西方人的思维与行为方式的差异不能仅仅归因于基因、脑结构与功能方面的差异，也不能仅仅归因于文化背景、经验与教育方面存在的差异。文化、社会、个体与生物因素的动态交互作用共同创造了现有的文化差异（Ray et al.，2010）。

◎ 第二节　基于脑与认知科学的文化适宜性教育政策①

一、神经可塑性与文化适应性

人类社会中，文化无所不在，文化之于人就如同水之于鱼。文化在人类思维的过程中发挥了重要的作用。有研究者从遗传学、发展科学等多个学科角度列举了大量的证据来描述在个体基础上，文化—基因共进化、遗传与神经渐成性（neuronal epigenesis）、认知与行为层面之间的联结与反馈如何随着不同文化环境的变化而产生变化的普遍规律（Li，2003）。人脑具有很强的可塑性，在生命的不同阶段，可塑性不一样，生命早期人脑可塑性最强，但是人脑的可塑性持续终身。人脑的可塑性为人类的可教育性奠定了基础，文化经验对人脑的结构与功能也会产生影响，进而影响个体的行为。例如，加拿大邮件分发工人根据由字母（符号表征系统）与数字（数字表征系统）组成的邮政编码来分发信件，成千上万小时的工作经验改变了他们脑中的类别表征，使得他们的数字表征系统与符号表征系统成为一个更为独立的分类表征系统（Polk，Farah，1998）。相同形状的字母与数字在大脑的不同区域加工，这种加工在神经结构上的分离只能是由于经验的影响，而不是由于进化的作用，因为社会与文化对字母和数字类别的划分具有任意性（Polk et al.，2002）。

不同的文化和不同的教育也以不同的方式塑造着人脑。有研究者测量了140名年老与年轻的新加坡中国人与美国人的皮质厚度与密度。研究发现，两种文化中的年轻人在脑的体积上基本相等，但是脑的许多结构的体积会随着年龄的增加而呈现缩小的趋势。在皮质的厚度上，与亚洲人相比，美国年轻人前额叶以及右侧顶上小叶更厚，亚洲年轻人的左侧颞下回更厚，这可能是由文化的影响造成的；老年组间没有差异。研究者认为，西方年轻人前额叶更厚可能是因为西方文化更加关注推理、问题解

---

① 本节部分内容曾发表于《远程教育杂志》2012年第5期，题目为《教育神经科学与文化适宜性教学》，作者为周加仙。

决、独立思考，而东亚文化更加强调遵守规则、背诵记忆（Chee et al.，2011）。这一大样本的研究还表明，前额叶、颞叶、顶叶区域的体积存在显著的年龄差异。而且，东西方的老年人和年轻人在体积上的这一差异是相同的，表明是强大的生物作用，而不是环境作用调节了脑的结构，使之随年龄的增长而产生变化。

文化学习的过程即文化适应过程（acculturation）。在学习文化的过程中，个体习得新的知识，在脑中产生新的神经元联结。但是，大脑受到某种文化影响并反复处理这种文化信息时也要付出一定的代价。由于脑的可塑性具有竞争性的特点，没有受到环境刺激影响的神经元联结会消失，如青少年脑中不用的神经元联结会被删除。脑在学习的作用下逐渐成为文化特异性的脑。成年人移居到新的文化中，需要大范围地重组脑的联结，这远比学习新的事物更困难。因为新的文化与其在关键期前就已经形成的神经网络进行竞争。成功地接纳新的文化一般需要至少一代人的努力。只有在新的文化中度过其敏感期的儿童才会觉得移民的经验不是那么令人沮丧。对于大多数人来说，文化震撼就是脑的震撼。人们终身不断学习到的新的或是不寻常的文化经验会持续地引起神经系统的变化。

所有这些研究证据表明，文化经验与文化价值观不仅塑造了人脑的结构，而且改变着人脑的功能（Park，Huang，2010）。文化价值观与文化经验作为环境因素的一部分，同样对人的认知与神经结构、功能产生影响。因此，我们可以说，环境与经验塑造了人的认知结构与神经功能。人脑结构与功能的可塑性持续终身。这种持续性的神经可塑性是人类可教性的基础，"人类的可教性与人类的可塑性之间存在着密切的关系"（Battro，2007a）。

二、脑、认知的动态适应与教育改革

在当今多元文化的环境中，我们有时很难将个体划归为东西方文化的任意一端。东西方文化这两种文化类型不是相互对立的关系，而是处于一个统一的连续体中。任何一种文化都能够在这个连续体中找到一个位置（Triandis，1989）。从自我到非自我也是一个连续体，每一个体也都可以在这一连续体上找到一个位置。同时，随着全球化和人口的流动，许多人都拥有两种或者两种以上的文化背景，这种趋势使得双文化脑的研究更加复杂。这类人身上体现出两种文化类型：拥有混合式二元文化身份的人将两种原初的文化融合为另外一种不同的文化，而交替性文化身份在两种独立的原初文化之间转换（Hong et al.，2000；Phinney，Devich-Navarro，1997）。例如，在中国香港和美国的具有二元文化的中国被试在看到不同的文化符号时，会根据外部的启动刺激，分别激活中国与美国的自我概念，表现出所谓的跨文化框架的转换。因此，文化的影响不是单一方向的，也不是一成不变的。个体可以主动地适应文化差异，形成双文化脑（bicultural brain），即脑中具有两种神经表征，能够根据不同的文化环境来调整自己的行为（Chiao，Blizinsky，2010；Ng et al.，2010；Sui，Zhu，Chiu，2007）。对亚裔美国人的内隐自我评价的研究表明，文化不影响腹内侧前额叶皮质的表征，该区域可能与自我信息的自动加工有关。相反，文化影响背内侧前额叶皮质的激活，该区域与评价过程中的加工有关。因此，集体主义与个体主义文化价值观动态地影响具有双文化脑的人的自我参照信息的表征（Harada，Li，Chiao，2010）。在多元文化环境中成长的人能够正确地运用认知与神经资源，根据当前情景中不断变化的文化需求而灵活地做出认知反应，在不同的文化共同体中变换文化习惯。这一过程与多语者的语码切换类似，他们在不同的语言间切换，在不同的语言共同体中自如地运用不同的语言。

东方文化中，表征更接近自我的亲密他人（如母亲）的脑区，与表征自我的脑区一致（Han，Northoff，2009）。有学者研究了相依性美国被试的自我解释（自我解释是指个体思考自我与他人关系的一种方式）与神经表征的关系，发现自我解释受到文化的影响，在强调个体独特性的西方文化环境中成长起来的人常常具有典型的独立性自我解释，而受到东亚集体主义文化影响的人常常具有相依性自我解释（Ray et al.，2010）。该研究发现，处于自我到非自我连续体中较远离西方文化的、具有较高相依性自我解释的美国被试，在自我参照的思维加工中，其内侧前额叶皮质和后扣带回的激活高于母亲参照加工。这可能是因为自我解释更多地依赖于情景记忆、反思性评价或者心理理论与社会信息的整合，而不仅仅受到个体态度、信念和行为的影响。此外，东亚文化也可能对自我解释的神经机制产生影响。比较长期在美国与刚到美国的东亚被试在判断没有文化偏好的简单视觉和注意任务时的区别，发现对美国文化的依从性越强，前额叶与顶叶的激活程度越高。从文化角度来说，没有文化偏好的任务对被试来说更加困难（Hedden et al.，2008），但是在自我与非自我的连续体上，更依从于东方文化以及更依赖自我概念的美国被试在加工自我参照任务时，内侧前额叶皮质和后扣带回的激活程度比加工母亲参照任务更高。这也许是因为他们更加依赖事件记忆，能够评估他人的思维（心理理论），并结合态度、信念和行为等社会信息来对自己做出判断（Ray et al.，2010）。这些研究不是将自我看作稳定的、持久的概念（Moran et al.，2006），而是表明一个更为动态的自我、受到不同文化环境影响的自我（Hong et al.，2000；Ng et al.，2010；Sui et al.，2007）。双文化个体的人数不断增加，他们内化了独立性与依存性的自我概念。

如前所述，文化具有复杂性，文化的有些方面在较长的时间尺度上表现出稳定性，而有些文化特质则在进化时间尺度与生命时间尺度上表现出动态发展性。不同规模的人口迁移与个体流动给特定的社会文化环境带来了新的文化价值观、文化实践与文化信念，是文化变化的主要源泉。生活在多元文化环境中的人，不管其属于哪一个国家、哪一个文化群体，都能够形成不同的文化图式，并能以适合其社会文化环境的方式来思考与行动，根据他们所处的不同的社会文化情境来转换这些文化图式。人类具有在不同的文化中进行心理转换的能力，表现出一种根据文化的变化而动态变化的特征。因此，文化对人的影响不是单向的、一成不变的，个体具有适应文化的主观能动性（杨帅 等，2012）。

教育改革也应该考虑个体在长期的历史文化和当代文化环境的熏陶下所形成的文化取向。不同文化群体形成了其特定的教育模式，这些教育模式的理论、实践与政策深深地植根于其文化历史背景。教师的文化取向体现出他们的专业理想（Rodriguez，2012），他们的教学技能与态度在他们接受专业训练的时候形成，并在社会、学校以及家庭中的文化熏陶下受到潜移默化的影响。教育理论的革新会使教育实践者在思维、情感、态度以及行为方面产生不一致性，形成文化冲突。因此，教育改革的一个重要部分是建立一种促进有效教育的文化，这包括了一种新的教育文化，这种文化期待着社会与社会结构逐步产生变革，并与文化进化的一般特征相吻合（Fischer，2013；万明钢，王平，2005）。

自1990年以来，东亚、南亚等国家在政府推行的教育改革中采用了西方的教育政策、理论与实践方式，这给这些国家的教师与学生带来了新的挑战（Nguyen，Terlouw，Pilot，2006）。有时，这些改革忽视了这些国家的文化传统及其相关的文化特征。研究者对这些"拿来"的教育计划进行研究，产生了不一致的结果。支持传统教育的教师和家长对这些"拿来"的理论、实践方式和政策持抵制态度（Nguyen，Terlouw，Pilot，2006）。贝利（J. W. Berry）提出，文化群体可能采用四种主要的文化策略来对待变革，他把这四种文化策略称为同化（assimilation）、分离（separation）、整合（integration）以及边缘化（marginalization）（Berry，2003）。采用同化与整合策略的教师可以将他们的认知、态度和行为与改革整合起来，而采用分离与边缘化策略则会导致焦虑与担忧。因此，分离与边缘化的教师会体验到文化冲突，这使得他们很难理解和掌握新的教育文化，其结果就是他们很容易回到传统的教育方式中。

教育应该激发人们对积极的文化价值观的意识。课程与教学方式的改革不仅要反映文化的多样性，而且必须将教育实践植根于一个国家的文化历史，促进教育教学方式的改革与本土文化和少数民族文化的融合，使这种变革能够得到更多教师与家长的积极接受与采纳。这一原则是"文化适宜性"教育的核心。成功的教育和教学改革要求教师既懂文化，又懂神经科学的知识。

三、多元文化世界的文化适宜性教育

全球化趋势的发展以及全球范围内的人口迁移给21世纪的劳动者带来了更大的挑战。为全球化世界与多元文化世界培养新一代人才，让他们掌握21世纪所需要的知识以及应对快速发展的社会变革所需要的技能与态度日益重要。如何让学习者敏锐地感知不同文化的差异，与不同文化群体有效地交流，形成21世纪劳动者所需要的文化智力（cultural intelligence，

CQ），获得在不同文化的世界里工作的能力，成为21世纪教育的重要目标之一。

文化储存在人脑中，人脑具有独特的文化加工能力。如果没有人脑的神经生物能力，文化就不能发挥作用。在学习者跨文化感知与交流能力的培养中，文化智力是核心。文化智力是指个体从容应对不同文化并有效发挥作用的能力。美国学者厄利（P. C. Earley）与安（S. Ang）提出了文化智力的概念模型（Earley，Ang，2003）。文化智力包括认知、动机与行为三个维度。认知维度是指个体在跨文化交往中对文化觉知的意识水平，包括促进深层次信息加工的认知策略以及学习者在新的文化环境的交往过程中所形成的新的解释方式与规则。认知维度反映了不同文化中的标准、实践与传统，包括文化普遍性的知识、文化特殊性的知识以及将自我纳入文化环境的方式，这些都是通过教育和个体的经验而获得的。认知能力强的个体往往基于其对新文化中的政治、经济、法律等社会体系的理解来发现不同文化中人的文化异同，能够进行战略性思维，倾向于思考跨文化交往中的规则与相互作用，并有条理地进行跨文化交往。动机维度是指个体适应不同文化的内驱力与兴趣点。文化动机强的个体高度关注跨文化情境，并对适应不同的文化充满信心。行为维度是指个体在与来自其他文化的人交往时所展示的适宜于文化环境的语言与非语言行为。文化行为能力强的个体能够在不同的文化环境中表现出适宜的行为，如得体的语言、恰当的举止、自然的表情。文化智力的这三个维度是构成总体的文化智力不可或缺的组成部分，在文化多样性的环境中协同有效地发挥作用。

目前，文化神经科学还没有直接研究多元文化环境中这一核心能力的认知神经机制，但是我们可以通过神经科学的研究以及文化智力的认知、动机与行为这三个维度，描述文化智力的神经机制。文化智力总体上与内侧前额叶（包括扣带回）的不同功能有关。对内侧前额叶的元分析研究表明，社会认知加工与文化智力的认知维度有关，如自我参照、个体知觉或者他人思维参照与内侧前额叶前喙部（包括副扣带皮质）的激活有关。与文化智力的动机维度有关的加工，如对输赢的监控与眶额内侧有关。与文化智力的行为维度有关的加工，如对行为的控制与监测，与内侧前额叶喙部后侧（包括背侧前扣带回）有关（Earley，Ang，2003）。

要培养学习者的文化沟通能力，不仅要理解人们在不同文化中的思维与行动方式，而且要对具有不同文化智力的人的神经加工过程进行跨文化比较，分析跨文化的有效沟通者与低效沟通者之间的神经加工差异。21世纪的劳动者所面临的问题的复杂程度日益提高，而且他们常常置身于多元文化的环境之中。获得多元文化的经验并不能保证学习者就具有在多元文化世界中生存的能力，他们还需要具备协调不同文化群体之间文化差异的能力，这样的学习者才更有能力应对多元文化的环境需求。因此，如何科学有效地培养学习者具有跨文化的感知与沟通能力成为跨文化教育中的重要问题。

如何有效地培养学习者的跨文化沟通能力？我们认为，从文化智力的角度来说，有效地培养全球化的跨文化领导能力与工作能力主要从以下三个方面着手。（1）培养学习者的文化意识。在跨文化交往过程中，文化意识可以使学习者理解自己的文化与背景的影响、价值观和文化偏见对工作行为的影响。文化意识也使学习者意识到他们对自己和他人的期望。（2）传递文化知识。学习者对其他文化的知识、预期与假设有助于他们理解他人的价值观、偏见以及他人对自己的期望。（3）灵活地运用跨文化的知识。这种理解自我与他人的知识与行为的灵活性，使得他们能够形成特定文化的沟通能力。

第三部分

教育神经科学视野中的循证教育
实践

第五章
教育神经科学对学科教学的启示

◎ 第一节　阅读教育及大脑皮质的再利用[①]

一、阅读的神经回路

　　我们可以在几个世纪前弗拉格纳尔（J. Fragonard）的绝美画作中看到一位正在阅读的女孩，并没有产生奇怪的感觉。但我想提醒大家注意这样一个惊人的事实，在灵长类动物中，只有人类能够学会阅读、自我反思并进行心算。也许有人会产生这样的疑问，灵长类动物的大脑是如何在适应非洲大草原上风餐露宿的生活之后，转而演化出阅读与计算的能力的呢？这一转变何以可能？三万年前，我们的祖先已在法国南部的洞窟里留下了精美的画作，足以与毕加索等现代艺术家的画作相媲美。我们也在世界其他地区的岩壁上发现了一万八千年前刻下的符号，尽管已无法得知它们所代表的含义。在历史上，古人创造出各种文字符号，如早期的楔形文字、玛雅文字、埃及象形文字等。与此同时，古人也发明了一些数字符号，旧石器晚期岩壁上的那些刻痕逐渐演变成计数系统，并在此基础之上又发展出计算、几何，使我们得以测量地球的相关数据。无论是欧几里得的《几何原本》，还是数学家拉马纽杨（Ramanu-Jan）的笔记本，都体现了人类

[①] 本节内容曾发表于《全球教育展望》2011 年第 9 期，原文题为《教育即大脑皮层的再利用：以阅读和数学为例》，作者为迪昂（S. Dehaene），由周加仙、毛垚力、魏婧翻译。

对数字符号的熟练掌握和应用。然而，纵观人类的进化历程，并不存在为阅读创造出独特脑区的可能性，这也就是我今天将在这里展开的问题。学校教授的文字或阿拉伯数字是人类发展史上的文化产物，具有选择性和多样性，可以通过学习来掌握。进化并未将大脑塑造得擅长阅读。阅读的出现仅有几千年的时间，直到近代才普及。因此，掌握阅读能力不可能是由于遗传基因的变异。学习阅读的大脑和灵长类动物在非洲大草原上赖以生存的大脑是一致的。

但是，我们却惊奇地发现，成人的脑中似乎存在着有关阅读的特异化结构，也就是我们所说的视觉词形区（visual word form area，VWFA）。该脑区位于枕颞交界处，与识别面孔、词汇、物体等的脑区相邻。功能性磁共振成像研究发现，这几块功能区的空间位置是固定不变的。这种超出进化预期的阅读特异性功能区是如何形成的？我把这称作"阅读的悖论"。百万年以来，人类都是社会性的群居动物，这使得人脑在进化中形成了特定的面孔识别功能区。而阅读的情况就完全不同了，这又该怎样理解呢？我们从阅读过程中脑的变化这一角度出发进行考察，发现人类实际上是对口头语言进行了视觉化的输入加工。从插图5-1上我们可以看到，阅读时枕叶（也就是视觉功能区所在位置）的视觉输入迅速激活临近的视觉词形区（识别字词特征的特异性功能区），此后输入信息的激活扩散到其他负责口头语言加工的脑区，其中有专门负责语音加工（橙色区域）和负责词形、语义加工以及特定语境中词义处理的脑区。所有语种的单词都必须生成视觉表征、进行语音或语义编码后，才能被人类掌握。阅读似乎利用了这些视觉加工区对形象符号进行编码。我们甚至发现，婴儿已经能对口头语言产生反应，与之前提到的阅读脑激活模式颇为类似。我和我的妻子通过功能性磁共振成像实验，发现3个月大的婴儿在口头语言的刺激下，脑区表现出特定的激活。当我们对着婴儿说话时，他们的脑激活并非全脑弥漫性的，而是高度集中在某些特定区域，通过示踪可发现主要位于颞下皮质区域，这也许表明婴儿的脑已经为掌握语言做好了准备。口头语言的获得过程存在一套与遗传基因的进化相关的结构组织。这里的"做好了准备"是指婴幼儿已经形成了视觉功能区，能够进行物体形状特征的识别。学习阅读的过程主要对应着各功能区间激活的交互传递。阅读需要对书面文字形成恒定的视觉表征，并将之与负责语音、语义编码的脑区相联系。插图5-1上的标记点显示了阅读激活的主要位置。

二、视觉词形区在阅读中的作用

阅读中脑发生最为显著变化的区域是视觉词形区。但是，需要指出的是，阅读是各功能脑区协作的结果。所有文化背景下的阅读都一致地激活左侧枕—颞外侧沟的视觉词形区。不管是阅读中文的方块字，还是阅读法文这类拼音文字，还是阅读从右到左书写的阿拉伯文字等，该脑区在各个国家的人阅读时都产生了类似的激活。几平方毫米的区域即可实现激活之间的相互协调，这实在令人惊叹不已。这块区域的损伤会导致纯失读症。这是一种后天选择性阅读障碍，它使患者无法进行阅读，但它并不妨碍患者识别面孔和其他物体，理解和表达口头语言，甚至正常书写。这种情况是由于脑损伤严重影响了词形、词义恒定视觉表征的形成这一关键能力。我们现在知道，这块脑区在学习过程中与某种特定图式相关联，因此对阅读来说至关重要。我们也发现词形区对应着一个高度自动化的系统，当快速呈现单词时，即使被试没有看到单词，在视觉词形区仍可以观察到选择性的激活。最后，也要注意阅读的激活并非仅限于词形区，而是一个从后向前特异性不断提高的层次化结构，底部对单个字母反应，越往前对应越大的字词组合，比如整词、双字母组合、各种词缀组成的复合词等。

三、阅读的悖论

人类的进化环境并没有给阅读提供成熟的条件，那么如此精妙有序的阅读系统是如何形成的呢？首先我们不能否认，人类本身具有灵长类动物的特征。人脑是由灵长类动物的脑演化而来的，因此从社会科学的角度来讲，人脑在后天的发育发展过程中并不是"开放式"的，脑的组织功能受制于进化模式下的解剖结构及其联通性等生理特征。我们之前提到，早在婴幼儿期，人脑已能对口头语言做出反应，说明人类在发育初期已经具备了一定的结构基础，而这些基础深刻地影响着之后的学习过程。但我们也需要注意到，新文化客体只有与先天结构相匹配才可能被人类习得，因此不同文化背景的人掌握并使用着不同的语言符号。无论是文字符号还是数学符号，每种文化产物都需要找到自己的"神经环境"，即一系列神经回路。这些回路既要与学习机能吻合，又要具有充分的可塑性（实现部分"再利用"）。因此，人类在进化中改变了大脑部分回路的原始功能，创造出一个全新的系统，而并没有完全替换某回路的功能。

我们的大脑皮质有时候很"顽固"，在新异文化客体入侵时，不会完全抹去进化塑造的原有皮质区的功能。因此，早先的神经模式对文化形式及其获得过程和成熟后的结构形态都有巨大影响。我们提出的神经元再利用假说与古尔德（S. J. Gould）的"联适应"（exaptation）或雅各布（F. Jacob）的"（遗传）修补"（tinkering）理论颇为类似。然而引进这样一个全新的术语却是必要、合理的。神经元再利用假说与这两种理论存在着根本性的不同，文化习得在个体的成长过程中发生，不必改变遗传基因。我们不妨做出以下推测：首先，不同的文化存在一致性。尽管各种文化的语言系统看似各异，但立足于神经元再利用这一假说，我们有理由认为，文化发明的皮质表征和文化系统的大脑结构都具有跨文化的一致性，即先天生理结构的限制都大同小异。这也就解释了为何身处不同的文化环境，人类在阅读时都激活同一块脑区。其次，学习受制于再利用程度。因此，儿童学习的速度和能掌握知识的难易程度应与学习—皮质功能映射的复杂程度有关。这也就解释了他们在学习阅读时常犯错误的原因。再次，教育带来的神经元再利用有得亦有失：一方面可以带来类推等正收益，另一方面也会带来皮质竞争这类损失。在学习新知识时，人类会再利用进化中原本服务于其他功能的脑区，这也许会导致部分区域竞争功能资源。

阅读调整了脑的一部分结构。事实上，人类在阅读时激活的脑区恰巧对应于恒河猴识别物体和面孔等具有恒常性特征的物体的脑功能区。该区域的神经元会对字母的形状特征产生反应，而这些形状特征构成了人类书写系统的基础。例如，1996年，日本的田中记录猴子脑中的神经元时（我们通常认为猴脑与人脑有着极高的相似程度），发现该区域的神经元会对物体做出反应。具体来说，颞下皮质中的一些神经元会对手、脸、猫甚至是实验者的背影产生兴奋。田中进一步发现，简化物体的形状结构后，即使仅呈现原刺激的部分形状轮廓，精简的形状特征仍能激活这些神经元。田中指出，颞下皮质中可能存在一套物体形状特征的"字母表"，囊括了我们在生活中所见到的物体的形状特点。由于许多形状特征类似于字母，因此，我们可以假设这张"字母表"就是视觉词形的前身。各种线段连成的结构形状类似T、L、Y等字母。因此，原本负责识别形状特征的神经元可以毫不费力地发展出高效的字母识别系统。这些形状特征与物体识别有关，例如，我们会根据物体外形轮廓中的T、Y、L等线段连接元素来获得边角特征信息。所有灵长类动物的腹侧视觉通路都能识别这些基本的形状特征，从而识别出物体。世界上的主要文字系统中，T、Y、L、X等基本形状出现的频率相当高，书面符号的笔画拓扑结构遵循了普遍适用的统计分布规律。这些一般性的统计规律显然不是偶然的巧合。当你把一盒火柴倒落在地面上时就会发现拼成的X远比L多，这是因为构成L需要更多的条件。所以偶然性并不能解释这一现象，但是自然随机化原则可以。回归到自然中的客观存在上去，就会发现物体的外形轮廓特征存在着相似的分布规律，在脑成像的研究中，我们可以看到两者在出现的激活峰值上存在较为显著的相关。

客观物体和文字符号的外形轮廓特征极其类似，人脑自百万年前便开始内化这些特征，而如今人们在各自的文化环境中形成相应的不同表征形式。所以，文化或学习并不完全是人类自己的成就，也受到自然生理结构的塑造。根据这条线索进行的一项研究中，我们发现线段联结点在物体、字母识别中发挥着重要的作用。

我们在实验中将字词和图片刺激的总外轮廓长度、明度、特征数量进行匹配，并删除了部分线段片段或联结点，设杂乱刺激组作为控制组。前一种类型的刺激明显要比后一种更容易辨认。具体来说，包含了更多边角联结点特征的图形更容易被识别，这一点在字母刺激的实验中同样得到了确证。我们把呈现物体和字母两种情况下的脑激活模式进行对比，发现当呈现的刺激包含了低级视觉特征（删去部分轮廓线段，精简化）时，左侧梭状回甚至枕叶区（激活区域包括视觉词形区在内）对字词的激活程度都要显著高于呈现图片刺激的情况。这里我们不难推出这些激活的脑区实质上对文字符号已经产生了功能的高度特异化。这一结果引发了诸多争议，来自英国的一位同行普赖斯（C. Price）认为并不存在一块专门的视觉词形区。在她的研究中，物体和字母刺激下的大脑激活水平并不存在显著差异。但是在比较时需要对物体和字母刺激中的线段结合点数量进行匹配控制，而不能仅仅是在轮廓基础上进行比较。但我们在研究中也发现了早期视觉皮质的激活，阅读甚至改变了包括枕叶在内的早期视觉系统。比如对保留部分轮廓特征的字母刺激，V1、V2区都表现出更强的激活。这表明V1、V2这样的初级视觉加工区域也产生了一定的专门化功能以适应阅读。人们在阅读书本上排印的一行行字符时，需要辨认它们的外形轮廓特征。比德曼效应认为（见插图5-2），腹侧视觉通路对线段联结点敏感，而对线段片段不敏感。如图中，在绿色勾勒的激活区中，联结点激活高于线段片段的激活，包含在蓝色的物体识别功能区中。因此我们认为，物体视觉辨认系统的特征之一就是对线段结合点十分敏感。而红色的阅读网络与绿色区域存在一定重合，这也许解释了人们在阅读时为何总是激活同一块脑区。不仅如此，该区域原本负责物体识别，后来才演化出阅读的能力。进一步来讲，该区域对线段联结点的敏感性，再加上偏心距、与语言皮质的联系等其他特点，也许可以解释为什么视觉词形区的大脑定位具有跨文化的一致性。由此看来，该区域也许是最适宜发展出阅读能力的，但并不能说进化中存在着阅读的明确目标，而是我们在发展各种文化系统的过程中，再利用了与语言功能相近的功能。

四、阅读的学习与教育

明确了上述这点，我们便可以解释有关阅读习得的一些谜题了。其中之一即儿童的镜像书写，亦称"耕地式左右来回书写"。例如，一个5岁的孩子在书写时将一些字母发生镜像的反转。这种书写方式在几千年前的希腊语书写中是可以接受的。而5岁大的孩子又怎么会知道这些呢？事实上这纯粹是一种自发的举动，并没有人教他这样做。这种现象几乎在所有孩子身上都会发生，尽管许多人都将此误认为阅读障碍。达·芬奇也有类似情况，因此，可以说这种翻转是天才的举动，但这仍无法解释为何95%的五六岁孩童都表现出这种天分。这里，神经元再利用假说可以做出合理的解释。在物体识别回路上演化出的阅读系统都具有这样一种特性：识别面孔和物体时采用了对称机制，因此不管它们的朝向如何都可识别。在日常的生活环境中，视野左侧和右侧的景象可以发生对换。大自然是高度和谐对称的，因此我们时常难以辨别左右。我们的文化系统尤其是字母系统存在着诸多的对称性，比如完全对称的"b"和"d"，中文亦是如此，如"上"和"下"。由此看来，在学习阅读之前，我们就已经具有了语词的"对称概括"的能力。从某种程度上讲，人类识别物体的机制并不能完全沿用至文字识别上。人类的视觉记忆对左右朝向是不敏感的，因此我们的视觉系统并不会察觉出镜像对称图的差异。而且，即使是4个月大的婴儿对日常物品的镜像相比另一个新异物品也会感觉更为熟悉。两项神经电生理实验均发现，如果用随机呈现的特定线框形状训练恒河猴，其颞下神经元自发地概括出刺激的镜像形式，因此左右翻转情况下的激活十分相近，但在垂直方向上的翻转则存在显著的差异。这表明左右对称性是我们视觉系统遵循的原则之一。实验中，我们利用功能性磁共振成像技术来进一步说明，阅读实际上是在抵制并有效排除对称性原则的干扰。我们先后重复呈现常见动物（猩猩、马）和词汇（piano、train）的镜像。根据重复抑制效应，在第二次呈现动物的镜像时，大脑的激活程度会降低。研究发现，左侧梭状回的视觉词形区，显示出了最大的图片镜像启动效应，而对词则没有镜像启动。因此，阅读的学习利用了一个拥有镜像恒常性特征的脑区，这种特征似乎存在于所有的灵长类动物中，从而阻碍了字词的识别，这可能可以解释儿童暂时的镜像错误。不妨大胆假设，中文里也存在类似现象，相较于垂直方向的翻转，左右翻转表现出的效应更为显著。

多年来我们致力于文盲和受教育者的比较研究，希望弄清楚我们开始学习阅读时，视觉系统的哪个部位发生了改变，是视觉词形区还是低级视觉加工区？在我们学习阅读之前，哪种刺激激活了视觉词形区？学习阅读是得还是失？存在皮质竞争吗？成年后学习阅读是否可以带来同样的改变？一些人在青少年时期因为各种原因无法接受学校教育，这种缺失是否可以在成年后得到补偿？大脑是可塑的，因此，成人也具备一定的学习潜能。

最近，我们发表在《科学》（*Science*）上的一篇文章介绍了对6组被试的高分辨率功能性磁共振成像研究。一组巴西籍全文盲，10人。两组未接受学校教育的前文盲组（未接受早期教育，成年后学会阅读），巴西、葡萄牙籍各10人。三组识字组，10名来自巴西的高社会经济地位阶层，10名来自巴西低社会经济地位阶层，12名来自葡萄牙。结果显示，组间阅读速度与正确率差异显著。给予足够的时间后，除了文盲组外，其他被试组都能习得大部分假词。进一步探究文盲的大脑差异时，我们采用了三个功能性磁共振成像实验的结果来说明。研究一采用水平或垂直棋盘格、口语和书面语三种刺激来定位，我们十分推荐这种定位方法，在5分钟内便可定位任一被试的阅读系统、计算系统等。研究二呈现不同类别的视觉刺激，如面孔、房屋、工具、字符串、错字和棋盘等来标记被试的视觉系统，并伴随简单星形符号检测任务，因此文盲被试亦可轻松完成。研究三呈现单词和假词，要求被试进行口头的决策判断，通过呈现一致或不一致的拼写，测试大脑的正字法一致性。我们对阅读引发的口语系统的改变也很感兴趣。下面我将呈现一些实验结果。首先在受阅读显著影响的视觉词形区观察到显著的组间差异。位于左半球的该区域在文盲被试中的激活程度最低，随着文化程度的提高，左腹侧视觉通路对书面语词的反应程度显著提高。同时我们看到前文盲（巴西前文盲组）的激活水平还是较高的。而在言语区，书面语词的激活程度与口头语词的情况相差无几。我们在大脑背侧枕叶皮质也发现了类似的结果，呈现书面语言和棋盘的大脑激活模式十分相近，因此不难得出，学习阅读可以改变早期视觉加工系统。我们也在其他言语回路系统发现了主要的变化，在颞上沟、前额叶等区域可以观察到对口头语言刺激更强的激活（这些被试都具备口语交际能力），只是在阅读能力上表现得参差不齐。因此可推出的结论相当简单：在学习阅读的过程中，物体形状识别的视觉功能区发生了局部的特异化，并通过视觉输入方式激活了言语系统。进一步分析得出，习得阅读前的视觉词形区在对各种特定形状进行反应时，对面孔的激活程度最高，其次为物体和棋盘格。文盲对词汇和棋盘格的激活程度都是最低的。随着读写能力的提高，对面孔和棋盘格的反应逐渐减弱，似乎表明该区域的各种功能间存在竞争。在右侧梭状回也观察到一定的激活，识字组的被试在辨识面孔时激活有所提高，这可以解释面孔的反应区域向右半球迁移，是为了缓解左半球发生的字词—面孔功能之争。我们可以看到，即使是对面孔这种简单刺激的识别也受到阅读学习的影响。可见三类被试对各种刺激的反应是多样的，组间并不总是保持固定不变的模式，大脑激活模式是复杂的。读写能力的提高并没有大幅度减弱视觉词形区对面孔、房屋和物体的偏好，而是进一步地完善和精细化该区域。我在这里想强调，阅读给面孔识别带来的影响实际上是微小的，皮质功能竞争也并不明显。同样，我们也发现主要的峰值不会受到读写能力提高的影响：竞争只存在于周围临近的皮质中。在围绕特定激活峰值（如对面孔、房屋等刺激的反应峰值）的同心圆结构中，随着向外半径扩大，对面孔刺激的反应强度不断下降，而对阅读能力的反应强度逐渐升高，比较呈上升趋势和下降趋势的两条曲线，我们发现功能竞争并不位于峰值处，而是处于激活区的另一端。由此，区域的边界发生了略微调整，尽管不是全盘改变，但正如躯体感觉系统发生的专门化那样，边界经过调整来实现对书面词语更强的激活。我同时也想指出，这种皮质竞争的效果是十分微小的，最主要的改变还是读写能力对视觉系统的正向作用。枕叶皮质区对各种类型的刺激均表现出正向激活，并且随着文化程度的提高，反应强度也在不断提高。也就是说，随着阅读能力的提高，对于各种形状的分析加工也就越来越精细化。这是通过视觉训练可以掌握的一项技能。我们也发现两侧半球V1区等皮质对棋盘刺激存在激活，这表明，在不同的文化程度条件下，即使是在初级视觉皮质也存在激活程度的差异。但是不同文化水平的被试对垂直棋盘的组间差异不明显，而水平棋盘的组间差异则非常显著。我们似乎在早期视觉加工阶段就偏向于更精细地处理垂直方向上的形状特征，这主要体现了训练的效应。如果对中文也进行类似的研究将会得到非常有趣的结果。

　　呈现口语刺激时，不具备读写能力的被试在颞平面上的激活程度增加了1倍。我们认为在阅读学习过程中，识字者掌握了由各种基本音位构成的词句读音，而文盲则只能分辨出大的音节，无法察觉音位水平上的差异。左侧听觉功能区存在显著激活，并且只有在对口头语言刺激时不同文化程度的被试组间才表现出显著差异，各组对书面语言刺激的反应则表现出趋同倾向。这也许揭示了阅读的主要目标之一即改变语音加工的程度。在听觉词汇决策任务中，视觉词形区以一种自上而下的方式激活。听辨词汇时也会形成对单词的不同形象表征。如果要求在脑海里想象一个单词，即使不在眼前，你也可以"看到"并读出它。基于这些发现，我们会产生这样的疑问：早期教育对于以上变化来说是必不可少的吗？成年后才获得读写能力的人也能产生这些改变吗？对于后来经过培训获得读写能力的前文盲成人的实例，究竟是早期学校教育，还是成年后期的读写训练，又或是两者共同在发挥作用？研究表明，所有能力似乎都可以通过后天训练来获得，早期学校教育并非必要条件。接受早期教育的人确实在后期的阅读成绩上更为优秀，这是因为早期发育阶段大脑的可塑性更强。此时掌握阅读能力，可能造成书面单词与人脸在前视觉皮质的竞争关系。早期教育可能增强左侧前运动皮质的激活，这是因为孩子大量地练习书写而造成的。现在我们就能更好地理解阅读的"奇迹"了。

总的来说，我们能够掌握读写能力主要有以下几个原因。第一，我们从遗传上继承了高效的层次化视觉识别系统，从而对线条联结点等视觉恒常性特征表现出敏感性。第二，这种系统具有充分的可塑性，在某种程度上可以发生重塑以适应特定书面文字的习得。第三，代代相传的书写选择性地保留下与大脑结构相适应的书面符号形状。第四，我们现在也了解到，读写能力带来的影响远远超出了视觉词形区。第五，神经科学的研究也可以解释文化活动中诸如镜像阅读这类众多的有趣现象。此外，我们也了解到教育可以发挥作用的一些关键环节，比如音—形对应表征的形成。在教育实践中我们可以通过关注这些因素来加强书面文字和口头发音间的联系，从而促进学生更为有效地学习阅读。

◎ 第二节　数学学习的脑与认知机制及其对数学教学的启示[①]

数是人类生活的重要组成部分。清晨，当时钟走到7点半时，人们会起床，开始一天的生活：职场人士会到车站等待相应号码牌的公交车，紧

[①]　本节内容曾发表于《教育发展研究》2014年第22期，原文题为《数学学习的认知与脑机制研究成果对数学教育的启示》，作者为杨红、王芳、周加仙、赵晖。

锣密鼓地开始一天的工作；主妇们纷纷来到超市精挑细选，货比三家；孩子们到校学习数学知识，争取在考试中取得更好的名次；等等。可以说，每个人的生活都离不开数字和数学。

数学是其他学科的基础，数学能力是每个人必备的基本能力，数学教育对个人以及国家的发展都有重大的影响。个人的数学能力不仅会影响个体的生活质量、家庭的生活水准，而且会影响国家经济的发展（Butterworth，Cappelletti，Kopelman，2001）。因此，培养个体数学能力的教育对个体以及国家的发展都有重要的作用。经济合作与发展组织的调查结果显示，如果将人均数学和科学成绩提升1.5个标准差，那么人均国民生产总值将会增加0.87%。不仅如此，还有研究发现，数学能力较差的人，赚钱更少，更容易生病，更可能陷入法律纠纷，需要更多的帮助（Butterworth，Cappelletti，Kopelman，2001）。据统计，英国每年要在这类数学能力较低的人身上投入24亿英镑（Butterworth，Cappelletti，Kopelman，2001）。中国是一个人口大国，拥有数亿青少年，如果能提升他们的数学能力，将会带来巨大的经济效益。

近年来，随着认知神经科学的迅速发展，关于数学学习的认知与脑科学研究也不断增加。研究者们发现，没有学习过数字的人类婴儿与动物就已经具有了数量感知的基本能力，研究者们也认识到数字对人类数学思维的重要作用，探测到了人类大脑在数学学习中的活动，甚至发现了对某个数字敏感的单个神经元。这些令人兴奋的基础研究的发现对于数学教育实践又具有什么样的意义？它如何能回答老师和学生们迫切需要解决的问题：我们怎样才能学好数学？将前沿的基础研究结果应用于教育一线，是数学认知与学习领域的研究者们共同追求的目标。尽管这不是一蹴而就的事，尽管在理论与实践之间还有相当的距离，但近年来基础研究领域取得的一些进展，可以为我们的数学学习与教育提供有益的启示。

一、结合数量加工的领域特异性，有效促进数学学习

与其他认知加工不同，个体对数量的加工具有领域特异性，具体表现在以下两个方面。

　　首先，数学能力不同于语言能力。众所周知，语言能力的获得是需要后天学习的，但是数学加工能力却具有某种先天的跨种系发生的遗传机制。大量研究表明，不具备语言能力的动物和人类婴儿先天具有识别数量的能力（Brannon，Abbott，Lutz，2004；Xu，Spelke，2000；Xu，Spelke，Goddard，2005；Lipton，Spelke，2003；Brannon，2002）。对于人类而言，6个月大的婴儿就已经具有基本的物体数目辨别能力，能够将8与16进行区分（Wynn，1992；Mccrink，Wynn，2004；Denes，Signorini，2001）。5个月大的婴儿对1+1=1会注视更久，对合理的计算事件1+1=2的注视时间较短，同时，他们对2-1=2会注视更久，对合理的计算事件2-1=1的注视时间较短（Wynn，1992）。进一步的研究表明，婴儿不仅可以进行小数目计算（1+1=2或者2-1=1），还能进行较大数目（5和10）的计算（Mccrink，Wynn，2004）。除此之外，来自脑损伤方面的研究也显示，数学加工不同于语言加工。德内斯（G. Denes）等研究者发现了一个案例，该病人表现出很明显的计算能力缺失，除此之外，这个病人还不能读阿拉伯数字，且不能回答与数字有关的常识问题，但是他在一般性常识问题（与数学无关的常识问题，如语义）方面与常人无差异（Denes，Signorini，2001）。阿什克纳奇（S. Ashkenazi）等研究者也发现了一个案例，该病人不能完成计算任务，且表现出在基本数量加工上的缺失（比如，他无法完成数字比较任务），但是在语言等认知任务中的表现与正常人相同（Ashkenazi et al.，2008）。

　　其次，数量加工具有特异性的脑区在双侧顶内沟区域。这一脑区与传统语言任务所激活的位于额部的布洛卡区和位于颞部的威尔尼克区不同。正因如此，研究者才发现，计算能力或者基本数量加工能力缺失的病人仍然能保存良好的语言加工能力。同样地，有关脑损伤病人的研究也发现，失语症、失写症病人的语言能力严重受损，但是却保存着基本的数量认知加工能力（Butterworth，Cappelletti，Kopelman，2001）。当将数量任务（如数字大小比较、减法等）与其他非数量任务（如注意、抓握、语言、颜色比较、快速眼动、手指运动等）相比较时，研究者发现数量任务会激活更多的双侧顶内沟（Simon et al.，2002；Eger et al.，2003）。有研究者比较了数学专家和普通人的大脑灰质和白质密度差异，发现数学专家在顶叶和额叶区域的灰质密度比普通人要大，且其在左侧顶下区域的灰质密度增加度与其从事数学教研工作的时间呈显著正相关（Aydin et al.，2007）。关于计算障碍儿童的研究也显示，计算障碍儿童在基本数量加工任务中，顶内沟区域的激活较正常儿童弱（Price et al.，2007），且计算障碍儿童的大脑结构也与正常儿童有一定的差异：计算障碍儿童的顶叶灰质密度更小（Rotzer et al.，2008），顶叶与其他脑区相联系的结构较少（Rykhlevskaia et al.，2009）。在近期的一项研究中，研究者采用经颅电刺激（transcranial direct current stimulation，TDCS）技术考察了顶叶区域内的电流刺激对数学学习的影响。研究结果显示，对顶叶的刺激能够促进数学学习，且在6个月后，该促进作用依然存在（Cohen et al.，2010）。这一研究结果首次揭示了对顶叶区域的刺激能够促进数学学习，为数学学习干预提供了脑科学方面的证据，并从不同角度证明了顶叶是数学学习的特异性脑区。

既然数量加工具有如此的特异性，那么，我们如何针对数量加工的特异性，将当前的脑认知研究结果应用到教学实践中？

首先，重视数量加工能力的培养，促进数学学习质量的提升。数学教学中的数量加工主要包括数数、识数、物体数量比较和数字大小比较等，它是保证数学学习最基本的能力。因此，数量加工能力的培养可能会对数学学习有一定的帮助。一般而言，数量加工既包括非符号数量加工，也包括符号数量加工。非符号数量加工是指对物体数目的加工，符号数量加工是指对数字的加工。目前已有大量研究显示，无论是符号数量加工能力还是非符号数量加工能力都与学生的数学成绩有关联（Siegler，Thompson，Schneider，2011；Walsh，2003）。有研究者让年龄在14岁左右的儿童完成一项非符号数量比较任务，在该任务中，研究者向学生快速呈现（200 ms）由两种不同数量和颜色组成的点阵图片，要求学生比较两种不同颜色的点的多少。研究发现，在控制了学生视空间、工作记忆、一般智力和语言的影响后，通过考察学生的数量比较能力依旧能够预测其数学成绩（Halberda，Mazzocco，Feigenson，2008）。该研究成果发表在了自然科学最为权威的杂志之一《自然》（*Nature*）上，引起了理论研究者和教育实践者的浓厚兴趣。在另一项追踪研究中，西格勒（R. S.

Siegler）等测量了一批被试在幼儿园时期的符号数量加工能力（具体任务包括按顺序数数、辨认阿拉伯数字、比较数字大小、匹配数字等），研究发现，儿童在幼儿园时期的符号数量加工能力可以预测其在三年级时的数学成绩（Sigler，Thompson，Schneider，2011）。研究者不仅探讨了非符号数量加工与符号数量加工和数学成绩的关系，还探讨了分数加工与数学成绩的关系。研究结果显示，分数加工与整数加工一样，均与数学成绩有一定的关系。另外，西格勒认为，整数与分数共享一种共同的量的表征，正是这种共同的量的表征与数学学习有关（Siegler，Thompson，Schneider，2011）。

由此可见，"数感"（number sense，简言之即对数量及数量关系的直觉）的培养与数学学习密切相关，这可能是因为不同形式的数量具有共同的表征机制（Walsh，2003）。这种表征与人类先天所具有的数量感知能力有关。人类学习数字的过程，其实是将后天学习的数字符号投射到先天的数量表征的过程，因此，在教授幼儿学习数字的过程中，家长和教师应避免幼儿对数字的任何机械记忆或者脱离意义的数数，这种教育方式可能会给儿童真正掌握、运用数字以及日后更为复杂的计算和推理带来困扰。例如，教师们不应该单纯地教授识数，而应在教授识数时，让学生知道各个数字的数量意义。数手指的数数方法对幼儿建立数字数量联结有重要作用，不应该制止幼儿的数手指行为。在数字学习初期，教师应尽量不采用单纯默写数字的方式来让幼儿记住数字的写法和读法，更好的方式是看图填数字。数字学习的核心就是建立数字符号与数量心理表征的联系，而这也可能是解决计算障碍儿童问题的关键。

其次，学生学习数学的方式应符合数学认知的加工规律。如何有效地进行数学学习一直是教育实践者们困惑的问题，单纯依靠题海战术是否能够提高数学学习成绩？数学学习研究领域的研究者们为这一问题给出了答案。研究者让被试在死记硬背条件下记住某表达式的答案（如2#6=30），在策略学习条件下记住某表达式的运算规则［如2\$6=（2+2）*6+6］，结果显示，对于重复练习的题目，被试在死记硬背条件下的反应正确率比策略学习下的正确率低；对于没有经过练习、新学习的题目，被试在死记硬背条件下，主要依靠猜测的方式作答，正确率极低；在策略学习条件下，被试能够对大多数的题目反应正确，但是可能需要较长的时间进行运算（Delazer et al.，2005）。脑成像结果显示，两种学习方法会涉及不同的脑区：死记硬背式的学习方法会激活更多的角回区域；策略学习会激活更多的楔前叶区域。角回主要参与计算的语音加工过程，在死记硬背条件下，被试可能会复述记住的结果，像背诵课文一样，从而导致了角回的更多激活，而这种方法会导致数学学习效率低下。楔前叶的激活更多地与视觉表象有关，表明被试在进行运算时，采用的是与语言记忆提取不同的策略（Delazer et al.，2005）。

上述研究结果清晰地告诉我们，死记硬背的方法并不是学习数学的最佳方式。现在许多家长热衷于让儿童在理解之前就盲目背诵诸如"凑十法"之类的口诀。从某种程度上来说，由于儿童具有很强的记忆能力，这可能会带来立竿见影的效果，但如果始终用这种背诵的方法学习数学，对于培养孩子的数学能力是无益的。从长远来说，数学是"背"不出来的，倘若始终以这种所谓"捷径"的办法学习数学，负责数学的脑区长期得不到应有的锻炼，不利于儿童的数学学习。数学教学应当从数的本质入手，培养学生剖析各种关系的能力，包括量与量的关系、量与数的关系、图形与图形的关系以及事物的因果逻辑关系。正如研究结果所显示的，学习数学应遵循一定的策略，在学习之初，用于理解和摸索的时间可能略长，但效果却更稳定、牢固、持久，且能够将解题的技巧和策略迁移到其他题目中，促进对其他题目的解决。

二、根据数的视空间属性，注重视空间能力对数学学习的影响

正如上文所提到的，在有关数学认知与学习的神经机制的研究中，顶叶被视为与数学认知与加工密切相关的脑区。由于顶叶也是视空间加工的重要脑区，那么视空间能力是否与数学学习有关？尽管有关培养视空间能力是否有助于数学学习的问题尚无定论，但很多研究都表明，视空间能力与数学能力之间可能存在一定的关系。

首先，数字本身可能具有某种空间特性。研究者发现了数字—空间

的反应编码联结效应（Spatial-Numerical Association of Response Codes，SNARC）：人们在对数字进行判断时，左手对小数字反应较快，右手对大数字反应较快（Dehaene，Bossini，Giraux，1993）。研究者还发现，在线段等分任务中，当线段由"22222……"组成时，被试对中点的估计会偏左；当线段由"99999……"组成时，被试的估计则偏右（Hubbard et al.，2005）。关于视觉忽视症病人的研究也证实了数字的空间特性。视觉忽视症病人右侧顶叶受损会导致其左侧忽视，即忽视视野左边，只能注意到视野右侧的事物。研究发现，这些病人在口头报告两个数字的中点时，出现右偏的现象（当报告2和6的中点时，倾向于报告5）（Zorzi，Priftis，Umilta，2002）。研究者基于这些有趣的现象，提出了心理数轴（mental number line）的理论，该理论认为，数字在人心里以类似数轴的形式表征，数字按照从小到大的顺序，从左到右排列（Galton，1880；Dehaene，Bossini，Giraux，1993）。除此之外，有研究者发现在数字大小比较任务中存在着距离效应，即人们在判断两个数量距离较近的数字时，反应时较长，正确率较低（Moyer，Landauer，1967）。心理数轴理论还强调数轴上的数量之间的距离是不相等的，小数之间的距离更大，大数之间的距离更小。除了心理数轴假设可以以两个数字之间的空间距离解释距离效应之外，数量集编码理论（numerosity code）也提出了另一种解释。数量集编码理论认为，数量是以物体个数本身为节点表示的集合，大数量的集合包含小数量的集合。距离远的数量两个集合之间的差异节点多，易于辨别，因此反应更快也更准确（Zorzi，Priftis，Umilta，2005）。心理数轴理论和数量集编码理论均提出了数字数量表征的一个共同特性，即空间特性。

大量的研究表明，个体的视空间能力与其数学成绩具有相关性。在一项纵向研究中，研究者发现，儿童在幼儿园时期的视空间工作记忆能力能够预测其在三年级时的数学成绩（Rotzer et al.，2009）。除此之外，有关珠心算专家的研究结果显示，珠心算专家在处理数学问题时可能更加依赖视觉空间加工，因为他们可能会在头脑中表征算盘的运算过程（Hanakawa et al.，2003）。脑科学方面的研究也在一定程度上揭示了视空间与数学学习的关系。有研究者运用经颅磁刺激技术（rTMS）刺激左侧角回区域，发现被试在视觉搜索任务和数字比较任务中都受到抑制（Gobel，Walsh，Rushworth，2001）。关于计算障碍儿童的研究也显示，计算障碍儿童视空间工作记忆能力也存在缺陷（Gordon，2004）。有研究者通过核磁共振成像技术，考察了8—10岁计算障碍儿童在进行视空间加工任务时大脑的激活状况，结果显示，相对于正常儿童，计算障碍的儿童在进行视空间加工时会激活更少的右侧顶内沟区域（Lemer et al.，2003）。这一研究结果从脑机制的角度告诉我们，较差的视空间能力可能会抑制数量的视空间表征。尽管大量的研究显示出视空间能力与数学的相关性，也有研究发现了不同的结果。例如，有研究者比较了视空间能力与数学成绩之间关系的性别差异，结果显示，对于男生来说，视空间能力与数学成绩呈正比，在女生身上则没有发现这一现象（Ganley，Vasilyeva，2011）。一项针对女生的研究发现，女生视空间能力越强，越倾向于使用较高水平的解题策略（Laski et al.，2013）。

目前尚没有研究结果能够证明提高空间能力就能全面提高学生的数学能力，但视空间能力与数学能力的关系受到了研究者们的广泛关注。因此，教师在教学过程中可以考虑对学生的视空间能力加以培养，如在讲解几何关系时，可以更多地结合实物操作，或者通过一些游戏培养学生的视空间能力。除此以外，我们仍然可以肯定，充分利用数字的空间特性，将数量与空间结合起来，有助于学生掌握数字的概念。目前，国外已有研究者开发了诸如数字棋盘游戏、数字方块游戏等数学学习辅助软件和计算障碍干预软件，其原理就是基于数字的空间属性，帮助孩子掌握数的概念以及基本的计算操作，这些干预软件也被证实是确实有效的（Butterworth，Cappelletti，Kopelman，2001）。研究者们需要继续做的可能是进一步完善理论，从而借助数字的空间特性来更有效地帮助学生掌握数的概念。

三、正确处理语言学习和数学学习的关系，有效进行数学教学

如前所述，数学的独特性似乎表明，数学与语言之间是相互独立、互不干涉的。事实上，语言因素在数学学习中有一定的作用。有研究者

调查了亚马孙河流域的皮拉罕（Pirahã）和蒙杜鲁库两个部落，这两个部落的数词都非常有限。皮拉罕部落的数词只有"1""2"，其余的就是"许多"。研究发现，皮拉罕部落的人甚至不能分清3个和4个物体的差别（Gordon，2004）。蒙杜鲁库的原住民也不能完成精确数数或精确计算任务，但是他们可以对超出言语范围的数目进行比较甚至是估算，且成绩与法国被试类似（Pica et al.，2004）。可见，数字作为语言符号的一种，可以帮助我们精确简便地表达数量，特别是大数量。如果没有数字或其他任何一种抽象符号，人类就无法表达一千、一万的概念。

除此之外，以上关于亚马孙河流域部落的研究也提示，某些数学认知能力（如估算）可能并不需要依托于语言而存在，但某些数学认知能力（如数数、精算）则需要依靠语言（Pica et al.，2004）。关于脑损伤病人的研究显示，估算与精算是分离的加工系统（Lemer et al.，2003）。脑成像研究也显示，精算与估算具有不同的脑机制（Dehaene et al.，1999；Piazza et al.，2006）。有研究者通过数量比较和数数任务考察了视和听两种通道加工估算与精算的脑机制差异。结果显示，无论对于视觉通道呈现的点阵刺激还是听觉通道呈现的语音刺激，估算会涉及更多右侧额顶网络的激活，数数会涉及更多左侧前额叶、顶叶等区域的激活（Piazza et al.，2006）。该结果明确地揭示了估算与精算具有不同的加工机制。由于动物和婴儿都具有估算物体数量、比较物体数量的能力，而没有数数、精算的能力，因此，有研究者认为，估算这种能力是先天具有的，不需要语言的参与，而数数、精算需要将物体的数目映射到数字系统上，数字是一种语言符号，所以精算需要语言的参与（Pica et al.，2004）。

当然，语言对不同形式的计算的作用是不同的。具体地说，语言对乘法加工的作用比对加法和减法的作用要大。研究者发现，乘法加工会更多地激活与语言产出有关的脑区，如颞上回后部、左侧角回等区域（Delazer et al.，2003）。研究者同时对比了减法任务和乘法任务的练习效应，发现练习过的乘法任务会导致更多的左侧角回区域的激活；练习过的减法任务并不会导致更多的左侧角回激活（Ischebeck et al.，2006）。产生上述研究结果的原因可能是学生们在进行乘法计算时，会提取记忆中的乘法表信息（如二三得六），这个提取过程多涉及语音的加工和提取。语音的加工过程需要角回的参与，大量练习过的乘法任务能更自动化地提取语音信息，导致更多的角回区域的激活。对于减法任务并不需要提取语音信息，而是主要基于对量的操作，故没有角回的激活。

数学即便可能具有独立于语言的特异性，也不能脱离语言而独立存在。例如，数学术语的学习需要语言的参与。研究者们通过核磁共振成像技术考察了成人对代数术语、几何术语与普通语义加工和基本数量加工的关系，发现代数术语和几何术语加工会激活额下回、颞中回等与语义加工相关的区域，而几何术语加工与代数术语加工相比，会激活更多的左侧顶内沟区域，这说明对代数术语和几何术语的加工都需要语言的参与，对几何术语的加工需要更多的视空间资源（Zhang，Chen，Zhou，2012）。在数学考试中，任何数学问题的题目都要借助语言来表达，即使是简单的计算，也需要学生弄清题目的要求，更不用说复杂的应用题了。因此不难理解，儿童的读写能力（Lee et al.，2004）、语音知觉能力（Alloway et al.，2005）都与数学成绩具有很高的相关。在近期的一项研究中，研究者对1556名8—11岁的小学生进行了10项认知能力测试，包括计算任务、基本的数量加工任务、词语押韵任务等。该研究显示，女生比男生拥有更好的计算能力，当控制了基本数量加工任务后，这种性别差异依旧存在，但是当控制了词语押韵任务后，这种性别差异就消失了。这个结果表明，女生在计算上的优势很可能是因为女生在言语上的优势引起的。该研究从性别差异的角度说明了言语能力在数学学习（尤其是计算）中的作用（Wei et al.，2012）。

数学是一门需要精确运算的学科，是一门涉及形形色色专业术语的学科，这些都决定了语言对数学学习的重要作用。在强调以符合数学认知特点的方法学习数学的同时，我们也不能忽视语言的作用。提高语言理解能力，可以在一定程度上促进对数学概念的理解，辅助逻辑思维，促进数学学习。尽管语言和数学具有极大的差异，但二者并不是完全独立的，把握二者的特点并将二者有机结合起来，能更好地进行数学学习。

四、小结

本节从数量加工特异性、视空间能力与数学学习的关系、语言与数学学习的关系几个方面探讨了当前数学学习的认知与脑机制研究对数学教育实践的启示。

尽管并不是所有的有关数学认知与脑机制的研究成果都能直接应用于教育实践，甚至实事求是地说，目前直接面向教育实践的研究成果还不多，距离课堂中师生与家长的需求还比较远。这可能是多方面的原因造成的。一方面是由于认知神经科学研究与教育需求的显著差异。教育实践需要的是宏观的结论，而有关神经机制的研究，则是从微观入手，为了从复杂的脑功能中排除众多干扰，必须把繁杂的因素分解，严格控制无关因素，只针对特定的一项或几项因素去考察。要回答教育实践中的某一具体问题，可能需要分解至少数十个或者近百个因素，待持续漫长的系列研究考察了这些因素之后，结果的整合却又绝非"1+1"那么简单。另一方面，能够将神经科学与教育结合起来，专门关注教育问题的专业研究者还在培养之中。因此，基于脑与认知科学的数学教育研究呼唤教育神经科学的专业研究者，他们能够将这两个领域结合起来，运用跨学科的知识来从事该领域的专业研究工作。目前这个全新学科的发展已经受到国际社会的高度重视。近年来，旨在商讨如何将脑认知科学的研究成果应用到实际教学中的国际研讨会陆续开展，国内外关于教育神经科学的研究机构也在陆续成立，这些进展都让我们看到了数学教育科学化的曙光。

◎ 第三节　音乐教育的脑与认知机制研究与音乐素养的形成①

近年来，脑科学的迅猛发展为科学的音乐教育带来了新的实证依据与

---

① 本节内容曾发表示《全球教育展望》2012 年第 2 期，原文题为《音乐教育的脑认知机制与国民素质的提高》，作者为南云、陈雪梅、刘文利、周加仙。

启示。音乐经验可以促进脑的全面发展，尤其是听觉、视觉、体感运动以及多通道的整合加工。长期的音乐经验可以使人脑产生结构与功能的可塑性变化。音乐经验可以促进个体的社会性发展，增强合作意识与纪律性，促进自我表达，提高自信，激发创造性，创立与巩固自我内在价值，塑造人格，稳定情绪。音乐经验与较高的语言能力有密切的关系，还可以促进其他领域的智力发展。

一、音乐素养的形成

音乐与语言都是人的素质的重要组成部分。关于音乐与语言目前比较流行的理论是布朗（S. Brown）提出的"音乐语言假说"（Brown，2001）。布朗认为，音乐与语言都是由有限的基本元素按照一定的规则产生无限种组合的沟通系统，二者有相似的节奏与时间特点。音乐与语言结构上的相似点并非一种随机形成的巧合，二者很可能都起源于一种"音乐语言"。"音乐语言"是由不同的声音模式所构成的听觉表达谱系。这个谱系的一端是有确指语义的语言，而另外一端则主要是表达情感的音乐。目前，世界上绝大多数人所使用的语言—声调语言（如汉语）中，声调决定语义。声调作为语言中与音乐音高类似的基本元素，被认为是"音乐语言"的进化产物。音乐语言假说的另外一个例证可能是"儿化语"（infant-directed speech, or baby talk），即成人面对婴儿时自然产生的特殊说话方式。儿化语具有跨文化的一致性，普遍有较高的音调与夸张的元音，短而重复，有很强的音乐特性，因而又被称为"音乐言语"（musical speech）。

在个体发展的过程中，音乐能力是较早就表现出来的一种普遍能力。世界上没有天生的优秀音乐家（比如钢琴家或者歌唱家），只有经过长时间刻苦而专注的训练，才能拥有卓越的音乐技能。事实上，人一出生就已经具备一定的音乐能力，几乎所有的新生儿对音乐都表现出天生的偏好与一定的加工能力。6个月的婴儿就能从复杂的和弦中辨别出不和谐音（Folland et al., 2012）。婴儿对于音乐的节奏及音高等非常敏感，可以敏锐地感知到音乐节拍由三拍到两拍的变化（Trainor, 2008）。在听音乐时，人会不自觉地跟随节奏打拍子，或者用手或者用脚，甚至舞蹈。5
个月以上的婴儿就已经表现出这种对音乐节奏的反应特性，他们对音乐节
奏的反应比对相应语言片段中的节奏反应更强，而且对于节奏的快慢表现
出极大的适应性，即快的节奏产生快的节拍反应，慢的节奏则产生缓慢的
节拍反应（Zentner，Eerola，2010）。近年来认知神经科学的脑成像技术
使人们对于婴幼儿音乐能力的神经基础有了更进一步的认识。4个月的婴
儿已能够对于重复出现的一对音符的变化表现出与成人相似的脑电成分
（He，Hotson，Trainor，2009）。而3—6个月的婴儿对于音乐音高的加工
则主要激活了右侧的颞顶区（Homae et al.，2012）。功能性磁共振成像的
研究结果显示，给刚出生1—3天的新生儿播放西方音乐的片段及其改编的
不和谐版，和谐的西方音乐片段主要激活了新生儿大脑右侧的初级与次级
听觉皮质，而改编版的不和谐音乐片段则主要引起了左侧额下回与边缘系
统的激活（Perani et al.，2010），说明人一出生就可以感知到音乐的和谐
性并且呈现出以右脑为主的音乐加工模式。

　　婴儿这种对音乐及其基本构成元素的初步感知能力具有跨文化的普
遍性与一致性。这种与生俱来的对音乐的敏感性其实是音乐与语言能力进
一步发展的基础。随着听觉经验的积累，婴儿对于音乐的宽泛的感知力变
得越来越精细与特异化：与其生活环境密切相关的特定的音乐能力得到强
化，而与环境无关的其他泛化的加工能力则日渐退化。婴儿能够感知复杂
的音乐节奏，但是如果缺乏这种复杂节奏的音乐环境，这种能力会很快
丧失（Trainor，2008）。另一个类似的有关婴儿和成人音乐能力的研究表
明，6个月的婴儿既可以区分西方（本土）音乐中的节奏变化，也可以区
分巴尔干半岛（国外）音乐中的节奏变化，而成人却只对西方（本土）音
乐的节奏变化敏感，不能够区分巴尔干半岛（国外）音乐中的节奏变化
（Hannon，Trehub，2005）。这些研究表明，婴幼儿时期的音乐潜力与
后天环境的共同作用影响着个体音乐能力的发展，由此可见，音乐教育
具有重要的作用。

二、科学的音乐教育对提升音乐素养的重要作用

（一）音乐经验与感觉运动系统以及脑功能与结构的可塑性改变

音乐经验与听觉技能的发展息息相关（Kraus，Chandrasekaran，2010）。早期的音乐训练可以提高听觉系统的敏感性（Meyer et al.，2011）。以失匹配负波（mismatch negativity，MMN）为指标的脑电研究表明，与没有音乐经验的儿童相比，乐音的听觉刺激变化会使受过音乐训练的儿童产生更大的失匹配负波（Meyer et al.，2011）。这种听觉系统加工能力的提高主要表现在三个方面：音高、音色与时间特性（Kraus et al.，2009）。音乐经验与较强的音高、音色与时间加工能力呈正相关（Kraus et al.，2009）。音乐训练不但可以促进基本听觉元素的加工，更可以提高较高水平的听觉规律性加工能力。脑磁图的研究结果表明，音乐家对于一段音乐规则性变化的加工比非音乐家更有优势，二者的区别主要位于左侧半球（Herholz，Boh，Pantev，2011）。相应地，对于音乐轮廓与音程等的加工也受音乐经验的影响。以脑磁图的失匹配负波为指标，研究者们发现音乐家对于乐段轮廓与音程变化的自动加工所产生的失匹配负波皆比非音乐家的波幅更大（Fujioka et al.，2004）。音乐经验还可以促进脑干水平对于听觉刺激中情感特性的识别加工（Strait et al.，2009）。音乐经验不但通过促进听觉感知提高听觉加工水平，还可以以自上而下的方式通过增强听觉注意与记忆等高级认知功能来调节听觉加工（Strait et al.，2010）。

作为一种涉及听觉、视觉与体感运动等多系统的艺术形式，音乐不但与较高的听觉能力相关，也与更高效率的视觉与体感运动加工以及工作记忆等有关。一个专业键盘演奏者每分钟可以演奏约1800个音符（Münte，Altenmüller，Jäncke，2002），在这样短的时间内以精确的时间与空间规则演奏如此之多的音符需要极高的技巧，其中最重要的一个技能是读谱的能力。读谱能力通常用手眼距离（eye-hand span，EHS）来衡量，手眼距离指读谱演奏时手的位置与眼睛的位置之间的差距（眼睛所注视的音符应

该超出手正在演奏的音符），这种距离既可以用音符指数（note index，即手眼之间的音符数目差）来表示，也可以由时间指数（time index，即手眼之间的时间差）来表示。与业余钢琴演奏者相比，专业钢琴家的手眼距离要显著大一些（平均多出2个音符左右）；以时间指数来度量，专业钢琴家的手眼距离大约为1秒钟左右（Furneaux，Land，1999）。高效的运动技能也是专业键盘演奏者所具备的一个重要技能，其神经基础很可能与中央前回包绕中央沟一侧的后壁长度，即手部运动皮质区的长度有关。键盘乐器演奏者的沟间中央前回通常比正常人要长，且与音乐训练起始早晚显著相关，音乐训练开始越早，沟间中央前回越长（Amunts et al.，1997）。因为同时涉及很多重要的系统，音乐经验促进了听觉、视觉与体感运动加工等多系统的整合。一项结合了心理物理与功能性核磁共振成像的研究表明，长期的音乐训练，尤其是乐器演奏训练，可以帮助大脑更好地整合来自听觉、运动及体感等多个感觉通道的信息，音乐家在颞上沟—中央前回—小脑这一回路上表现出音乐特异性的有效联结（Lee，Noppeney，2011）。多通道参与的音乐经验直接与听觉、视觉空间与运动区的灰质体积大小呈正相关（Gaser，Schlaug，2003）。大脑两半球间的结构联结也受音乐经验的调节，主要体现在音乐训练起始时间早于7岁的音乐家具有比正常人更大的胼胝体前部（Schlaug et al.，1995）。尽管随后有关胼胝体结构与音乐经验关系的研究又发现了性别差异（Lee，Chen，Schlaug，2003），不容置疑的是，与胼胝体有关的结构性改变很可能是音乐家大脑两半球之间高效信息沟通的神经基础（Patston et al.，2007）。

（二）音乐经验与社会性

音乐从根本上来说是一种社会性的活动。以团体为单位的音乐学习与音乐演奏对于个体的社会性具有不可估量的塑造作用。音乐训练可以促进个体的团队意识，增强纪律性，增进对别人的尊重等亲社会行为。音乐训练的社会性特点对于2岁半的孩子就已经具有很强的吸引力。研究者组织3组不同年龄段的孩子（分别是2岁半、3岁半与4岁半，每组12人）在3种不同的社会环境下（分别有一个人在打鼓，有一个打鼓机器或者只有一个扬声器播放打鼓声音）参与打鼓的活动。结果发现当与人一起打鼓时，最小年龄组的孩子也可以跟随超出他们自发运动节拍的鼓点，而且所有年龄组的孩子都是在与人一起打鼓时表现出最高的准确率。该研究表明，音乐活动的社会性对于音乐行为具有正向调节作用。对成年女性非音乐家在打鼓时进行功能性核磁扫描，发现被试打鼓与主试步调一致时尾状核产生激活，而尾状核同时也是对金钱奖赏产生反应的脑区。更有意思的是，尾状核的激活程度与实验后的亲社会行为呈正相关——尾状核的激活水平越高，亲社会行为表现越明显（Kokal et al.，2011）。这个研究表明，音乐活动中的人际同步行为实际上与大脑中的奖赏系统有关。音乐经验对于社会性的强化作用很可能是通过奖赏系统的激活实现的。

音乐活动必不可少的要素之一是通过多种形式实现对音乐的表达。正面的音乐经验无疑会促进个体的自我表达，增强其自信，从而建立起良性的循环。通过奖赏系统对情绪的调节与稳定作用以及对内在动机的强化作用，音乐经验还可以进一步激发创造力（Hagman，2005），创立与巩固自我内在价值，最终实现对人格的成功塑造。

（三）音乐经验与语言加工

语言和音乐是人类社会两种重要的沟通手段：语言可以传递确定的想法与见解，而音乐侧重表达情感从而增进社会凝聚力。国外的研究者已经意识到音乐经验与人脑发育的关系及其对言语功能的影响（Besson，Chobert，Marie，2011）。如同体育锻炼可以使人的身体更加结实、健康一样，音乐训练可以使脑的听觉系统发生相应的可塑性改变，从而提高对声音的音高、时长以及音色等属性的敏感性。具有一定音乐经验的人不但有较高的音乐加工水平，同时这种听觉加工的能力也会迁移到语言范畴，因为语言与音乐在听觉感知与认知等不同层面都有许多相似点：在听觉感知层面，音乐和语言都以音高、时长以及音色为其基本属性；在认知层面，音乐与语言加工都需要记忆与注意等的参与。由此，音乐训练提高了听觉系统的敏感性，从而使所有依赖于听觉系统的功能（以言语能力为主）受益。

音高同时是音乐与语言的重要构成元素，音乐方面的音高经验不但可以促进一般意义上的语调加工，而且可以提高语言声调加工的能力。受过专业音乐训练的成人（Schön，Magne，Besson，2004）和儿童（Magne，Schön，Besson，2006），都比没有音乐经验的同龄人能够更准确地检测到细微的语调变化。在脑电水平上，音乐专业的成人对语调变化的脑电反应出现得比普通成人更早（Schön，Magne，Besson，2004）；只有受过音乐训练的儿童才会对语调变化产生脑电反应，而普通儿童则不会产生相应的脑电反应（Magne，Schön，Besson，2006）。在同样没有声调语言经验的前提下，受过正规音乐训练的成人比没有音乐经验的普通人能够更准确地识别汉语的四个声调（Lee，Hung，2008）。脑干诱发电位的研究表明，即便没有声调语言经验，音乐专业成人比普通成人对汉语声调的皮质下编码更为精准（Wong et al.，2007）。最近的研究结果表明，加工音乐音高与语言声调涉及共同的神经基础，其中最为重要的一部分即位于左侧的布洛卡区（负责语言加工的脑区，运动性语言中枢）（Nan，Friederici，2013）。

不同的说话者具有不同的音色，音色主要由基频与共振峰决定。音乐家由于相应的音乐乐器的经验，对于自己主要演奏的乐器的音色在脑干水平就表现出相应的加工偏好。这种有关乐器音色的加工优势迁移到语言领域，表现为音乐经验与对不同说话者音色加工的能力呈正相关（Chartrand，Belin，2006）。在一定的言语环境下，对于说话者不同音色的加工受到语言能力的影响，阅读障碍者对于人声的加工能力显著低于正常人（Perrachione，Del Tufo，Gabrieli，2011）。这是因为阅读障碍者无法充分利用言语环境中的言语线索协助对人声的加工。有研究发现，在几乎没有言语线索的条件下，对于不同说话者音色的加工会受到音乐能力的影响，音乐经验的长短与对说话者音色加工的行为表现呈正相关。

音乐经验不但可以迁移到语言领域的音高与音色加工中，还可以直接促进语言特异性的认知加工，比如语音加工及噪声环境中的语音识别。受过音乐训练的9岁儿童对于语音音节的元音时长与噪声起始时间（voice onset time，VOT）的脑电与行为加工比没有受过音乐训练的9岁儿童更为精准（Chobert et al.，2011）。类似的成人研究也表明，音乐家比非音乐家对于语音"/ba/""/da/""/ga/"在脑干水平的区分更好，而且脑干水平对于这些语音的区分程度与行为水平的噪声背景下语音识别能力呈正相关（Parbery-Clark et al.，2012）。音乐家组在更强的噪声背景下语音识别能力除了与直接的语音加工能力有关以外，还可能与音乐家更强的听觉注意与工作记忆有关。音乐经验还可以对抗老化所带来的噪声背景下语音加工能力的降低（Parbery-Clark et al.，2011）。受过音乐训练的老年人噪声背景下语音识别的能力与听觉工作记忆水平都显著地高出年龄、教育水平匹配但没有音乐经验的老年人（Parbery-Clark et al.，2011）。

音乐经验在语言领域的迁移作用最直接的体现就是言语能力的改变，更多的音乐经验也往往意味着更高的言语加工能力。受过5年以上音乐训练的大学生可以比音乐经验在5年以下的同龄人更多地回忆起字表测验的内容（Hogan，Huesman，2008）。从儿童时代起，这种与音乐经验相关的言语能力的提高就十分明显。有3年以上音乐经验的儿童比没有音乐经验的伙伴词汇量更大（Forgeard et al.， 2008）。一项涉及194名小学三年级男孩的研究表明，演奏乐器的男孩（大约占53%）比没有音乐经验的男孩拼写能力更强，这种器乐经验与拼写能力的正向关系在控制了环境因素的干扰后仍然存在（Hille et al.，2011）。因此，音乐训练可以促进语音知觉，提高语音意识，进而改善语言功能（Besson，Chobert，Marie，2011；Chobert et al.，2011）。更重要的是，音乐训练不涉及语义，具有趣味性，有助于儿童坚持，对改善以语音障碍为主的阅读障碍有较强的操作性与较好的应用前景。目前，一些研究者已经初步在言语发育迟缓的儿童群体中开展以音乐训练为主的干预措施，初步的结果支持音乐训练提高语音能力、增强言语理解的研究假设（Groβ，Linden，Ostermann，2010）。因为音乐训练可以绕过言语环境这个障碍，有时甚至会取得比直接的言语干预更好的效果。比如一个针对自闭症儿童的干预研究发现，虽然言语训练与音乐训练都可以促进受训练者的言语产生，但是低功能自闭症儿童对于音乐训练的反应明显优于言语训练，提示音乐训练在缓解语言障碍时可能比单纯的言语训练具有更大的优势（Lim，2010）。

（四）音乐教育与其他智力领域能力的关系

有关音乐经验与其他智力领域能力关系的话题中，最为大众熟知的应该是"莫扎特效应"（Mozart Effect）。研究者发现聆听莫扎特《D大调双钢琴奏鸣曲K448》可以提高被试的时空推理能力，尽管这个效应的时效性非常短，大约只有15分钟（Rauscher，Shaw，Ky，1993）。这一研究结果随即被媒体夸大宣传为聆听莫扎特的音乐可以提高智力水平，使大众产生了一些误解。但是后来的研究确实提示，音乐训练与一般智力水平之间可能存在正向关系。随机分配144名儿童到音乐训练组（或者键盘乐器或者声乐训练）与对照组（接受戏剧训练或者没有任何训练），结果发现，经过训练后，音乐训练组被试智商（IQ）显著比控制组高（Schellenberg，2004）。后续的研究也验证了相关的结论，将学前儿童随机分配到音乐训练或者视觉艺术训练组，经过短短20天的训练，发现只有音乐训练组的孩子言语智力得分有显著提高（Moreno et al.，2011）。这一领域的研究目前已经得到了越来越多的关注，随着更多的随机分组的纵向音乐训练研究的开展，音乐训练与其他智力领域能力之间的关系将会得到明确的解答。

三、提升音乐素养的科学途径

（一）敏感期

人虽然生来即有一定的音乐潜能，但音乐教育在培养音乐能力方面的作用至关重要。虽然俗语说"活到老，学到老"，但大脑对于音乐经验的反应其实存在一个最为敏感的时期，即学龄前时期（7岁以前）。相对于别的年龄段，在这一时期接受音乐训练将使大脑产生最大的可塑性改变。比较音乐训练总年限相同，但音乐训练起始时间不同（一组7岁以前，另外一组7岁以后）的两组成年音乐家，结果发现，在7岁之前开始训练的音乐家的感觉运动整合加工明显优于7岁之后才开始音乐训练的音乐家（Watanabe，Savion-Lemieux，Penhune，2007）。

（二）以科学的学习规律引导音乐教育

音乐学习是一个基因与环境因素相互作用的过程。人脑受到环境影响的可塑性潜能是学习的基础。这主要体现在两个方面：当环境中有较多的音乐刺激时，会促进人脑音乐相关能力的发展；相反，如果环境中音乐刺激极度匮乏，特别是在敏感期内音乐刺激匮乏，会使人脑相应的音乐潜能无法得到进一步开发，进而产生音乐能力发展迟滞或者障碍。

从进化的角度来看，游戏是一种最古老、最基本的学习形式。孩子生来就有一种内在的学习动力，对周围世界有无限的好奇心与兴趣。目前音乐教育的难题是如何将音乐学习与游戏很好地结合起来，使孩子在内在兴趣的驱动下，自然地进入学习状态，同时在游戏所带来的乐趣下不断增强学习的动力，形成一种良性循环。调动起孩子内在的学习兴趣，激活大脑的奖赏系统以自动地强化学习行为，对于成功的学习经验至关重要。

音乐学习的另外一个问题是"剂量问题"，即如何安排课程时间与内容以达到最佳学习效果。以器乐学习为例，器乐学习涉及运动、听觉及视觉多通道的整合加工，越复杂的任务，每次授课的时间应该越短，以给孩子充分的时间学习。如果只是单纯地安排相同时间长度的课程，在教授难度较高的课程内容时，儿童会感受到超出年龄阶段的挫折感，进而损伤学习的热情。有关复习的具体方式也值得注意。儿童的脑喜欢新颖的刺激，过于单调的重复会降低儿童学习的兴趣。

因此，音乐教育必须寓教于乐，既有一定的挑战性，同时又难度适宜，能够提供充足的空间使学生发展其创造力，同时还应该多组织小组活动，以培养学生的社会协作能力。

（三）基于脑科学的音乐教育的特点与前景

目前，脑科学还无法为音乐教育提供一份完备而具体的方案，其中一个重要的原因即每个个体都具有独特性，每个个体的学习过程都是独一无二的，每个人的学习策略也不尽相同。即便是遇到相似的情境，不同个体的反应也截然不同。因此，最理想的教育方案是"基于脑的个性化学习"，这需要教育工作者因地制宜、因人制宜、因材施教。

人脑既是科学研究的对象，也是教育服务的对象。有效的教育实践与改革应该基于最新的脑科学研究成果，而脑科学的进一步研究也需要教育实践所带来的反馈。脑科学研究与教育实践既互相补充又互相促进。处理好二者之间的关系不但会提高教育的成效从而增强国民素质，更会加深我们对于学习与脑的理解，进而促进脑科学研究的进一步发展。最终，基于脑科学的音乐教育将脱离机械的课程表，真正以个体的脑为其服务对象，以对脑的科学理解为前提对脑进行可塑性的改造，促进个体的全面发展，从而有效提高我国的国民素质。

综上所述，音乐教育超越了单纯的对音乐技能的培养。无论是对个体的全面发展还是国民素质整体的提高，音乐教育都具有至关重要的作用。学校音乐教育可以使学生的素质教育更加完备，增强学生适应学校教育教学环境的能力，同时为学生进入社会打下良好的基础，对个体一生的全面发展产生良好的影响。

目前，我国音乐教育的主要功能尚定位于"美育"，这一现状急需改变。国家教育系统应该通过具体的措施从本质上提高对于音乐教育的重视程度。除了加强音乐教育资源的配置外，还要明确音乐教育的可操作性与可量化的考核目标。学校应该给学生提供广泛多样的音乐教育，从幼儿园起直至到大学，系统地开设乐器演奏、作曲、评价与赏析音乐、歌唱与声乐训练课程，在有条件的学校，让儿童得到专业音乐家的指导（在与专业音乐机构的合作下）；为儿童提供多种机会参与多种形式的现场演出，学习演奏至少一种乐器，持续时间至少一年以上。具体的教育方针应该以脑科学为基础，以对脑的科学理解为前提，真正实现"基于脑科学的音乐学习与教育"。

◎ 第四节　体育活动的生物学效应及体育教育改革[①]

一、 体育活动与"流动脑"的机制

布莱洛克（J. E. Blalock）认为，机体具有两个大脑：一个是固定于颅腔的固定脑（fixed brain），即大脑；另一个则为遍布全身、随血液循环不断"流动"的大脑，即免疫系统（Blalock，1984）。他于1985年提出

---

① 本节内容曾发表于《教育发展研究》和《教育生物学杂志》，原文题目分别为《教育神经科学视域下的学校体育课程改革》（作者为黄文英、简裕、杨念恩）、《体育活动的生物学效应："流动脑"机制》（作者为黄文英、万华喆）。

"流动脑"（mobile brain）的概念。这两个大脑都能识别或感知不同的刺激并各自做出相应的反应，共同维护机体的安全。

目前，运动与身体健康之间存在的联系已经被人们广泛接受。体育活动能通过神经系统、内分泌系统及神经肽等多种途径，影响"流动脑"机能。因此，探讨身体活动作用于"流动脑"的途径，进一步了解身体活动影响人类健康的机制，有利于进一步开发体育活动的生物学效应。

（一）"流动脑"与大脑

1．"流动脑"与大脑的互补作用

"脑"可以接受刺激并使效应器做出应答。固定脑即通常说的大脑，它能利用各种感官和感受器（感觉神经末梢）识别并感受体内外各种感知性刺激，并通过兴奋传递和神经递质介导使效应器发生反应。常见的感知性刺激主要包括声能、光能、电能、压强等各种物理刺激，以及体内化学成分的变化。然而，有些刺激不能被固定脑感知，如病毒、细菌、微生物、内外毒素、花粉等不同抗原所引起的抗原性刺激，而这些往往会对人体构成重要威胁。

"流动脑"恰好弥补了固定脑的这一不足，它能识别、感知体内外各种非感知性刺激并做出有效应答（Blalock，1984）。有效地感知这类抗原性刺激并对其做出反应，能保证机体安全。免疫细胞在受到不同的抗原刺激后，可以产生不同的免疫递质，介导不同的免疫反应。这些免疫递质首先对免疫系统本身发挥作用，从而引起不同的免疫调节效应；其次可对神经系统与内分泌系统产生不同的反调控作用，使机体的不同功能受到相应调节，有利于机体在不同情况下维持自稳态。因此，免疫系统不仅是机体的防御系统，还是机体重要的感觉与调节系统，它与神经系统、内分泌系统相互配合，共同调控身体机能。

2．"流动脑"与大脑的联系通路

"流动脑"与大脑是密切联系的。有研究者发现脑肽和垂体激素来源于淋巴细胞。最初，研究者想了解细胞因子干扰素是否像激素一样起作用，后来，在研究过程中他们发现，有干扰素培养的人淋巴细胞上清液含有促肾上腺皮质激素和内源性鸦片肽、内啡肽，这预示大脑和免疫系统使

用共同的化学语言来沟通（Smith，Blalock，1981）。

研究表明，大脑活动（主要是在第二脑区）与免疫变化密切相关。为了印证这一点，有研究发现女性志愿者局部大脑血流的正电子层析成像结果和免疫结果相关联（Wik，Lekander，Fredrikson，1998）。自然杀伤细胞活性与双边第二感觉皮质活动呈负相关，而伴刀豆球蛋白A反应与双边第二视觉、运动觉、感觉皮质、丘脑、壳核和左海马回中的局部大脑血流呈正相关。尽管初步资料来自少量个体，但这些观察结果为脑—免疫系统的联系提供了进一步的依据。还有研究者认为边缘系统结构，尤其是下丘脑，可能是免疫信号传递的位点（Besedovsky et al.，1977）。

神经系统和免疫系统之间存在着双向联系。中枢神经系统通过两条途径影响免疫系统：一条是神经内分泌通路，主要源自垂体腺；另一条即通过自主神经系统。神经纤维直接支配免疫器官，如骨髓和淋巴结都受到传入和传出神经的支配。

（二）脑—内分泌—免疫网络对身体活动的调控作用

生物体识别内外环境并对其做出适当反应的防御系统由神经系统、内分泌系统和免疫系统共同组成。1977 年，贝塞多夫斯基（H. Besedovsky）提出了神经—内分泌—免疫网络假说。认为神经系统具有重要的免疫调节功能，免疫活性物质也对神经内分泌产生影响，它们之间有着密切的相互作用（见图5-1）。

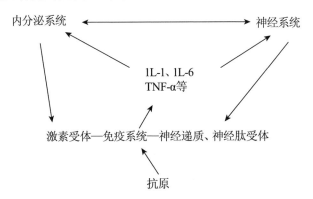

图5-1 神经—内分泌—免疫网络相互作用

图片来源：Besedovsky H，Sorkin E，Felix D，et al.，1977.Hypothalamic changes during the immune response [J]. European Journal of Immunology，7（5）：323-325.

身体活动破坏了机体内环境的稳态而引起机体非特异性反应，运动时体内发生一系列急剧的神经—内分泌—免疫反应，且伴随着身体机能的剧烈变化。在这一应答性反应过程中，三大系统既独立工作，又相互协调。

神经系统既要主管身体的随意运动，又要通过兴奋交感神经系统抑制副交感神经系统来调节运动时血液的重新分配，提高心血管功能与呼吸机能等，同时还要通过下丘脑调节内分泌激素的分泌，并通过对自主神经与内分泌系统功能状态的调控对免疫机能发生作用（McCusker，Kelley，2013）。

内分泌系统一方面要接受神经调节信息，改变不同内分泌腺体的功能状态以配合神经系统实现身体机能变化的协调，另一方面还要对免疫机能进行干涉与调节。

免疫系统接受神经内分泌的调控并改变免疫反应，包括改变免疫器官的功能状态、免疫细胞及其受体的活性状态，尤其是改变免疫信息分子生成。内分泌与免疫有共同的作用通路（Blalock，Stanton，1980）。运动过程中免疫功能状态的改变会给机体一个强烈的信号，提示机能变化是否影响到机体安全，同时利用免疫信息分子反作用于神经与内分泌系统，调控功能状态，以便将运动刺激控制在机体可承受的范围之内。

（三）体育活动对"流动脑"机能的影响

1.体育活动对"流动脑"机能影响的实验

近年来，运动对机体激素分泌和免疫功能的影响成为运动医学界的研究热点。大量的实验研究表明，运动与免疫的关系非常复杂，免疫系统对运动的反应取决于运动类型、运动强度和运动的持续时间。短时间、高强度的运动可能暂时削弱免疫能力，持续强烈的训练会加强这种抑制。此外，运动者的年龄、身体素质、训练水平以及环境条件（竞赛或运动训练期间外界环境的刺激引起机体做出过度的反应）也可能会抑制人体免疫功能。不同的运动对免疫功能会造成不同的影响。适宜的运动可以提高免疫功能，降低感染性疾病的患病风险，而大强度运动训练则对免疫功能起抑制作用（黄文英，张媛，徐亨屹，2008；曲静，王晓慧，娄淑杰，2012；Kohut，Boehem，Moynihan，2001）。学者们提出了"J"形曲线模型，揭示了上呼吸道感染率与运动强度的关系（见图5-2）。有研究者认为大强度运动导致免疫抑制是由机体免疫失衡所致（谢东北，郝选明，2009；赵广高，2012），受下丘脑—垂体—肾上腺轴（HPA）控制（王叶茂，2011）。

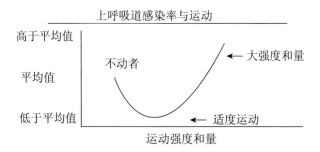

图5-2　运动免疫的"J"形曲线模式

关于体育活动对神经内分泌、免疫系统的作用，有研究者认为，适度的运动训练可以减弱应激所导致的心理和免疫的变化，从而减少疾病的发生（见图5-3）（Laperriere et al.，1994）。

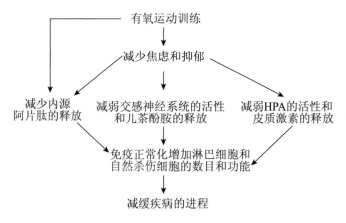

图5-3　体育活动促进免疫机能的模式

2.体育活动作用于"流动脑"的途径

在身体活动刺激下，机体免疫机能会发生变化，这些变化主要通过自主神经系统、神经内分泌系统以及神经肽类物质实现。

第一，自主神经系统。自主神经系统在运动调节免疫功能方面有重要作用。中枢淋巴器官与外周淋巴器官接受交感神经、副交感神经的双重支配。发挥免疫调控效应主要是通过神经末梢释放的神经递质等作用于靶细胞膜上的相应受体。影响作用主要包括：影响淋巴组织与器官血流调控，影响淋巴细胞的分化、发育、成熟、移行与再循环，影响细胞因子和其他免疫因子的生成与分泌，影响免疫应答的强弱及维持的时间。

研究已经证实，交感神经兴奋一般引起免疫抑制效应，而副交感神经兴奋一般引起免疫增强效应。运动时交感神经兴奋而副交感神经受到抑制，故免疫机能降低。

目前，已有研究发现，长期的运动训练能使大鼠中枢去甲肾上腺素和交感神经系统产生适应性变化，从而改变机体的免疫功能。有研究者切除了大鼠的交感神经，结果发现，跑步运动使交感神经系统产生了适应性变化，而这种变化又抵消了因交感神经切除造成的自然杀伤细胞的变化（Dishman et al.，2000）。

第二，神经内分泌系统。激素、神经递质是对免疫机能具有最重要调控作用的物质。免疫增强类调节物质主要包括生长激素、促甲状腺素、甲状腺素、催乳素、乙酰胆碱、β-内啡肽、P物质、褪黑激素等；免疫抑制类调节物质主要包括促肾上腺皮质激素释放激素、促肾上腺皮质激素、糖皮质激素、生长抑素、儿茶酚胺等。一般情况下，这两类调节物质在体内相互作用，维持机体正常的免疫应答与免疫适应。

下丘脑—垂体—肾上腺轴（HPA）一般在安静状态下维持正常人体内分泌稳定，在运动应激状态下，中枢神经系统高级中枢的认知过程引发一些释放因子，如促肾上腺皮质激素等，促肾上腺皮质激素再作用于肾上腺，引发糖皮质激素的合成与释放，以不同的速率动员和重新分配代谢燃料，提高心血管系统的反应能力。这些反应为运动员的活动和运动做准备。如果超量运动与过度训练引起组织内外损伤，皮质醇会抑制炎症和免疫反应以免导致永久性的损伤。

凡是与运动有关的应激激素等调节物质明显增加，其余激素等调节物质则处于抑制状态。而应激激素等调节物质绝大部分均为免疫抑制类调节物质，可对免疫系统产生强烈的抑制作用。尽管运动过程中生长激素等个别免疫增强性物质分泌量也有所增加，但其免疫增强效应远远抵不过免疫抑制效应，所以运动中总体表现出明显的免疫抑制。

第三，神经肽。机体在运动时，内啡肽、脑啡肽以及其他神经肽被释放，这种释放过程对细胞的毒性、有丝分裂，自然杀伤细胞的活性和干扰素的增加或抑制有很大的影响，然而这种影响是导致免疫功能增强还是抑制是由其浓度、靶细胞等不同决定的。β-内啡肽可以影响抗体的合成、淋巴细胞的增殖以及自然杀伤细胞的细胞毒作用，当其浓度升高时，可以促进机体的免疫功能，而当其浓度过高时，则抑制机体的免疫功能。

"流动脑"即免疫系统，它能感知抗原性刺激，具有"固定脑"无法比拟的监测、防御、保护机体健康的优势。体育活动通过自主神经系统、神经内分泌系统以及神经肽类物质作用于"流动脑"，促进机体健康。

二、 体育锻炼对脑健康的促进作用

（一）体育锻炼对于学习和记忆的促进机制

主动运动和被动强制运动都有益于学习、记忆，体育锻炼时间越长，对学习和记忆过程的促进越明显。这种促进作用的机制之一是通过锻炼促进个体海马组织突触的可塑性，主要表现形式包括两种，即长时程增强作用（long-term potentiation，LTP）和长时程抑制作用（long-term depression，LTD），这两种作用是学习记忆活动在细胞水平的生物学基础。研究表明，体育锻炼可以提高大鼠脑部突触的可塑性，降低其长时程增强作用的阈值（Farmer et al.，2004），同时引起树突长度、复杂性、树突棘密度以及神经前体细胞等细胞结构的变化（Eadie，Redila，Christie，2005）。体育锻炼还可以改变海马细胞的结构以及电生理特性，增加突触蛋白、谷氨酸盐受体、脑源性神经营养因子和胰岛素样生长因子的水平，从而提高突触的可塑性（Vaynman，Ying，Gomez-Pinilla，2006；Berchtold et al.，2005；Trejo，Carro，Torres-Alemán，2001）。虽然通过体育锻炼促进学习能力提高的类型还存在着一定争议，但是，两者之间存在因果关系已是经过许多科学研究验证的事实。

（二）减少抑郁情绪

体育锻炼对减缓负性情绪，尤其是抑郁有很好的促进作用。有研究表明，有氧体育锻炼可降低个体的抑郁和焦虑情绪（Newman，Motta，2007）。8周健身跑就能使得中度抑郁症被试的抑郁情绪得到显著改善（Nabkasorn et al.，2006）。有研究发现抗阻练习能有效改善被试的抑郁状态，同时，治疗效果与抗阻训练强度有关，强度越大，治疗效果越好（Singh et al.，2005）。3个月的体育锻炼干预就能改善阿尔兹海默症患者的抑郁情绪（Teri et al.，2003），这表明体育锻炼对于神经退行性变化个体的抑郁情绪治疗也有促进作用。

研究认为，体育锻炼对于抑郁症预防和促进治疗作用的机制可能在于以下几点。第一，诱导相关组织生长因子的表达，对抗大脑相关的应激反应（Ernst et al.，2006；Castren，Voikar，Rantamaki，2007）。第二，通过影响下丘脑—垂体—肾上腺轴调节应激反应（Nabkasorn et al.，2006）。第三，调节有关习得性无助感中枢以及5-羟色胺活性（Greenwood et al.，2003）。到目前为止，大部分研究都是以动物为实验对象，所以结果能否用来解释对于人类的影响还有待进一步研究证明。

（三）恢复脑损伤，促进个体脑健康

美国的一项研究以300多例缺血性脑卒中的老年病人为被试，发现低、中、高3种强度的体育锻炼均可有效降低被试的卒中发病率。体育锻炼使得脑卒中病人的大脑机能在一定程度上有所恢复（Rabadi，2007），仅增强心肺功能训练就可以达到减少卒中发生、促进恢复的效果。

体育锻炼对于啮齿类动物大脑最重要的影响是增强海马神经生长，这也是体育锻炼促进学习记忆、缓解抑郁情绪的重要机制（Trejo，Carro，Torres-Alemán，2001）。通过体育锻炼，刺激动物神经细胞数量增加，提高新生细胞存活率，新的神经元兴奋阈值较低，可塑性增强；同时，体育锻炼还可以通过增加血液流量影响能量供给（Van Praag et al.，2005）。影响脑健康外周危险因素的共同机制是炎症，炎症会影响到外周和脑生长因子的信号转导，体育锻炼可促进生长因子信号转导。

三、运用不同的体育项目教学，促进儿童的脑、认知发展

（一）通过田径教学提高儿童的时间知觉能力

经常从事田径运动锻炼，不仅能提高人们走、跑、跳、投等基本活动能力，促进人体正常生长发育和各器官、系统机能的发展，全面锻炼人的力量、速度、耐力、柔韧性、灵敏度等各项身体机能，而且能够提高人的时间知觉能力。时间是客观世界的基本属性之一，能够知觉以及利用时间信息是认知系统的基本能力。人的认知系统可以处理的时间信息的跨度极大，从毫秒级（10^{-3}秒，如利用同一声源发出的声波到达两耳的时间差进行空间定位）到以24小时为周期的睡眠清醒节律（10^4秒）。其中，对数百毫秒到数秒范围内时间信息的准确加工，是运动控制、语音识别等过程的必要条件。

进行田径运动时，视觉结构会发生变化，这种视觉结构变化被称为视觉流域（visual flow）。运动视觉是视觉系统的一个基本维度，当环境中物体的运动或物体相对于运动者运动时，都会引起网膜影的扩张。这种扩张与运动者或物体的运动相适应，网膜影像的扩张速度与运动者和扩张点的距离呈线性增长，随着被观察物的接近，其影像的扩张增快。视觉流域中存在着空间速度梯度。因此，从事田径运动可以提高运动者的时间知觉能力。

（二）通过体操教学锻炼学生的深度知觉能力

深度知觉又称距离知觉或立体知觉，是个体对同一物体的凹凸情况的反应或对不同物体的远近反应，是靠视、听、动等感觉协调活动而实现的。当人体运动时，环境中物体的相对距离决定了它们在视网膜成像场景中相对运动的大小和方向，充分运用视知觉可使人们对相对运动物体的远近距离做出迅速、准确的判断。在体操运动中，如果没有良好的深度知觉能力做保证，就不能对身体空中位置、距离、运动速度做出准确判断，也不可能在变化的周围环境中及时做出正确的技术动作。随着现代体育竞赛

日益激烈，有关体操运动员的运动成绩与深度知觉的关系逐渐引起各国体育界的关注。

（三）通过球类教学提高学生的本体感觉能力

本体感觉是对关节和身体运动的感知能力，同样也指对身体或身体的某一部位所在空间位置的感知。早在100多年前，就有研究者系统地测量和对比了关节角度旋转的最小差别阈限，当时能够测量的是身体的9个不同关节。研究利用一个不变的角速度（0.3°/s）测量了4000次，得出一个结论：踝关节的关节旋转角度差别阈限最高，是1.2°，肩关节的最低，是0.2°。

球类运动中很多技术动作，如篮球的投篮、网球的击球、足球的射门都对本体感觉有一定的影响。本体感觉在动作技能形成过程中非常重要，一般来说，动作技能形成的初级阶段人们往往依靠视觉来调整动作，但是，在动作巩固和自动化阶段，人们主要靠本体感觉来控制。因此，身体活动，尤其是球类运动能够提高本体感觉能力。

综上所述，教育神经科学视野下的学校体育课程理应促进学生全脑的健康发展，以田径、体操、球类教学为载体，以学习运动技能、提高身体素质为手段，开发大脑认知功能，最终促进脑健康。

第六章

教育神经科学视野中的教师专业重构与发展 ①

自20世纪80年代以来，教育神经科学已经受到来自认知科学、神经科学、医学、生物学和教育学等多个学科的研究者及实务人员的普遍认同和支持，并且对世界各国的教育改革产生了重要影响。伴随着这个新领域的飞速发展，教师的专业身份与知识结构遭遇新的挑战，他们开始被要求成为既掌握关于脑的知识，又能够开发及应用基于脑的教育方案的"教育工程师"。现在，这个议题在我国也逐步被提上日程，但是还欠缺深入的探索与讨论，相关的实践经验也较缺乏。本章结合国外已有的研究及经验，依据我国国情，探索了教育神经科学对教师专业形象之重建与发展的意义，提出了促成教师向"教育工程师"转变的具体策略，可以为推动教育神经科学在我国的进一步发展提供重要的借鉴与参考。

一、教师专业知识结构中神经科学知识的匮乏

在我国2012年颁布的幼儿园、小学和中学教师专业标准方案中，"专业知识"模块要求教师必须掌握儿童身心发展的一般规律及特点、儿童在学习各科内容时的认知特点和规律、儿童思维能力和创新能力发展的过程与特点、儿童品行养成的特点与规律或有特殊需要儿童的身心发展

---

① 本章内容曾发表于《全球教育展望》2015 年第 11 期，作者为高振宇。

特点及教育策略和方法等方面的知识。这些知识都属于"有关儿童的知识"的范畴，旨在确保教师真正了解并尊重儿童的独特本质，发展适合儿童并以儿童为本的教育体系。依据这个标准及目的，在我国师范院校针对职前教师的培养方案中，教育心理学或儿童心理学一般也被列为最核心的课程之一。但在教育心理学或儿童心理学的课程中，关于儿童学习或认知的大脑机制往往占着微不足道的地位，授课者也只是轻描淡写地略过，且这类课程在内容上只对大脑做最常识性的介绍（如巴甫洛夫的条件反射和非条件反射等），而对最新的脑科学研究置若罔闻，也很少提及基于脑的教学策略。前美国国家教师专业发展委员会主席苏泽（D. A. Sousa）曾指出，当她邀请教师和教育行政人员告诉她关于人脑如何学习的知识时，几乎每次听到的都是巴甫洛夫、皮亚杰和杜威等人以及一些陈旧的观点，而让他们陈述两三个最近了解到的脑科学资讯时，他们就立即陷入沉默之中（Sousa，2012），我国同样如此。

每个儿童的学习活动都是由脑指挥并运作的，不了解儿童的脑，就不能真正理解他们学习的内在机制，不能准确判定什么样的学习方式才是最适合他们的，也就谈不上建立真正基于儿童的教育体系。事实上，学校教育中所盛行的以讲授法为中心的传递型教学模式，就是植根于教育者对脑的学习机制的错误理解，而建构主义学习方式的科学性则是被当代脑科学研究所证实了的，也就是说，儿童必须通过自身积极的活动，而不是单纯地接触信息，来塑造并发展自己的大脑（Sousa，2012）。此外，学生群体中存在一批有学习障碍或其他障碍的儿童，如阅读障碍、情绪障碍、注意缺陷多动障碍、孤独症等，这些障碍绝不是盲、哑、聋等儿童所特有的，在一般儿童身上也普遍存在。但在我们已有的职前与职后教师培训中，对这些"障碍"儿童的诊断和了解都是只言片语式的，更谈不上采取科学的应对策略了。因此现实中才会经常出现对有学习困难或行为问题的儿童随意贴标签，并对他们进行排斥乃至"羞辱"的现象。

不过这并不等于说我国教师不关心儿童大脑的发展、不愿意了解大脑相关的知识。少数区域性的调查显示，我国农村中小学教师大都是关心此类知识的，但他们主要是通过书籍、网络和电视三种途径，以无意识和未经应用的方式来获取这些知识，缺乏系统的培训和必要的实践转化，因此其脑科学素养在整体上仍偏低（白学军 等，2013）。正如这些调查所揭示的，我国教师对脑（神经）科学知识的欢迎和乐观主义态度毋庸置疑，只是有限的、孤军奋战式的了解，不足以让他们养成足够的判断力，掌握该领域的研究动态与最新进展，确知社会上流传的脑命题哪些有牢固的科学根据，哪些则属于"神经神话"，反而总是被琳琅满目的大脑产品（如玩具、游戏和图画书等）、教育项目（如优酷土豆推出的《最强小大脑》节目和所谓"右脑开发课程"等）和大众传媒所影响。再加上缺乏知识应用的能力与行动，脑科学与学校教育之间正日益受到重视的紧密联系，大多停留在文献和意识的层面，而未在实践层面得到具体体现。

二、教育神经科学对教师专业发展的意义

教育神经科学的崛起标志着我们已经进入一个以大脑知识与研究为基础的新教育时代。教育神经科学的目标之一是要对教育实践和政策提供科学的指导，这种指导对儿童的发展有着至关重要的作用，但它对教师自身的专业角色和知识发展也提出了新的挑战。儿童的大脑在一定限度内是可塑的，并且时刻都在发生着不同程度的变化，作为与儿童朝夕相处的教师，无论是在课堂内，还是在课堂外，他/她的一举一动、一言一行都会作用于儿童的大脑，促成他们往积极或消极的方向发展。因此教师便是儿童大脑的改变者，而学校则是一个塑造儿童大脑，让他们的神经元得到再利用，神经通路得到重组的地方。从这个意义上说，教师有责任站在学生发展的伦理立场上，掌握教育神经科学方面的知识。从另一方面来说，这些知识也有助于教师自身的专业成长，具体可体现在以下四个方面。

（一）反省教育经验，捍卫专业权威和自主权

教师通过自身的实践已经在课程与教学方面积累了丰富的经验，但是这些经验尚未得到脑科学研究的检验，因此事实上仍停留在"知其然而不知其所以然"的阶段。教育神经科学所得出的研究结论，未必全是反经验或反常识的，其中有些可以支持教师们已有的教学智慧。譬如教师们普遍强调练习，有时甚至是重复的练习，虽然这种学习策略带有"传统"的

烙印，但是神经科学的研究已经指出，神经突触的存留取决于突触被激活的频率与程度，而经常的练习有助于活化神经元之间的通路，提升神经元联结的效率（王建雅，陈学志，2009）。而另外一些结论则启发教师打破常规和定见，开发新的教学策略。譬如教师通常认为儿童在有压力（甚至是高压）的情况下才会提高学习的效率和持久度，但是脑科学的研究显示重复压力会使大脑海马回的部分树突萎缩，而剧烈抑或慢性的压力则会抑制齿状回颗粒细胞，影响记忆功能（刘宏艳，胡治国，彭聃龄，2006），所以教师应建立一个相对轻松、开放接纳的环境，让儿童在心情愉悦的情况下学习，才能真正改善学习效果。因此教师学习神经科学知识的过程，并不是简单地抛弃已有的教学观念、另起炉灶，而是重思这些观念，使之更加精致化、更有根据的过程。若用哈格里夫斯（A. Hargreaves）和富兰（M. Fullan）的话来说，这个过程实际上是教师在为自己积累"专业资本"的过程（Hargreaves，Fullan，2012）。在此基础上，教师在与非教育专业人士（如家长）进行交流时，不仅可以告诉他们自己是怎么教的，同时也能准确地指出为什么这么教，让他们更加感觉到自己才是教学方面的权威。即便在面临教研员、课程专家或教育行政领导的"指导压力"时，也能自信坦然地应对，捍卫自己的专业自主权，因为他们已经不再是课程知识的消费者，而是能创造新的课程知识（且为脑科学研究所证实）的生产者。

（二）提高应对特殊学生之学习需求的能力

教育神经科学处理大量关于学习障碍的议题，其研究能帮助教师意识到无论是哪个儿童，其本质上都是"未完成的""可塑的"，不应将儿童在学习上的表现不佳，单纯地归咎于"他们努力不够"，而应从脑科学的角度深度理解这些不良表现的根源，为设计更加科学的干预方案奠定基础。它还能帮助教师认识到儿童的大脑总体上是缓慢发展的，且每个孩子的大脑都独具一格，其发展历程各有不同（有早有晚、有不同的潜伏期等），因此必须对那些在某个/些方面发展迟缓的儿童投入更多的耐心，借助其已有的优势智能来促进学习，并提出切合他们实际的期望或目标。同时，尽管儿童各项学习能力发展存在所谓的"敏感期"或"最佳发展期"，但并非不可逆转，了解神经科学的教师能对学习障碍型儿童同样保持"有希望"的态度，并根据其学习特质与基础提供更有针对性的补救教育。此外，儿童由于其特殊的学习问题而在课堂内外遭遇严重的忽视，教师若能掌握神经科学方面的知识，便会知道学习中的反馈与互动能够刺激大脑分泌多巴胺，促进目标行为的神经回路固化，因此就会在教学中与这些孩子进行更多的互动，提供立即的、具体的、建设性的反馈（王建雅，陈学志，2009）。

（三）提升专业幸福感或满意度

教学是一项创造性的职业，教师对这个职业的认同度，绝大多数源于它在提升个人成就感方面的意义。教师若只是将自己视为一名简单的"技术工人"，年复一年地按照已经备好的教案上课，很难不陷入职业倦怠的旋涡中。而教师若要通过教学来实现自身的价值，就必须真正理解儿童是如何学习的，理解得越充分，他/她就越能在微观层面反思自己的课堂教学，做出最佳的课程决策并取得积极成效，不断提升自己的职业幸福指数。而这种理解的获得，从根本上来说只能来自于教育神经科学的研究，因为只有借助教育神经科学，教师才能持续刷新关于教与学的本质性认识，提升自身的专业素养。另外，教育神经科学将教师定位为儿童大脑的塑造者，对于教师来说，这不仅意味着责任重大，而且也是对教师职业价值的高度肯定。教师若认同自己的职业身份，就会将责任感转化为"我希望为儿童做点什么"的教学机智（范梅南，2001）[5]，以及基于脑的教育行动，以此实现自身的价值。

（四）甄别并规避神经神话

随着神经科学的发展以及向教育领域的广泛渗透，一些对脑科学研究成果进行误解、误导或误引而产生的错误观念（即经济合作与发展组织所言的"神经神话"）开始在教师群体中大行其道，甚至有商人或企业依据这些"神话"包装出一系列"基于脑"的教育产品来吸引社会大众，并堂而皇之地进入课堂教学中（如大脑体操项目），这不仅阻碍人们形成对大脑运作的科学认识，还会让人产生错误的判断及教育行动，危害孩子的健康成长。这些流传的"神经神话"（如左右脑分工、莫扎特效应、大脑潜能只用了10%等）由于保留了部分合理的元素，且其在口号上容易吸引人的眼球，极易误导大众，一线教师唯有掌握教育神经科学方面的知识（特别是那些已经被多方确证过的知识），了解"神话"产生的多方面原因（如媒体及商业机构的简化理解、断章取义、夸张或不切实际的应用等）及其表现，才不会被它们的表象所迷惑，将它们从脑科学的队伍中甄别出来，并最终驱逐出中小学校和幼儿园。

三、教育神经科学视野下促进教师专业发展的关键策略

既然教师在日常生活中无法避免基于脑的各种信息的影响，而教育神经科学又有助于巩固和增强他们作为"教育工程师"的专业身份，以便更好地促进学生的学习与成长，那么接下来的问题必然是：教师该如何提升自己在教育神经科学方面的素养呢？综合国内外研究者已有的论述及实践经验，未来我国教师在教育神经科学视野下推动自身发展的最关键策略有以下三条。

（一）在职前培养和职后培训中增设关于教育神经科学的课程

在职前培养和职后教师培训中增设教育神经科学课程早已成为学界的普遍共识，事实上，哈佛大学、剑桥大学及我国华东师范大学等高校，均已在本科和研究生层次开设了这样的课程。根据国内外师资培育的经验，我们认为这样的课程应至少包括以下三个方面的内容。

1.关于学习方面的知识

教育神经科学的研究涉及儿童学习的各个方面，但语言、阅读、数学、情绪、直觉、艺术、记忆、注意等领域的研究成果最丰富（尤其是阅读和数学），并积累了大量改进教学的方案，所以这部分知识是教师最需密切关注并了解的内容。与此相关的是，研究者还就儿童不同程度的学习障碍进行了考察，而大多数有这些症状的儿童都是智力正常的普通学生，因此教师必须意识到自己的课堂中多少也会有这样的儿童，只有了解这些障碍背后的脑基础，才能提高他们帮助儿童克服这些障碍、促进儿童发展

的能力。此外，随着人类文明的日渐发达，儿童的大脑也已呈现出新的发展趋势（如他们越来越具备更强的信息接收与处理能力，在很多方面甚至超过了成人），因此教师也需格外了解儿童代际差别，以及新时代儿童在学习方式和策略上的变化，并且要学会使用当代信息技术及工具（如计算机模型、虚拟现实、触摸式计算等），结合网络上公开的资源与软件，合理设计基于脑的学习干预和研究方案。

2.关于教以及与学如何交互的知识

在迄今为止的脑科学研究中，对儿童"学"的研究占绝对的主导地位（有些学者甚至连教育都不提，而只提学习），而对教师"教"乃至儿童"教"的研究才刚刚起步。巴特罗以苏格拉底对话法为例揭示了教师教的技能原型（周加仙，罗璐娇，顾晨璐，2012），而罗德里格斯（V. Rodriguez）则提到要使教师的教学脑与学生的学习脑之间有良性的互动，教师就必须成为系统的思考者（Rodriguez，2013），这些研究已经为本部分知识奠定了最初的基础，但未来还需借助可穿戴的脑影像技术，遴选更多的样本，对教师如何教、师生之间如何互动等做更多、更深的研究，从而创造出更多的知识。特别要注意的是，以上两类知识都不应是根据近期研究所得出的最新结论，因为这些结论仍可能存在争议，而应是那些已经有多项研究支持、被反复确认过的研究成果。

3.神经伦理方面的知识

由于神经科学与教育应用联系密切，教师必须注意到任何一种神经科学研究都可能会对儿童、学校和社会产生较大的影响，因而要保持足够的敏感性，审视研究过程中对儿童大脑进行的干预是否合适，其影响又是否符合伦理道德的要求，这便是所谓的"神经伦理"（谢丰舟，2006）。具体来说，教师首先须意识到通过躲避脑科学研究来消除任何可能隐患是不明智的，而应采取一分为二的态度，合理使用其有意义的部分，并采取措施控制并消除可能产生的不利后果，譬如在使用无创伤性脑成像技术时，需向儿童提供心理辅导，以减少这些技术对儿童的精神伤害。其次是要注意遵守知情同意原则，如以可理解的语言，让儿童知道某些教学策略会对他们的大脑产生什么利益和风险。及时处理教学过程中的意外情况，并消除公共媒体、商界和科学界之间的不对称信息。再者，教师需认识到高度发达的神经科学技术可以使阅读人的心灵（乃至预见人将要进行的活动）成为可能，因此应当特别注意保护孩子们的思想隐私和认知自由。最后，教师还应帮助学生鉴别那些真正有助于发展脑功能的教育产品乃至药物，但要提醒他们注意谨慎使用，特别是要避免滥用。

（二）发挥教师作为知识生产者的力量

神经科学领域的专家们常常会认为"他们知道一切，而教师一无所知"。早期反对或质疑教育神经科学的人士认为，教师应该忽略脑科学的研究成果，一方面因为脑科学暂时还不可能形成任何能应用于课堂实践的学习方案，另一方面教师自身由于欠缺神经科学的知识与研究能力，也不可能真正理解复杂的神经科学知识。而现在来自神经科学界的人士，在推崇教育神经科学的时候，也通常会有两大假设，一是学校教育的许多方式方法缺乏科学依据，二是教师缺乏科学研究的能力，甚至不做任何研究。因此他们中的很多人都期望那些既有脑科学背景又了解学校教育的人来充当"中介者"或"转译者"的角色，将脑科学的研究成果成功转化为具体的教学材料、策略和决策，供一线教师选择和应用。他们称这样的人为"超学科人才"，认为只有这些人才能架起教育与神经科学之间的桥梁（谢丰舟，2006）。

我们认为，神经科学家由于身处不同于教育的世界，不善于用教育者可理解的话语来传达关于脑的研究成果，而现有教师由于知识结构的问题尚不具备开发基于脑的教学策略的能力，因此在短期内或许需要培育这么一批"中介者"，来主持校本培训并引领教师将教育学、认知科学与神经科学等学科整合起来。这正是哈佛大学、约翰·霍普金斯大学、华东师范大学等高校设立"心智、脑与教育"学位课程的主要目的。但是从长期来看，教师必须自己成为这样的"中介者"，因为一则他们与儿童相处时间更长，与儿童更亲近，更容易甄别和了解儿童在学习上的困难与优势，更便于开展基于脑的儿童研究；二则他们无时无刻不在通过自己的行动，改变和塑造着儿童的大脑，因此更易于应用脑科学的研究成果，并考察其能否为儿童所悦纳、实际效果如何等问题；三则是只有教师亲自投入这样的转译过程中，脑科学才能真正发挥促进教师专业成长的作用。

但是教师在发展自己成为"中介者"的过程中，必须保持开放的态度，培养反思和批判的精神。他们不仅不能执迷于已经被证明为谬论的"神经神话"，而且必须批判性地审视被当代科学证明的相对可靠的脑科学知识，不能将它们奉为"真理"，否则只会把它们推向"新神话"的深渊。因为脑科学所取得的成果固然具有普遍或概括的性质，但大多是在实验室或其他特殊环境下，针对个别或特定的人（如脑缺陷之人）所得出的结论，离适用于一群正常儿童的课堂教学仍有较远的距离。因此教师必须谨慎地说：现在的脑科学研究表明了什么，在什么样的条件下，学校可以提供怎样的最佳干预（不一定是正确的干预）。而教师在此方面工作的重心则是结合已有的质性研究方法（如"描述性评论""马赛克方法"等），从多个角度充分了解自己所在班级的儿童，开发出具体的教学策略，进而评估这些策略的效果。此外，教师还需意识到并非所有的脑科学理论都具有实践意义上的"可转化性"，尤其是那些基于动物（而非人类）的研究，以及仍然存在争议和不确定性的成果。

（三）促进教师与脑科学专家的交流与合作

无论是接受系统的课程培训，还是自己生产教育神经科学方面的知识，教师都需要与熟知脑科学研究的专业人士保持密切的联系，与他们交流领域内的最新资讯、讨论实践或研究中所遇到的问题，才能与时俱进地跟上脑科学发展的节奏，并保持专业的持续发展。具体来说，我们可以通过以下三条途径来促成双方的交流与合作。

第一，由大学或脑科学研究机构出面，主动发起与学校之间的交流活动，通过举办以教育神经科学为主题的国际国内研讨会，邀请教师共同学习和讨论，甚至建立合作研究的项目，这是当前世界各国最常用的途径。约翰·霍普金斯大学就曾在2009年举办过一次"学习、艺术和大脑"主题研讨会，通过口头报告、圆桌会议等，邀请脑科学专家和教育者一起讨论艺术学习与儿童的感知觉、注意等的关系问题。这个会议也直接促成了该大学与当地几所学校合作来调查艺术课程提高儿童学习效果（特别是记忆能力）的程度（Hardiman et al., 2012）。

第二，由当地的教育行政部门或更上层的行政机构牵头，举办基于脑的教育培训、座谈会或合作促进会，资助并开展持续的脑科学研究及应用项目，促成学校教师与脑科学专家之间的联络，这种方式由于有政府的权力和信誉担保，会形成更大规模、更长时间的教师专业发展格局。经济合作与发展组织在1999年至2007年，就曾邀请26个国家的脑科学专家、教育决策和实践者共同参与到"学习科学与脑科学研究"的大型项目中。

第三，创建研究型学校。费希尔等人一直主张仿效医学领域的"教学医院"模式，建立连接脑科学研究与教育实践的研究型学校。教学医院一般附属于医学机构或大学（因此也被称为大学医院或临床学校），拥有强大的科研团队，同时承担着对职前和在职医生进行培训的重要使命，所以能将研究和临床实践整合起来，产生更有效的治疗方案。就教育神经科学而言，由于脑科学研究与教育实践脱节，只有设立相应的研究型学校，使大学研究机构中的专家与中小学教师通力合作，才能为解决教育界的实际问题提出真正有用的策略。费希尔认为，研究型学校有两种基本的运作方式：一是借助脑科学研究成果设计某套教学方案，对学生的学习进程进行干预，再根据学生的学习情况对这套方案进行效果评估，随后根据评估的结果进行必要的完善、修改和调整；二是形成"基于脑的学习"的研究范例，模拟多种标准的研究设计，并应用到所有相关的教育问题上，以支持教师与脑科学专家合作从事有效的研究（周加仙，2011）。与费希尔所担心的"（自杜威以后）几乎没有真正的实验学校"（Sousa，2012）所不同的是，当代中国确有许多附属于大学且长期从事研究活动的实验学校，因此，在我国发展教育神经科学指引下的研究型学校是完全可能的。

四、结语与展望

在中国，伴随着教育神经科学研究中心的成立（2010）、中国教育学会脑科学与教育分会的成立（2011）、《教育生物学杂志》的公开发行（2013）以及在华东师范大学教育学和心理学各专业中融入教育神经科学课程等大事件，教育神经科学已经在我国建立起来并获得了初步发展。虽然这个新学科有助于教师专业身份的重建与发展，但由于其研究重心仍然在脑科学内部各分支领域，对教育的应用型开发仍然偏少，对我国教育改革的影响十分有限，因此，建设者们未来的重点任务就是要利用便携式和可穿戴式技术，对双边关系（如师生之间）或多边关系（以第三者或以物体为中介的师生关系）做更多的探索，并将已有的脑科学成果转化为更多切实可行的教育方案或策略。此外，最好还能建成一个公开免费的资源库，将有关的知识、策略、教学案例与经验分享等全部整合起来，供我国教师随时取用。

第四部分

教育神经科学视野中的循证教育质量提升

第七章

情绪的脑、认知科学研究与教育质量提升

◎ 第一节　情绪的跨文化普遍性与差异性①

　　早期情绪心理学家视情绪为生物现象，对情绪的组成成分、维度以及神经机制进行了深入研究。他们认为情绪是人类进化而来的先天技能，而非后天习得，因而具有跨文化的普遍性。然而，随着研究的发展，研究者们认识到情绪作为一种高级社会心理功能，在社会情境中发生、发展，不同文化背景下个体的情绪识别、情绪表达以及情绪调节具有不可忽视的文化差异。因此，情绪在心理学中是生物现象和文化现象两方面的统一（孟昭兰，2007）。

一、情绪的跨文化普遍性研究

　　情绪的跨文化研究由艾克曼（P. Ekman）等人在20世纪60—70年代提出。他们认为基本情绪具有跨文化的普遍性，高兴、愤怒、悲伤、恐惧、厌恶等基本情绪是先天具有并在进化中逐渐演化而来的，每种基本情绪都具有独特的适应个体生存需要的功能。后来也有研究提出满意、困窘等情

---

① 本节内容曾发表于《全球教育展望》2015 年 11 期，原题为《情绪的跨文化普遍性与差异性：对教育实践的启示》，作者为艾卉、周慧、黄宇霞。

绪也具有跨文化普遍性（Matsumoto，1992；Haidt，Keltner，1999）。

情绪的跨文化普遍性研究中最有代表性的是对表情识别的研究。对于表情的跨文化研究可以追溯到进化论的创始人——达尔文。他第一个提出大部分表情都是跨文化一致的。他在1872年的著作《人和动物的表情》（*The Expression of the Emotions in Man and Animals*）中介绍了对灵长类动物和人类面部活动的观察对比结果。他发现灵长类动物的一些表情，如愤怒、高兴和悲伤等与人类是相似的，只是功能不完全相同，比如人类表达快乐的表情在猴子身上则是为了传达恐惧信号而做的鬼脸。为证明表情是先天的内在技能，达尔文还对婴幼儿的表情进行了研究。他发现满足、不满足、高兴、生气、悲伤和厌恶这些表情都可以在婴儿脸上观察到，由此推断表情不需要后天学习，因此在不同文化间存在一致性。另外的一些研究表明，婴幼儿已经能够识别表情。先天盲童不具备模仿动作的条件，却仍然具有笑或哭的表情（Nguyen，2008）。这些都初步证实了达尔文关于表情的跨文化普遍性的猜想。而将情绪的跨文化普遍性研究提到实证层面上的是艾克曼等人。

艾克曼等在一项实验中要求被试将呈现的面孔表情与情绪词汇（一些表示基本情绪的词语，如快乐、愤怒等）进行匹配。结果发现不同文化背景的人对表情的识别结果是相近的，新几内亚人的表情识别呈现出与美国被试相似的结果（Ekman et al.，1987）。艾克曼等在进一步研究中让新几内亚人想象自己是故事中的主人公以诱发出特定情绪，同时摄像记录其表情，随后向美国学生播放这些表情。美国学生能够从录像中辨认出6种表情中的4种（快乐、愤怒、厌恶和悲伤）。这一研究为表情的跨文化普遍性提供了直接证据。除了视觉表情识别，近来有研究者对声音情绪的识别进行了跨文化的比较，结果发现不同文化中基本情绪的声音也是相似的（Bryant，Barrett，2008）。

除行为学研究之外，对情绪生理指标的观测也为情绪的跨文化普遍性提供了证据。有研究者在西苏门答腊对年轻的米南卡保人进行了研究。实验采用面孔动作任务，要求被试调动面部肌肉发出特定的基本情绪信号，同时对生理指标包括心率、皮肤电、呼吸频率周期等进行记录，相同的任务也在美国大学生被试中实施。结果发现两国被试在做出情绪表情时自主神经系统反应具有一致性，不存在文化差异（Miles，Gross，1999）[237-241]。

基本情绪的跨文化普遍性不仅仅体现在面部表情识别上，还存在于情绪产生的诱因、情绪主观体验以及情绪评价等多个方面。有研究者对37个国家进行了大样本调查。他们让被试报告诱发某种特定情绪（快乐、愤怒、悲伤、恐惧、害羞、罪恶感、厌恶）的情境。当被试报告完先导情绪事件后，要求他们回答关于该事件各个方面的问题，并报告和评价随之而来的情绪体验。研究对先导情绪事件进行归类，对个体情绪的主观体验以及情绪自评进行对比研究，结果显示，不同文化的国别效应均显著小于情绪类别的主效应（Scherer，Wallbott，1994），也就是说，情绪先导事件、情绪主观体验以及情绪评价具有跨文化的一致性。

研究者在证实情绪普遍性的同时，也发现了情绪在不同社会情境中存在显著差异。艾克曼等人就发现了一种情绪的"表达规则"（display rules），即在特定文化情境中何时表达和对什么人表达自己的情绪。这一表达规则作为一种社会标准，其作用是增加、减少、中和或者掩饰将要呈现的表情，它在不同文化中表现不同。为解释这一现象，艾克曼提出了情绪的神经文化理论，认为存在一种普遍的面部情绪系统，该系统在个体感知到的情绪和个体面部表情之间建立了一对一的认知地图（Elfenbein，Ambady，2002b）。面部情绪系统对任何文化中的所有个体都是没有差别的，因而人们在非社会情境下会以相同方式表达情绪，但如果在社会情境中，人们就会使用"表达规则"来有意识地调节普遍的面部表情系统。

二、情绪的文化差异

（一）情绪识别的族内优势效应

早期研究者们在探讨情绪普遍性的同时虽然也发现了情绪的文化差异，但并未对此给予足够重视。近年来随着研究的深入，情绪的文化差异问题越来越引起人们的关注。有研究者将情绪的文化差异比作"普遍情绪语言"中的"方言"，就如同美式英语和英式英语虽然都是英语，但在语音、语调、语法、词汇上仍然存在一些区别一样，不同文化背景下的情绪也存在着微妙的差异（Elfenbein，Ambady，2002b）。

除了前面提到的表达规则之外，研究者也发现了情绪的族内优势效应（in-group advantage）和异族效应（other-race effect），个体在识别本文化群体的情绪图片或表情时常常更准确且反应更迅速，而对异族情绪面孔的识别和记忆较困难。比如对中国和澳洲儿童表情识别的研究显示，两国儿童识别本国文化群体的表情均比识别别国群体表情更为准确。黄宇霞等人在对国际情绪图片系统（international affective picture system，IAPS）进行本土化评定时发现，中国被试对IAPS图片的情绪感受与西方被试存在着一定差距。IAPS中几乎没有东方面孔，因此中国被试对涉及人物形象的图片通常给予中性化的评价，对正面形象没有太多的喜爱，对负面形象也无太多反感，而美国被试对人物图片的区分性则较大（黄宇霞，罗跃嘉，2004）。

一项功能性磁共振成像研究发现日本人和高加索人在观看恐惧面孔时存在不同脑区的激活（Moriguchi et al.，2005）。高加索人在观看恐惧面孔时，扣带后回、辅助运动皮质和杏仁核被激活，而日本人则为右侧额下回、前运动区和左侧脑岛显著激活。这提示了高加索人可能是以更为直接和情绪化的方式对恐惧面孔做出反应，而这些面孔并未引起日本人的明显情绪反应，他们只是激活了模板匹配系统来进行表情识别。另一项类似的研究分别向日本人和美国人呈现愤怒、高兴或者中性情绪面孔，结果发现来自被试本国的愤怒面孔图片会比其他文化的图片诱发更强的杏仁核活动，表明人们对来自本文化族群的威胁性表达具有更强的唤醒和警觉度（Chiao et al.，2008）。

那么情绪识别的跨文化差异究竟从何而来？早期的研究者们认为这种效应是由于被试在看到同伴群体时比看到非族内个体时动机更强，因而给予了更多的注意。但是后来的研究并不支持这一观点。有研究者在前人的"方言"比喻基础上发展出了"情绪方言理论"（Elfenbein，Ambady，2002a），试图对情绪识别的异族效应做出解释。该理论认为每个文化群体都有一个通过社会学习而形成的特有情绪系统，它会造成不同文化表情的微妙差异，而这种差异是为达到社会和谐而进行的有意识情绪调节所引起的。就如同各地方言存在差异一样，不同文化下的表情系统也不尽相同，由此造成了族群间情绪识别和情绪理解的障碍。方言理论与神经文化理论关键的不同点是，前者认为情绪的文化差异由特有情绪系统和表达规则两方面因素引起，而神经文化理论认为差异只是来自表达规则的作用。应该看到，"方言理论"很大程度上属于理论推测，其正确性有待实验的进一步验证。

（二）情绪调节的文化差异

近年来情绪调节的研究和情绪的跨文化研究渐渐成为热点，两方面的交叉研究也开始被关注。研究者一般将情绪调节置于集体主义和个人主义的情境之下，认为在东方的集体主义文化和西方的个人主义文化情境下，个体的情绪调节方式有所不同。

首先，情绪内部调节和外部调节可能存在文化差异。有研究者根据情绪调节的来源将其分为内部调节和外部调节（Garber，Dodge，1991）。内部调节来源于个体内部，如个体的生理、心理和行为等方面的调节，以及它们之间的相互作用的调节等；外部调节来源于个体以外的环境，如人际的、社会的、文化的以及自然的调节，主要受环境特征与个体内部状况的关系的影响。集体主义文化背景下个体的情绪更多地建立在社会关系和集体价值的基础之上，而个人主义文化下的情绪尽管也具备社会关系特征，但相比之下更多地来源于个体内部，与环境相对分离。那么，是否集体主义文化下的个体比个人主义文化下的个体更多地进行外部调节？他们是通过调节情绪影响环境还是通过调整自身适应环境？

有研究发现，总体来说，美国人更多地试图改变环境，而东亚被试则更多地表现为适应环境（Tsai et al.，2007）。个人主义的个体张扬自我从而试图改变他人，而集体主义的个体更多地压抑自己，服从环境。当个体想要影响他人（也就是维护个人需要并且为达到目的而努力改变他人）时，将更重视高唤醒度的情绪状态；而当个体想要适应他人（即抑制个人需要，改变自身从而适应他人需要）时会更推崇低唤醒度的情绪状态。有研究者还从情绪价值理论出发，对这些问题进行了探讨（Tsai，Knutson，Fung，2006；Tsai et al.，2007a）。情绪价值理论的核心是"理想情绪"，即为人们所推崇并且想要感受到的情绪状态，它很大程度上受文化因素、社会观念和习俗的影响。由于人们实际感受到的情绪与想要感受到的情绪之间存在差距，人们试图通过一些情绪调节行为（如休闲娱乐、吸毒等）去缩小这个差距，使实际情绪更接近理想情绪。调查发现美国人比中国人更倾向于参加激烈的运动（如轮滑、滑板），也更有可能滥用毒品。这种差异可能是因为美国人和中国人心目中的理想情绪状态有所不同。由此看来，集体主义文化背景下情绪调节受环境等因素的影响较大，外部调节较多，而个人主义文化下的个体则更多进行内部调节。

此外，除了不同文化下情绪调节来源导致的情绪调节差异，不同文化中的不同表达规则也反映了情绪调节方式的差异。表达规则不仅规定在一定情境中要表达什么，也规定不应表达什么，即情绪的表达抑制。表达抑制是情绪的整个发生过程中最常用的调节策略之一，它关注反应的情绪调节行为，抑制将要发生或者正在发生的情绪表达行为（Gross，Thompson，2007）[3-24]。一项表达规则研究发现美国和日本学生在单独观看刺激材料时的表情并无差异，但在社交情境下（即有他人在场）观看刺激材料时则差异显著：日本人会试图掩饰最初的负性表情，从而表现出更多的正性表情，而美国被试则较少掩饰负性情绪信号。由此可以推断，日本人的表达规则是在有别人在场的情况下不能表现出负性情绪（Westphal，Bonanno，2004）。在此规则的指导下，日本人在非社交情境下会显露其真正的自然产生的情绪，而在社交情境中将采用表达抑制的策略，使外显情绪趋于积极。

在反应关注调节策略的使用上，研究者还发现东方文化背景下的个体也有可能更多地抑制正性情绪（Tsai，Levenson，Mccoy，2006）。他们对比了华裔美国人与本土美国人在观看冲突电影时的情绪表现，结果显示华裔在观看中表现出的正性情绪行为较少，但是两组被试在主观体验上的差异并不显著。格罗斯（J. J. Gross）等人的实验也发现与本土美国人相比，亚裔美国人在日常生活中更多地使用抑制正性情绪的调节手段，从而更容易抑制特定条件下（如观看情绪电影片段）引起的正性情绪（Gross，Richards，John，2006）[13-35]。

一项事件相关电位研究也在某种程度上支持了不同文化中的情绪表达

和抑制有差异的观点。研究者对法国人和日本人在情绪图片加工过程中的差异进行分析，结果发现早期成分差异不显著，但在晚期成分上，日本人在情绪条件下比法国人表现出更明显的顶枕区波幅下降。研究者认为，早期成分反映了情绪刺激的编码，两种文化下的个体具有相似的神经编码过程，而日本人晚期成分波幅下降的现象可能与他们更少的情绪表达和更多的情绪抑制有关（Hot et al.，2006）。

情绪表达行为对社会交流具有重要的作用，有研究者提出，无论正性还是负性情绪的表达抑制，都会掩盖重要的社会互动信息，同时进行抑制时需要监视自己的面部表情和声音信号，从而分散对交流伙伴情绪信息的注意，因此表达抑制会对社会沟通和互动产生消极影响（Butler，Gross，2004）。但有研究发现，不同文化背景下的表达抑制引起的后果并不相同（Butler，Lee，Gross，2007）。这一研究以分别持有西方文化价值观和亚洲文化价值观的美国人为被试，比较两个文化群体的情绪抑制频率、相应的同伴情绪体验及社交效果。结果发现，持西方文化价值观者情绪抑制频率较低，抑制行为在这一群体中会引起较大的负性情绪体验和敌意反应，从而影响社交活动的顺利进行。而持亚洲文化价值观的美国人并不会因为情绪抑制而感觉到社交应答性减少，也较少由此产生负性体验，这表明情绪抑制的社会效果可能受文化价值观所调控。

总结起来，集体主义和个人主义文化环境中的理想情绪和情绪表达规则有所不同，因此东西方个体在情绪调节方式上存在差异：集体主义文化强调相互依赖的社会关系，情绪调节较多受到外部环境因素的影响，个体较多地进行表达抑制以达到人际和谐，避免对他人的伤害；而个人主义文化环境下的个体则强调独立，认为情绪抑制是表里不一和为人不可靠的表现，他们使用抑制策略常常与不得已的自我保护以及免受社会威胁等有关，因此较少抑制情绪的表达。

三、情绪的跨文化研究对教育的启示

大量研究已表明，情绪与注意、记忆和执行控制等认知活动具有复杂的相互作用，对学习行为和教育教学活动具有直接或间接的影响（毛梦钗，黄宇霞，2013）。情绪在心理活动中扮演着动力系统的角色，在心理活动的发起、组织和维持中起重要作用。在学习活动中产生的好奇、兴趣和自豪感会进一步增进学习动力，推动学生获得更好的学习成绩。同时，积极向上的情绪也将提高学生的抱负水平，引导他们取得更好的学业成绩。而学习过程中遭受的挫败，体验到的困惑、厌倦、耻辱以及焦虑感有可能成为学业发展道路上的心理阻碍。当然，积极与消极情绪也会相互转换，把握好其间的平衡点和转换点有利于引导学生克服困难，以积极的精神风貌赢取更大的学业成就。从人的培养的角度，良好情绪及健全人格的养成本身也是教育活动的重要任务。无论是未来国家建设所需要的人才，还是素质优良的社会公民，都需要具备良好的社会适应性和健康的心理状态。而当前的学校教育正是合格人才和公民养成的摇篮。

从前文的介绍可以看到，情绪具有一定的生物属性，具有跨文化的普遍性。无论是在东方文化环境中还是在西方文化环境中，教育情境下的学生和教师都会体验和表达各种情绪。但是不同的文化环境下，师生们体验和表达的情绪的种类和程度却不尽相同，这会影响学生之间、师生之间的互动模式，也会影响学生行为模式和人格特性的养成。以考试焦虑为例，考试是学校教育中的关键环节，是对学生学习成效的检验，考试结果轻则关系到学生短时间内的荣誉，重则决定学生未来的发展道路，对于自身能力和考试成绩的担忧往往会引发学生的考试焦虑。而不同的文化或亚文化环境下，学生的焦虑反应却有所不同。调查发现，伊斯兰国家的学生比西欧和亚洲国家的学生更易对考试感到焦虑（Bodas，Ollendick，2005）。而对伊朗学生的调查发现，来自较低收入家庭的学生会报告更多的考试焦虑（Yousefi et al.，2010）。另外，女生似乎比男生体验到的焦虑情绪更严重。来自父母的压力也是考试焦虑的重要来源。对中国学生的调查发现，"虎妈""狼爸"们对家庭荣誉和物质成功越看重，孩子的考试焦虑就可能越突出（Chen，2012）。应该说，适度的紧张焦虑可以使学生对学业更加重视，增加他们在学习上的时间和精力投入，这无论对于增进真才实学，还是应对升学的现实压力，都具有积极意义。然而，过度的紧张焦虑会对学生的身心造成显性或隐性的伤害。在焦虑带来动机水平提高和更多努力行为的同时，也不难观察到焦虑造成的考试发挥失常的现象。而更为隐蔽的伤害，诸如情绪上的畏难、行为上的退缩、决策上的过度保守乃至错误的目标追求等，将对学生的学业成就和未来发展造成极大影响。来自某些亚文化群体的学生，比如前面提到的低收入家庭的孩子、女生以及承载过高家庭期望的孩子，更易遭遇较高的考试焦虑。一线教育工作者需要意识到学生文化背景上的差异，对不同学生因材施教，做好学生学业情绪上的调节器，让不同文化背景下的学生都能保持积极而适度紧张的精神状态，从而维持最佳的学习动机水平。

在情绪表达方面，研究也发现跨文化的普遍性。人类可以在语言不通的情况下，通过非言语的线索，如表情、手势、眼神和身体动作等实现沟通，非言语性情感沟通更是彼此间表情达意，建立信任和理解的重要渠道。对中国台湾和澳大利亚学生的研究都发现，教师提供的非言语线索，比如微笑和简单的手势等，都对课堂气氛有积极影响，也会改善学生对教师的评价以及师生沟通效果（She，Fisher，2000）。在教学情境下，尽管教师主要是通过言语来传授知识和讲解道理，而学生在听取这些信息时，常常需要借助非言语线索来领会教师的意图，进而理解教师的言语。保持师生之间情感和非言语交流的畅通，有助于师生的正常互动和教学任务的顺利完成。在有些情况下，师生之间可能也存在文化差异，如果学生或者教师对对方的情感反应存在误解，就有可能给教学带来困扰。比如，教师常常需要对学生的表现给出反馈。有时候，学生在收到并不带有否定意义的反馈时，却出现眼神躲闪、低头看地板等反应，这是因为学生在加工反馈信息时，并不仅仅理解字面上的意思，而是会根据教师的措辞方式、说话语气以及伴随的肢体语言等来推断教师对自己的评价。虽然教师可能仅仅是以中性态度对学生的表现给出简单反馈，但文化上的误会却可能使学生将教师的反馈解读出另外的含义。这就需要教师对这种文化差异具有敏感性，用恰当的方式及时消除误会，打通师生间的情感联结，让情感成为教学中的助力而非阻力。

除了师生之间和班级内这样的微观文化环境，在宏观文化环境下，情绪表达也存在文化差异。从前文所述可以看到，集体主义文化环境中的学生比起个人主义环境下的学生来，外显的情绪表达较弱，他们表现出激烈情绪的频率更低，时间也更短。这并不是因为集体主义环境中的学生体验到的情绪更少、更弱，而是因为集体主义文化背景下，学生由于更多地顾及他人的感受而使情绪的外露受到压制。在集体主义文化环境中，激烈的情感，无论是狂喜还是暴怒，都因为可能对他人造成困扰而不被推崇。在这样的情绪表达规则之下，学生的情绪表现和个性特点自然会趋于内敛。在极端的集体主义文化之下，有时微笑之类的面部表情都会被视为浅薄或无视他人的表现。在许多文化中，微笑通常被视为内心愉悦和对人友善的信号，为什么有的文化却对此有不同解读呢？研究者认为这就是极度重视群体和谐的结果。个体间身体动作上的一致常常被视为精神世界统一的外在表现，统一的不苟言笑显示了时时处处意识到他人和集体的存在，是对集体主义文化的响应和服从。

应该说，文化没有绝对的是非黑白之分，不同文化之间也未必截然对立。某种文化的恰当与否，往往取决于它在某时某地与某个目标的配合程度。评价个体的情绪行为是否恰当，很大程度上也是依据一定时空限定下个体与环境的协调程度。而当前教育环境下价值体系的复杂性、目标的多重性给教育工作者带来了很大挑战。当前中国社会文化也正在经历着深刻的变化。随着国家的进一步开放以及网络技术的发展，当前社会中既保留着东方的"和"文化，也闪现着西方特色的自我表现和自我价值观。过去时代中强调的团结、奉献、个人利益服从于集体利益等文化价值观在新时代中依然体现出积极意义，而今天的社会在尊重个性、尊重个人价值和个人利益上也取得了很大进步。同时，中国社会正在经历的城乡融合与隔阂也是当代人难以回避的环境现实。同样的情绪行为，当放到不同社会文化环境中去理解和看待时，可能产生褒贬不一的评价。在当前社会文化多元化的形势下，教育工作者在坚持基本准则的前提下，以更加开放、包容的态度来建设班级文化，来看待学生之间的个体差异和文化碰撞，可能是一种最大限度地争取多赢局面的合理策略。

在情绪品质和人格培养过程中，教育工作者需要充分意识到社会文化对人的塑造作用。社会生活中的个体无可避免地受到社会文化环境的熏陶和砥砺，其社会性发展的成功程度也需要经受文化环境的检验。文化环境可以是国家、种族等宏观意义的环境，也可以是班级、家庭等微观意义的环境。心理引导和个性品质培养工作正是在各层次的宏观微观文化背景下进行的。一线教育工作者要善于利用文化氛围对个体的影响作用，在班级、学校中营造积极、健康的氛围，在潜移默化中实现良好情绪行为和心理品质的养成。

另外也应该看到，当前的情绪跨文化研究还有相当大的拓展空间。文化差异造成人们的世界观、意识形态、价值观以及自我概念的不同，这种差异不可避免地要影响到对情绪情境的认知、选择和处理等多个方面。全面关注文化环境对情绪产生和调节各个环节的影响将使我们更加全面、深刻地认识个体情绪与社会文化的关系，从而为认识情绪问题的本质和寻求有效的情绪管理方法奠定基础。而对文化环境的关注除了常见的东西方文化差异、民族、种族问题之外，宗教、社会经济地位、性别和性取向等文化相关问题及其对情绪行为的塑造作用，也是非常值得探究的课题。此外，通过实证性研究揭示学校环境中学生之间、师生之间的互动模式，将大大有助于理解文化环境影响教育教学活动的实质和规律。

◎ 第二节　情绪与认知的交互作用[①]

教育工作者们已经知道情绪会对学习活动产生影响。比如，研究发现，学生情绪的积极程度与学业成绩呈正相关关系，情绪状态对学业成绩还具有一定的预测作用（孙芳萍，陈传锋，2010）。与中性状态下相比，积极情绪中的个体表现出更高的创造性，能提出更多的科学问题，问题解决的效率也更高，决策更全面。而恐惧情绪下，个体的创造性会有所降低，具体表现在恐惧情绪对创造性问题的提出有显著的抑制作用，而焦虑状态会使个体在创造性测试上的得分显著下降（胡卫平，王兴起，2010）。此外，消极情绪会削弱学习动机和努力程度，干扰注意和记忆活动，使学生更多地采用外部奖励的学习策略，不利于取得良好的成绩。情绪对学习的影响可以通过它与各种认知过程（如注意、记忆、决策、执行控制）的相互作用来实现。同时，情绪是心理健康的重要成分，积极的情

[①] 本节内容曾发表于《教育发展研究》2013年Z2期，原题为《情绪与学习：来自认知神经科学的证据》，作者为毛梦钗、黄宇霞。

绪状态保证了个体在健康的身心状态下展开学习，并有助于学习态度的培养及良好师生关系的建立（孙芳萍，陈传锋，2010）。另外，在生活实践中，个体也需要通过情绪线索和社会反馈来指导各种行为（Immordino-Yang，Damasio，2007）。

近年来，在心理学与认知神经科学领域，情绪问题成为很受关注的研究课题。情绪作为心理活动的发起者、组织者和维持者，深刻地影响着注意、记忆和决策等认知活动，这些作用是以一定的脑结构和脑功能基础为支撑的。本节拟从认知神经科学的视角，介绍情绪和认知活动的神经基础，通过回顾相关的实证研究来帮助理解情绪在个体认知和学习活动中所扮演的角色。

一、情绪脑的研究

曾经有科学家假定情绪和认知是相互分离的两套系统，人类的大脑中存在感性的"情绪脑"和理性的"认知脑"。研究也确实发现杏仁核是情绪信息加工的核心区域，而外侧前额叶皮质较多地参与到理性认知活动中。但随着研究的深入，人们越来越发现虽然有不少脑区被认为与情绪或者认知功能相关，但我们并不能简单地界定出一个专司情绪/认知加工的单一、独立的系统。

以对"情绪脑"的研究为例。根据佩索阿（L. Pessoa）的总结，情绪的核心脑区包括杏仁核、下丘脑、伏核、前扣带回、眶额皮质和腹内侧前额叶皮质。情绪的扩展脑区包括脑干、海马、腹侧被盖区、导水管周围灰质、基底前脑、前脑岛、前额叶、颞叶前部、后扣带回、颞上沟和躯体感觉皮质。由上述列举可以看出，"情绪脑"涉及大脑皮质以及皮质下的广大区域，而这些脑区同时也负责其他的功能活动，并且与认知活动存在高度的联结和整合（Pessoa，2008）。比如说，杏仁核不仅是最重要的核心情绪脑区，还是所有感觉信息的传入中枢，每个感觉系统接收到的信息都通过不同的方式投射到杏仁核，并在杏仁核中相互联系，得以整合。此外，杏仁核还参与选择性注意、联想记忆等认知过程。前额叶也是情绪和认知活动相互整合的重要脑区。背外侧前额叶皮质对认知活动更敏感，情绪活动则导致腹内侧前额叶皮质较强的激活，而且两部分脑区之间存在信息的传递和反馈（Kompus，Hugdahl，2009；Ray，Zald，2012）。情绪对学习活动的影响正是以情绪和认知在神经结构和功能上的高度交互作用为基础的。

二、情绪对认知活动的影响

实际教学情境下的学习活动涉及多种认知行为及其高度的交互作用，个体行为又与环境存在复杂的交互作用。但任何一项高级的学习过程都是由注意、记忆和执行控制等基础的认知活动构成的。个体的情绪状态以及当下受到的情绪刺激通过脑区之间的神经联结和信息链直接或间接地影响各方面的认知活动。认知神经科学的研究对学习问题进行提炼、简化，设计出符合学科特点的实验任务，对情绪在认知和学习中的作用及其脑机制进行了探讨。

（一）情绪与注意

已有大量研究表明个体对环境中的消极情绪信息，尤其是威胁性信息存在特殊的敏感性，这种现象被称为情绪的负性偏向。也就是说，相对于积极和中性情绪信息而言，消极情绪信息会得到机体的优先加工，在有限的注意资源下仍能引起较大的神经活动（罗跃嘉 等，2006）。例如，塔塔尔（J. L. Tartar）等运用事件相关电位（ERP）技术，通过视听双通道范式考察了情绪对注意资源分配的影响。研究结果表明，相对于中性情绪图片而言，伴随着消极情绪图片的声音刺激引发了更大的N1和N2波幅。N1、N2被认为是与听觉注意相关的经典ERP成分。消极情绪图片增加了机体对听觉通道的注意资源分配，或者说，由于时间上的关联性，听觉刺激共享了消极情绪图片带来的"额外"注意资源（Tartar et al.，2012）。消极情绪信息可以增加个体的注意警觉性，这一点在对学生的提醒督促和批评教育上是具有积极意义的。但就学习活动本身而言，积极情绪往往具有更好的促进作用。行为学研究发现，积极的情绪状态有助于学生保持较好的注意水平。比如，俞国良和董妍采用评价反馈法诱发被试情绪，考察了情绪状态对学习不良青少年的注意的影响，结果表明积极情绪有助于提高学生的选择性注意和持续性注意能力，而消极情绪则显著降低学生的持续性注意水平，减少其对认知活动的资源分配（俞国良，董妍，2007）。又如，加斯珀（K. Gasper）和克洛尔（G. L. Clore）采用系列重现法考察个体在不同情绪状态下对图片的记忆重现和分类情况，结果发现相比悲伤状态，个体在愉快的情绪状态下更倾向于利用整体信息重构图片记忆以及对图片进行分类。这表明积极情绪状态下的个体更关注事物整体，而消极情绪状态下个体更关注局部信息（Gasper，Clore，2002）。有研究者推断积极情绪一方面削弱了个体对注意的抑制作用，另一方面又影响了个体认知资源的分配，从而扩大了注意广度，使更多信息进入知觉加工（Rowe，Hirsh，Anderson，2007）。这一推断与积极情绪的扩展—建构理论相符。该理论认为积极情绪能拓宽个体的思维和行动范畴，使认知活动获得更多的心理资源（Fredrickson，Branigan，2005）。认知神经科学的研究结果进一步验证了这一理论构想。

施米茨（T. W. Schmitz）等采用功能性磁共振成像技术，用中央/外周视觉空间任务考察了情绪对注意广度的影响，结果发现，积极情绪状态下个体能够注意到外周信息，而消极状态下外周信息则没有得到注意。由此可知，不同的情绪状态对视野范围有着不同的调节作用。积极情绪扩大了注意范围，而消极情绪则缩小注意范围。施米茨等还采用心理生理交互分析考察了情绪状态对海马旁回位置区（在此研究中该脑区负责外周房屋信息的后期编码）和初级视觉皮质之间功能耦合的调节作用。研究发现，积极情绪加强了位置信息在各级知觉编码之间的传播，从而使初级视觉皮质与海马旁回位置区的激活相耦合；而消极情绪状态下，初级视觉皮质激活增强与海马旁回位置区激活减弱相耦合，反映了情绪信息在视觉输入的早期门控作用（Schmitz，De Rosa，Anderson，2009）。

（二）情绪与记忆

研究者们很早就意识到情绪对个体的记忆有着非常重要的影响。大量的证据表明情绪对认知的影响可能主要是通过影响工作记忆来完成的。工作记忆是对信息进行暂时性存储和加工的系统，为许多复杂的认知任务提供临时的存储空间。

加里（J. R. Gray）等通过3-back工作记忆任务来考察情绪对认知的影响。研究者首先让被试观看一个视频短片诱发出3种情绪（积极、消极、中性），然后呈现一系列图片刺激（两种形式：单词或面孔），每隔3张图片后，要求被试判断当前的刺激是不是和3次以前的刺激相同。这种3-back任务涉及工作记忆中信息的储存和提取。行为学结果表现出情绪与刺激类型之间的交互作用：积极情绪有助于单词记忆任务，而消极情绪则有损任务的执行。面孔记忆任务上的情绪效应则刚好相反。脑成像数据发现，外侧前额叶皮质的活动模式与行为学结果相一致。外侧前额叶皮质是对情绪—认知整合作用敏感的脑区，情绪可能是通过调节认知控制功能脑区的活动来实现对工作记忆的影响（Gray，Braver，Raichle，2002）。

根据存储信息的不同，工作记忆可分为空间工作记忆和言语工作记忆两种类型。李雪冰等采用了事件相关电位和功能性磁共振成像技术考察空间和言语工作记忆的情绪效应。事件相关电位研究结果发现：在消极情绪下执行空间工作记忆任务时，顶叶 P300 成分波幅减小，这个成分被认为与工作记忆表征的更新密切相关。而在言语任务中，P300波幅在消极与中性情绪状态下并无差异。这一结果说明空间和言语工作记忆存在不同的情绪效应，消极情绪会选择性地损害空间记忆。相较于言语记忆，空间记忆更依赖于视觉注意资源，而消极情绪则更多地占用了此资源，从而对空间记忆造成影响。功能性磁共振成像研究也进一步印证了上述发现。在消极情绪状态下完成空间工作记忆任务时，前额叶和顶叶的许多区域相对于中性基线条件有显著激活，而言语任务对情绪背景不敏感。这些实验结果表明，情绪对工作记忆选择性影响的潜在神经机制很可能是注意资源的竞争。李雪冰等进一步通过延迟匹配样本任务，发现了消极情绪选择性地影响空间工作记忆只发生在信息保持阶段，也与视空间注意资源竞争有关（李雪冰，罗跃嘉，2011）。

由上述研究可发现，情绪对工作记忆存在选择性的影响，并与注意和认知控制机制相关联。由此可以推想，情绪对学习活动的影响也必将是一个十分精密和复杂的过程。

（三）情绪与执行控制

执行控制涉及认知系统如何管理和控制其他认知活动，以引导有目的性的、协调一致的行为。鉴于实际学习活动和学习情境的复杂性，良好的执行控制功能是正常执行学习任务，获得好的学习效果的必要保障。目前的研究对于执行控制功能范围的界定尚有争论，但一般认为执行控制包含3个基本的功能：行为抑制、任务转换和信息更新。这些功能在机制上有所重合，并共享部分认知资源。佩索阿提出"双竞争模型"来解释情绪信息对执行控制功能的影响。情绪能够通过知觉竞争和执行竞争两种水平影响认知加工的信息走向和资源配置。尤其当情绪刺激与当前的认知活动相关时，情绪刺激引起的优先知觉加工和额外的认知控制资源也会投入当前任务中，从而提高行为水平。然而，当情绪刺激与主任务无关时，这样一种分心刺激将会占用认知资源，影响执行控制功能，有损行为表现（Pessoa，2009）。

有研究者采用西蒙范式考察了情绪对执行控制的影响，发现与任务相关的情绪刺激有助于认知冲突的解决。西蒙范式通过操纵刺激呈现和反应按键的方位来制造认知冲突，研究发现冲突任务中出现了显著的情绪效应：相比中性刺激，被试对情绪刺激的反应时显著缩短。脑电数据分析结果表明，情绪刺激引发了更大的冲突相关负波；脑成像数据表明在冲突情境下，情绪刺激引起的腹侧前扣带回激活更强。前扣带回是执行控制的重要脑区，负责信息整合、冲突监控等认知功能，而且腹侧前扣带回还接收来自杏仁核的信号输入。进一步分析腹侧前扣带回和杏仁核之间的功能联结发现，相比于中性刺激，情绪刺激使腹侧前扣带回和杏仁核之间的功能联结增强。来自杏仁核的情绪性信号输入在腹侧前扣带回得到整合，引起关键性控制加工的偏向，与情绪刺激相关的主任务得到更多的认知资源，从而引发更快的反应，行为表现得到提高（Kanske，Kotz，2011）。

情绪性分心刺激对执行控制的影响也得到了研究。有研究者在被试执行字母检测任务时呈现中性或消极的情绪图片，结果发现，相较于中性图片，在消极情绪图片干扰下进行字母检测任务时，被试额顶叶的一些脑区（包括额中回、前额叶等）有显著的激活。这些脑区被认为与"注意网络"高度相关，而在此实验的其他条件下这些脑区均没有明显的激活，因此研究者认为，这些脑区的激活并非字母检测加工的需要，而是由于情绪刺激的呈现引起了注意资源的额外调用。进一步的分析表明，在消极情绪图片干扰下，字母检测任务的正确率与前额叶的激活程度呈负相关，即前额叶的激活程度越高，主任务行为表现越差。来自杏仁核的情绪信息对前额叶的功能活动进行调节，从而改变执行控制（Lim，Padmala，Pessoa，2008）。

情绪与执行功能之间的交互作用较为复杂，理论构想和实证研究都尚在发展之中。可以肯定的是，情绪对于执行功能具有重要的影响，合理、有效地管理情绪状态将有利于学习活动的开展。

三、从实验室研究到现实的学习情境

除了上述基本的认知过程，越来越多的神经科学研究试图考察情绪与创造力、问题解决等复杂认知活动的关系。目前的研究已发现积极情绪下个体解决问题的数量显著增多，并更倾向于采用顿悟式而非分析式的解决模式。脑成像数据也支持了积极情绪对顿悟式问题解决的促进作用。在问题解决准备阶段，积极情绪增强了个体背侧前扣带回喙侧部分的激活，这一区域与顿悟式的认知加工有关（Subramaniam et al.，2009）。前文中提到前扣带回是关乎执行控制的重要脑区，负责错误检测和冲突监控等控制过程。积极情绪加强前扣带回对各种可能解决方案以及各方案之间的关联性的检测，从而易于快速切换到正确的解决方案。另外，积极情绪能扩展注意广度，增强注意转换的灵活性，也有助于个体对问题空间的全局表征，使更多的信息进入工作记忆，促进工作记忆的更新以及在各种信息之间迅速转换选择，使个体更有可能接近正确的问题解决策略。

虽然实验室研究对认知任务和情绪刺激做了很大程度的简化，但是这些基础研究的实验证据依然对现实中的学习情境具有一定的指导意义。我们能够肯定的是，愉快、满足等积极情绪通过调节特定脑区的活动来优化注意和工作记忆的认知加工，协调执行控制功能，从而促进个体学习活动。积极情绪可以扩大注意范围，增加与问题相关的认知要素的广度，增加认知灵活性和认知联结的多样性，从而提高个体的创造性和决策效率。焦虑、恐惧等消极情绪则会损害认知活动，不利于学生的学习。

实际教学应创造相对宽松的学习情境，使学生保持愉快舒适的心情并关注不良情绪的疏导。情绪输入理论提示情绪对认知和行为的影响取决于个体在任务情境中如何解释其情绪（Martin，Stoner，1996）[279-301]。教育工作者应重视学生情绪调节能力的培养，指导学生以恰当的方式看待环境中的情绪刺激，最大限度地利用积极情绪的促进作用，减弱消极情绪对学习的干扰。

◎ 第三节　情绪与认知的互动教学及其实施途径[①]

互动教学是指把教育活动看作师生之间的一种生命与生命的交往、沟通，把教学过程看作一个动态发展着的教与学统一的交互影响和交互活动的过程，在这个过程中，通过优化"教学互动"的方式，即通过调节师生关系及其相互作用，形成和谐的师生互动、生生互动、学习个体与教学中介的互动，强化人与环境的交互影响，以产生教学共振，达到提高教学效果的一种教学结构模式（谢志芳，2001）。然而，由于传统教学模式的影响根深蒂固，当前我国的互动教学实践尚存在诸多问题，教学实效性较差。迄今为止关于互动教学的研究多来自一线教师对教学实践的经验总结，对于互动教学实践中存在的问题的解释与对策建议显得单薄。因此，从新的研究视角解释互动教学中的棘手问题，并为互动教学的完善提供操作性的指导意见非常重要。

互动教学强调在互动中整合情感与认知因素，在良好的氛围中实现信息的传递、理解与加工。这种在教学活动中重视情感在知识及技能获得中的作用的现象，正与近年来关于情绪与认知关系的研究相吻合。情绪与认知的关系研究主要经历了"主—从关系""彼此独立""相互作用""互倚关系"四个阶段（郑庆，许远理，瞿鸿雁，2011）。随着认知神经科学

---

① 本节内容曾发表于《教育发展研究》2014年第22期，原题为《基于情绪神经科学视角的互动教学及其实施途径》，作者为江琦、邓欢。

的发展，研究者开始以情绪和认知的脑机制为切入点，重新审视两者的关系。因此，本节在认知神经科学的研究背景下，从情绪影响认知的视角，阐述互动教学中存在的问题，分析互动教学的过程，包括互动关系的建立、互动模式的选择和互动结果的评价，进而提出可操作的建设性对策。

一、情绪与认知的互动教学中存在的问题

互动教学的实践已经取得了很大的成绩，教师也越来越意识到互动教学的重要性，开始有意识地在教学中采用各种互动策略。然而由于传统课堂教学的深刻影响以及教师对互动教学这种新的教学方式认识不到位等原因，互动教学实践中仍存在一些普遍性问题，主要表现为互动内容多认知少情绪、互动形式单一与刻板、互动深度多浅层少深层，等等。

结构主义理论认为，"一切社会活动都有表层结构与深层结构之分，表层结构是深层结构的外在形式，深层结构是表层结构的内在基础"（岳欣云，2011）。"互动教学的表层结构是在教学过程中，师生、生生间发生的可观察、可记录的外在互动形式，而深层结构是影响、支配互动形式的内在理论框架，决定着互动教学的内涵和实质，决定着互动教学的质量与境界。"（岳欣云，2011）其中，互动教学的深层结构是指在教学过程中，师生、生生间发生认知、情感、精神三位一体的意义交流，师生、生生以教材所蕴含的精神生命为载体，通过精神碰撞、情感交流等对话形式来体验生命意义，从而实现教与学的融合。如果不考虑互动教学的深层结构或对深层结构理解不到位，而只注重互动的表层结构，互动教学只能停留在表面。具体而言，在互动内容上与传统课堂教学一样，只进行知识的交流，即使采用一些互动手段传授知识，也未考虑互动主体的情绪发展需求。同时，在互动的形式上，为了互动而互动，采用方便操作的方式互动，甚至将某一种互动形式不分课堂实际情况硬搬沿用，而不管这种互动方式能不能真正实现学生认知目标与情绪目标的统一。更不用说思考互动背后的教育意义，进而加深互动的深度，在深入交流的过程中满足学生情绪的需求、促进学生思维的发展。

因此，改善目前互动教学中表面结构层面的各种互动问题，关键是加

强对互动教学深层结构的认识，在互动教学的各个环节体现认知与情感的统一，重新审视情绪在互动教学中的作用。

二、情绪神经科学视角下的互动教学过程

（一）互动教学中互动关系的建立

狭义上的互动教学是教师和学生在良好人际关系的基础上展开的思想、情感、行为交换的静态与动态相结合的过程。在互动教学中，教师对课堂进行引导与控制，发挥其主导作用，同时，学生作为课堂的主体，积极主动地参与课堂活动，形成一种平等、民主、自由的课堂心理氛围。因此，作为互动关系的体现者，课堂心理氛围备受关注。

1.营造课堂心理氛围的必要性

课堂心理氛围集中体现了学生在课堂上对教学情绪状态的觉知，而学生在学习中的认知活动深受其影响。自20世纪70年代情绪心理学家注意到情绪对认知的作用以来，许多行为研究已证明情绪对认知会产生多方面的影响，包括加工速度和准确度等量的变化，以及类别和等级层次等质的变化（隋雪，高淑青，王娟，2010）。认知神经科学进一步通过大脑结构和功能的连通性来理解情绪与认知的交互作用。

通过分析大脑的连通性，研究者发现杏仁核等结构具有高度的连通性，可以连接大脑皮质的几乎所有区域，扮演着"网络集线器"的角色，能有效整合情绪和认知信息，从而实现大脑的功能连通（Pessoa，2008）。杏仁核常被认为是情绪脑的核心区域，并与恐惧加工密切相关，但由于其结构的复杂性与连通性，其也有参与情绪加工之外的更广泛的加工过程，如注意、联想学习、价值判断、决策等（Pessoa，2010；Ray，Zald，2011）。杏仁核通过其中心核部分与和皮质有广泛连接的基底前脑连通，通过其基部与视觉皮质在多水平层面的连通而影响注意。当杏仁核的反应很弱时，视觉皮质的激活程度与认知活动的相关相对也弱，而当杏仁核的反应强烈时，视觉皮质的激活程度与认知活动的关系也更强。此外，在刺激呈现给认知系统时，杏仁核很早就接收到刺激的情绪显著性信

息，杏仁核的反馈又引起情绪事件知觉编码的增强，且在记忆的巩固期，对事件的情绪反应又会改变激素的水平，使事件变得重要而被记忆（刘烨，付秋芳，傅小兰，2009）。这些研究表明，其他和认知密切相关的大脑皮质与认知活动的关系会受到情绪的影响。

2.营造积极而适度的课堂心理氛围

认知神经科学从情绪与认知关系的脑机制入手，阐明情绪与认知的相互作用，为在课堂教学中创造课堂心理氛围从而影响学生的认知活动提供了理论依据。具体而言，应努力营造愉悦宽松、乐教好学的良好氛围，这也是与情绪影响认知的具体特征有关的。

研究表明，积极的情绪会使人们的注意范围扩大，而消极的情绪使个体更注意细节问题（隋雪，高淑青，王娟，2010）。这是因为，积极情绪状态下，个体认为周围的环境是安全的，从而会拓展其思维和行为模式，而消极情绪会使个体减少其瞬间思维活动序列，缩小其认知范围。有研究者用"注意瞬脱"范式考察不同情绪状态对注意的调节作用，即对前一目标刺激注意后对后一目标刺激的反应情况，结果发现，积极情绪状态下个体对前一目标进行整体加工，需要更少的注意抑制分心刺激，从而对后一目标加工更多，而消极情绪状态下个体对前一目标进行系统的分析加工，从而对后一目标的注意更少（Vermeulen，2010）。

认知活动除了受到情绪的效价（即情绪的属性，包括积极的和消极的）的影响外，还依赖于情绪的唤醒度（即情绪的激活程度）。耶克斯-多德森定律表明，随着唤醒水平的增加，认知操作水平呈现出倒"U"曲线式的变化，即认知水平上升至最佳水平后有所下降，因此，要使认知操作维持在最佳水平，应保持中等水平的唤醒。研究者将耶克斯-多德森定律应用于记忆的研究，结果发现在中等水平的唤醒状态下回忆成绩最好，而高唤醒和低唤醒状态下的回忆成绩没有差异（Jeong，Biocca，2012）。

因此，在互动教学中建立和谐、优化的师生关系，营造积极的心理氛围时，也应控制其在中等水平，保证积极的情绪状态使学生的认知操作发挥最佳水平。

（二）互动教学中互动模式的选择

互动模式描绘了在课堂中师生、生生间以何种方式交流信息与情绪，采取何种行为方式。根据互动的主体对象不同，互动教学中的互动模式可分为教师与学生个体的互动、教师与学生群体的互动、学生个体与学生个体的互动、学生个体与学生群体的互动以及学生群体与学生群体的互动（张萍，葛明贵，2006）。具体而言，师生互动主要体现在组织课堂、课堂讲述、课堂提问与回答等活动中，而生生互动主要存在于课堂讨论、课堂示范、小组合作等过程中。其中，合作作为人际互动的主要形式，在互动教学中发挥着重要的作用。

1. 合作中情绪与认知的整合

合作是指人与人之间或者群体与群体之间所表现出的配合行为，这一过程有效地整合了认知、情感、技能与行为，而这种互动是为了实现共同的目的。在最后通牒游戏中，合作者，即在作为提议者时公平分钱的人，相比于不合作者，即不公平分钱的人，在面对他人不公平的分钱提议时，有更多的情绪表现，且这种情绪不仅仅局限于之前研究者所发现的可预测合作倾向的积极情绪（Schug et al. 2010）。这是因为对于合作者来说，其内在的亲社会标准使其在面对不公平的情境时很难掩饰情绪，而这一特点又促使其更多地选择合作行为。总之，行为学的研究表明，合作情境中个体会表现出很多情绪反应，而其他个体要选择合作时，需要对他人的情绪状态进行知觉和理解。

认知神经科学的研究更是从合作的脑机制出发，直观地证明了合作中的情绪与认知过程。合作的神经基础研究表明，相比于单独完成游戏，合作激活了额顶叶网络、前脑岛以及眶额皮质（Decety et al.，2004）。其中，额叶与顶叶的激活与在合作中监控他人的行为动向所需的注意和执行等认知要求有关，而前脑岛与新大脑皮质和边缘系统连接，从而与自我激励有关。此外，合作中，前脑岛接受来自身体的反馈，与眶额皮质一起负责感知情绪状态（Rilling et al.，2008）。合作的脑机制研究由于采用的任务、互动的对象等不同，研究结果存在一定差异，但大多研究都发现一些情绪与认知相结合的社会脑区（蒋晓燕，2011），如后颞上沟、内侧前额叶、颞顶联合区、眶额皮质。总之，合作活动过程激活了与情绪和认知相关的脑区，对于实现互动教学中认知与情绪的统一目标而言，是一种很好的互动模式。

2.合作中的心理理论成分

合作的脑机制研究已经证明其与后颞上沟、内侧前额叶、颞顶联合区、眶额皮质等脑区的激活有关，而这些脑区又和与心理理论有关的脑区有很大程度的重叠，从而从生理层面证明了心理理论是合作的心理成分。心理理论是指个体对自己或他人的内在心理状态与外在行为的认识能力，个体可以利用信念、愿望、知觉、思想、情绪和意图等相互联系的心理状态来解释和预测行为（张婷，2010）。心理理论包括社会知觉成分和社会认知成分。"社会知觉成分属于人的知觉范畴，包括从他人的面部表情、声音和行为动作等信息迅速判断其意图、情绪等心理状态。"（张婷，2010）"社会认知成分主要和认知加工系统有关，如与语言能力等关系密切，需要在头脑中对他人的心理状态进行表征和推理加工"（张婷，2010）。

在合作情境中，合作倾向者有更多的情绪表达，对其他个体而言，需要使用心理理论中的社会知觉成分觉察这种心理状态，进而使用社会认知成分对觉察到的心理状态进行推理，判断其合作行为，进而调整自身的行为。心理理论能力强的个体更易识别合作意图（Sylwester et al.，2012）。所以，心理理论的发展与运用对于互动教学中合作模式的有效实施有很重要的作用。

（三）互动教学中互动结果的评价

互动教学中，每一次的互动或一堂课所有的互动结束后，都会涉及对互动结果的评价，即评价互动中问题解决的程度。评价的过程涉及做出评价的一方（即评价者）和接受评价结果或反馈的一方（即被评价者）。

1.影响评价的情绪因素

教学中的评价是一项学习活动，也是掺杂个人情感的主观性评价，容易受个人主观情绪及态度的影响。

处于愤怒情绪状态下的个体，相对于中性和其他情绪状态下的个体，更喜欢进行评价活动，且形成更多负性的评价（Wiltermuth，Tiedens，2011）。此外，在对熟悉和不熟悉的品牌进行评价时，对不熟悉的品牌的评价依赖于对当前提供的品牌信息的加工，更多地激活了与语言加工相关的脑区，如布洛卡区；而对熟悉的品牌的评价依赖于个体原有的品牌信息，更多地激活了与信息提取相关的脑区，如威尔尼克区。更重要的是，对熟悉的品牌进行评价时更多地激活了与积极情绪体验有关的苍白球，而对不熟悉的品牌评价更多地激活了与负性情绪体验有关的脑岛（Esch et al.，2012）。

以上结果说明个体在进行评价时，不仅受到个体当前的情绪状态的影响，而且受到个体对评价对象已有的认知程度及情绪体验的影响。针对情绪与认知对评价的共同影响，有研究者提出了评价产生的重复再加工模型（Cunningham，Zelazo，2007）。该模型认为，评价是介于对刺激进行自动加工和反馈性加工之间的动态过程。对刺激自动加工形成简单的"好与坏"的评价，从而决定注意定向和即时行为，且这种快速自动的评价主要与边缘系统有关，皮下脑区（如杏仁核）负责加工，在感觉皮质（特别是脑岛）形成生理反应。随着对刺激的深入加工，在眶额皮质等皮质的作用下，将杏仁核的输出与当前的情境结合而不断形成反馈性加工，从而形成更切合情境与目标的评价。

所以，在互动教学中，评价不可避免会受到个体对评价对象已经形成的态度及情感倾向的影响，要做出客观的、符合情境的、促进个体发展的评价，则应结合教学情境从多个角度反复地进行反馈性加工。

2.接受反馈后的情绪反应

当评价者针对互动结果做出某种评价后，必然以某种形式反馈给被评价者，可能是分数、等级，也可能是语言；可能是批评，也可能是奖励。个体接受不同的反馈后，会有不同的反应。

对反馈信息的加工，主要定位于前扣带回，且前扣带回的不同部分负责加工反馈信息的不同维度（Mies et al.，2011）。背侧前扣带回主要加工反馈的有效性，对有效的反馈更敏感，反映了前扣带回的认知功能。而腹侧前扣带回主要加工反馈的效价，对积极的反馈更敏感，反映了前扣带回的情绪功能。背侧前扣带回和腹侧前扣带回在结构上相互连接，从而实现功能上的联结，整合反馈信息的情绪与认知部分，共同影响操作任务。

所以，在将评价结果反馈给被评价者时，除了关注反馈的认知成分，即结果正确与否外，还应考虑反馈所包含的情绪成分，使被评价者在积极的情绪体验中接受认知反馈，更好地实现反馈的强化作用。

三、互动教学的实施策略

认知神经科学的相关研究为凸显情绪在互动教学中的作用提供了依据，且进一步分析了互动教学中可体现情绪作用的互动形式，如合作。这种在互动教学中强调情绪的重要性以整合认知与情绪目标的思想，与加强互动教学意义交流的深层结构以解决现有互动教学实践中的问题的理念相吻合。理论与实践相结合，运用情绪的有关研究成果，指导互动教学过程中教学策略的完善，可以更好地实现情绪与认知目标的统一。

（一）发挥教师的主导作用，营造良好的课堂心理氛围

教师作为教学活动的主导者，对于互动教学过程中良好课堂心理氛围的营造有重要的作用，进而使学生积极、主动地参与教学。

1.教师自身的情绪调节

适宜的情绪状态能促进学生的认知活动，而教师本身的不良情绪状态也会影响教师，从而对互动教学产生消极影响。因此，教师在介入课堂心理氛围的营造之前，有必要知觉自己的情绪状态并做相应的调节，以适应教学的需要。

从情绪发生过程的角度来看，情绪调节可以定义为个体对具有什么样的情绪、情绪什么时候发生、如何进行情绪体验与表达施加影响的过程，且这种影响可以是需要主观努力与意识控制的有意识调节，也可以是不需要主观努力而自动进行的无意识调节（姚雨佳，2011）。相应地，情绪调节策略可以分为情境选择、情境修正、注意分配、认知重评和表达抑制，其中比较常用的是认知重评和表达抑制。认知重评是指改变对情绪诱发事件及其意义的理解与认识，从更积极的角度理解使个体产生负性情绪的事件，或将情绪性事件的发生或结果合理化。而表达抑制是指控制情

绪的表达，使得正在发生或即将发生的情绪不表现出来。认知重评可以减少负性情绪的主观体验及外在的情绪反应，如面部表情，同时生理层面上，与情绪体验有关的杏仁核和与感知情绪生理反应有关的脑岛的活性均降低，而表达抑制虽然可以减少外在的情绪反应，但杏仁核及脑岛的活性均提高（Goldin et al.，2008）。此外，一些不被个体察觉的无意识情绪调节策略也可以有效地改善情绪状态，如情绪标签，即用文字描述情感或事件的情绪特征。虽然个体在预测情绪标签的效果时，认为将情绪表达出来会增加负性体验，但情绪标签确实与认知重评策略一样降低了情绪的主观体验（Lieberman et al.，2011），且情绪标签还可以降低杏仁核的反应（Lieberman，2011）[188-209]。

所以，教师在面对可能影响互动教学效果的不良情绪时，应采用合适的策略进行调节，具体来说，可以改变对引起情绪的事件的认识，也可以通过对周围人表达情绪或写日记等降低情绪反应水平。虽然抑制情绪的表达可以暂时减少外在的情绪反应，但对于情绪体验的改善效果并不大，且长期使用表达抑制策略会失去对情绪的有效控制进而影响身心健康。

2. 课堂积极情绪的激发

良好的情绪状态对于教师的教学活动尤为重要，而为了使学生在课堂中也维持促进学习的良好情绪状态，教师要努力在课堂中营造积极的心理氛围。实验室中，情绪的诱发可通过情绪材料和情绪性情境实现，其中，情绪材料包括各种感觉通道的情绪文字、图片、声音、非言语音节、音乐、气味等，而情绪性情境包括回忆或想象情境、游戏、表情或姿势反馈等（郑璞，刘聪慧，俞国良，2012）。在互动教学中，教师可通过以情育情、以景生情、以行传情等方式来营造良好的心理氛围（冯娟，2011）。具体而言，如果教师情绪饱满、精神焕发地进入教室，且在教学中始终面带微笑，则学生也会觉得放松，感染积极的情绪。此外，使用心理匹配策略，恰当地处理教材，挖掘教材中蕴含的情绪，并结合自身的情绪体验，使呈现的教学内容让学生主观上感到满足其情感需要，同时运用更为直观可感、具体可见的影像、图片等技术展开教学，创造情绪情境，从而实现以景生情。最后，教师的表情、眼神、体态等非语言行为也能传达教学教育信息，表达与传递教师的情绪，增强师生情感交流，如抑扬顿挫的声音、鼓励与肯定的眼神等，都可以达成以行传情。

民主、自由、愉悦、和谐的心理氛围下，学生才能充分发挥其主体作用，以"主人"的姿态积极而自觉地参与各种互动活动，将自我完全放开，自由表达、尽情倾诉、充分宣泄，才能收到预期的互动效果。

（二）正确选择并灵活运用互动模式

积极的课堂心理氛围的营造与维持，有利于互动教学的开展，而在进行互动活动时也应考虑情绪作用的发挥。

1.丰富互动形式

在互动教学中，当某一种或某几种互动方式被反复使用时，学生很容易对其形成习惯化，即对反复出现的刺激反应减少，从而对互动产生厌倦，不主动参与互动。而要去习惯化，即要使学生重新注意与参与互动，则需要增加新异刺激，新异刺激的增加即改变一直使用的单一的、机械的互动形式，如课堂提问，根据实际课堂情况，恰当地在多种活动中实现互动。例如，在同一课堂中，教师可先进行课堂授课，期间使用提问与回答等相对简单的互动形式，在学生对教学内容掌握到一定程度后，根据教学主题展开小组讨论或合作。

2.灵活运用合作模式

合作是一种综合情绪与认知的互动模式，在保证合作互动正常进行时，应注意：考虑能力和性别等学生差异进行分组，提供必要的学习空间；呈现小组目标，设置奖励结构；小组成员分工明确，交流打算和期望；鼓励共享思想、材料和设备；明确学习的时间。

心理理论是合作的心理成分，因此心理理论能力的发挥有助于合作模式有效地实现认知与情绪的整合。学生个体应站在他人的立场理解对方的情绪等心理状态，从对方的处境中体察他人的思想和行为，从而获得别人的真实心理反应，进而判断与推理他人的行为反应，实现良好的沟通。

（三）客观评价，积极反馈

互动教学中的评价，可以是教师评价学生、学生评价教师，也可以是学生与学生间互相评价，不管是哪种形式的评价，都应尽量客观，且以有利于被评价者发展的方式进行。

1. 克服先行情绪，多维加工信息

在评价前，评价者应尽可能地觉察到可能会使评价带有偏见的情绪，并做相应的调整。当对评价对象已有先前印象与态度，特别是负面态度时，应在意识层面督促自己做出符合当时情境的评价，而不是根据已有的态度评价。

要做出客观的评价，更重要的是从情境中发掘评价的多个角度，根据所获得的信息进行重复加工，将结果与过程结合，综合评价对象在互动过程中的表现。例如，在提问与回答互动中，学生可能没能很好地回答问题，但其很积极主动地参与互动，主动举手回答问题，且回答的过程中声音洪亮，信心满满。

2. 以积极的方式反馈结果

评价结果的反馈是为了使被评价者更客观、全面地认识自己，从而促进其发展。积极的情绪体验及反馈有利于被评价者更好地接收反馈的认知成分，故应突出反馈的激励性，多具体的、正向的反馈，让个体在意识到自身不足的同时，加强积极体验，提高自信。此外，将结果反馈至被评价者时，也应具体生动。

◎ 第四节　青春期冒险行为的神经机制及其对教育实践的启示[①]

"14岁辍学少年向学校周边收取保护费，持刀威胁殴打学生"，"初中生教室泼硫酸，烧伤18名同学"，"18岁女孩杀父弑母获死缓"……这些触目惊心的案例在新闻中屡见不鲜，青少年犯罪在我国已成为影响社会安定的重要因素之一。青春期是个体在人生成长过程中经历的极为重要的阶段。这一时期，个体开始更多地接触家庭以外的各种环境，从家庭生活转向学校生活、社会生活。这一时期，除了亲子关系外，同伴关系、师生

[①] 本节内容曾发表于《华东师范大学学报（教育科学版）》2013年第2期，作者为程琤、胡经纬、桑标。

关系等都开始对个体的成长产生重要影响。可以说，个体在青春期的成长与变化对于其今后的生活及成年之后的人生轨迹起着非常关键的作用。与此同时，青少年自身的一些生理、心理上的变化，使得他们在感知周围环境和社会关系时也产生了一定的变化，这些变化对他们与环境的交互过程又有很大的影响，换句话说，青少年身体和心理方面的变化，促使他们以一种有别于天真烂漫的儿童期和人格稳定的成年期的行为和认知方式，参与到社会活动与人际互动中。

由于身心发育等方面的原因，青春期的个体经常会做出一些鲁莽的决定和危险的行为，这些都可能会对其造成不利的影响。在美国，每年因开快车、酒后驾车等引起的交通事故占据了青少年事故的很大比重，同时，青少年药物滥用、酗酒、没有保护措施的性行为以及参与犯罪活动的比例同样引起了美国社会各界的关注（Blum，Nelson-Mmari，2004），青少年冒险行为已成为一个必须引起全社会重视的问题。同样，在我国，由青少年冒险行为导致的自身成长发展缺陷障碍，以及早恋、打架斗殴、少年犯罪等，也成为影响我国青少年身心发展质量的关键问题。

从认知神经科学的角度探究青春期个体的冒险行为，对了解青少年冒险行为的形成、发展与变化趋势有着重要意义，也对社会、学校、家庭如何引导青少年应对和调控面临的风险情境、做出最优化的选择有着重要的启示。本节主要从青少年冒险行为的认知神经基础及其对教育实践的启示两个方面进行论述。

一、青春期冒险行为的认知神经基础

（一）脑结构

青少年参与冒险活动主要是由社会性和情绪性因素引起的。这一时期个体的认知控制系统并没有成熟，认知调节对于冒险行为的控制非常有限。借助于现有的一些研究成果，我们可以更好地了解青春期个体大脑结构的发育情况。研究显示，青春期个体参与社会性和情绪性活动的脑区并未发展成熟，这可能是青少年过多冒险行为的重要基础之一。因而斯坦伯格（L. Steinberg）认为，为使青少年的冒险行为减少，我们应该更多地关注冒险行为发生时的社会性、情绪性环境因素，而非一味改变青少年的思维方式（Steinberg，2008），这也对当今国际教育界大为推广的通过言辞说教来预防和纠正青少年冒险行为的方法提出了质疑。

1.大脑的双系统模型

很多假设都认为，个体发育过程中的奖励寻求和冲动性遵循着不同的发展时间表，并且它们在大脑中的神经基础也不相同。基于此，研究者对不同宗教和社会经济条件下的人群进行了大样本的实验调查，采用了自我报告和行为测量相结合的方法，发现个体的奖励寻求的发展呈现倒"U"形的规律，在青春期中期达到顶峰，而冲动性则在青春期随着年龄的增大而呈现下降的趋势。青春期中期的个体最容易做出冒险行为，因为在这一阶段，他们的奖励寻求倾向正值顶峰，极易受到冒险行为中潜在奖励的驱动，而此时的自我控制能力并没有发展成熟，因此个体极易受情绪和外界社会因素的影响而参与危险的活动（Steinberg，2010）。

斯坦伯格在2010年提出的青少年冒险行为的"双系统模型"得到了许多研究者的认同。他认为，大脑中主要存在两个系统指导和支持着人们进行日常活动，一个是认知控制系统，主要包括外侧前额叶皮质、顶叶皮质区域，以及前扣带回皮质和与之相联系的区域；另一个是社会—情绪系统，位于大脑边缘和旁边缘区域，包括杏仁核、腹侧纹状体、眶额皮质、内侧前额叶皮质和颞上沟（Steinberg，2010）。前者的发展成熟可以促进个体自我调节能力的提升，这一过程贯穿于整个青春期直到成年早期。后者则使得个体在青春期产生更多的奖赏寻求行为，这种行为倾向在同伴在场时表现得更为强烈。认知神经学家已经发现，大脑中的社会—情绪系统从青春期开始时便迅速发展，在青少年中期，即13—15岁达到顶峰，之后发展逐渐变缓。正是大脑中两个系统在发育成熟时间上的差异，导致个体从青少年早期开始直到中后期出现一系列由情绪引起的冲动、冒险行为，不能像成年人那样很好地控制自己的某些冲动行为。

2.相关脑结构的发展变化特点

（1）突触联结的发展特点

儿童期到青春期脑结构的变化主要体现在大脑中白质和灰质的数量

变化上。个体进入青春期后，大脑中白质的数量呈线性增多的趋势，相同区域的白质增加，髓鞘形成，这一过程中神经纤维髓鞘化形成髓磷脂，它是一个肥大的物质，使得神经回路彼此完全隔离。这一变化促进了执行功能的发展，包括反应抑制、预先计划能力、权衡利弊能力以及对多种信息资源综合考虑的能力。灰质的变化在整个青春期呈现倒"U"形的发展趋势。前额叶和顶叶的灰质容量从青少年前期开始增多，在11—12岁达到增长的顶峰（Gogtay et al., 2004），接着呈下降趋势，直到青少年后期，这一时期表现为突触修剪、一些不常用到的神经递质消失，这种变化主要促进了基本的信息加工和逻辑推理能力的完善（Keating，2004）[45-84]。从灰质的密度来看，研究发现大脑的感觉和运动区域是首先成熟的，其余的脑区发展呈现从后侧到前侧逐渐成熟的特点，即从顶叶到前额叶逐渐成熟，颞上回皮质是灰质最后减少的区域。白质和灰质的变化可以从两个方面进行解释：第一是这种变化可能是神经细胞轴突髓鞘化的结果；第二是灰质的变化可能与性成熟有关，在性成熟的中后期突触出现重构，通过突触的增多和后来的修剪，各突触的功能特异性增强。总的来说，灰质在青少年早期的增加反映了突触数量的急剧增多，在青春期过后的某一时间点，出现了对这些过多突触的精简过程，导致了灰质密度的缓慢下降。

总的来说，青少年时期出现的突触急剧增多导致了前额皮质对输入信息的低过滤和低加工能力，从而降低了个体的认知加工效率，即青春期出现的认知功能混乱是与突触大量繁殖有关的。青春期之后，过多的突触得到修剪，形成特定、有效的突触网络，个体的认知能力得到了提高。白质在大脑各个区域的增加使细胞间传递速度加快，促进了个体对于情绪和认知的调控，而灰质在经过一系列变化（包括突触的增多、修剪等）之后，突触的反应、传输效率提高，白质和灰质可以协同统一地帮助个体更好地与外界互动。

（2）情绪相关脑区的发展特点

杏仁核在大脑参与情绪机能时起到了非常关键的作用。杏仁核主要由杏仁基底外侧核和杏仁中央内侧核两部分构成，杏仁基底外侧核和杏仁中央内侧核由于与皮质、亚皮质的不同连接模式，有着不同的功能。一项采用功能性磁共振成像技术的研究发现，相比于19—22岁的成人，7—9岁儿童的杏仁核与亚皮质、旁边缘构造、边缘构造、多模态关联、正中前额叶皮质等脑结构的内在功能联结较弱，而且儿童期杏仁基底外侧核和杏仁中央内侧核的功能有较大重叠，还没有较好的分工。成人期杏仁核与其他脑区的功能联结更为完善，并且杏仁基底外侧核和杏仁中央内侧核两部分已经有了较明确的分工（Qin et al.，2012）。

　　另一项实验通过功能性磁共振成像技术研究儿童和青少年对恐惧面孔的反应的发展变化，发现了个体情绪发展的性别差异。结果显示，所有被试在对恐惧面孔进行反应时左侧杏仁核都被激活，但是随着年龄的增加，不同性别的被试大脑表现出不同的激活特点，女孩随着年龄的增长，左侧杏仁核激活量减少，且背外侧前额皮质的激活量逐渐增多，而男孩却呈现出相反的模式（Killgore，Oki，Yurgelun-Todd，2001）。随着年龄的增长，女孩的大脑激活模式反映了她们调节并适应情绪体验能力的提高，而男孩在调节自己的情绪使之适应情景变化的能力没有女孩发展得好，这也是男孩在青少年时期在风险情境中控制和调节情绪与行为能力较差的原因之一。

　　（3）与奖励效价有关的脑区变化及同伴在场的影响

　　也有研究从奖励寻求的角度对青少年冒险行为增加进行了探讨。青春期的个体对于奖励表现出更加敏感的体验，而这种对潜在奖赏过分的敏感性可能是导致青少年冒险行为增加的原因之一。青少年对于奖励的过分敏感是由于大脑内侧纹状体和前额叶的发展模式不平衡造成的。有研究者采用功能性磁共振成像技术，分离了不同年龄段的青少年对于预期奖赏、得到奖赏和未得到奖赏的反应。实验发现，青少年随着年龄的增长，在预期不确定的条件下，前脑岛的激活呈现出线性降低的趋势；在得到奖赏时，腹侧纹状体的激活在年龄分布上呈现倒"U"形趋势并在青春期中期达到顶峰；在未得到奖赏时，成年初期被试的眶额皮质出现激活。这些不同区域的激活显示出个体不一致的发展轨迹。这一发现对于解释青少年冒险行为有着重要的意义，该实验表明青少年对于奖励出现过度的敏感，即使是微小的奖励，也可以引起他们脑中纹状体等区域的激活，而这种激活可能使得个体更容易产生风险寻求的冲动（Van Leijenhorst et al.，2010）。

　　相对于其他年龄段，青少年与同伴相处的时间显著增多，这种社会环境的改变在研究青春期冒险行为时也十分值得关注。有研究者在实验中控制了"同伴拒绝/同伴接受"这一变量，发现在同伴接受的条件下，被试在腹侧被盖区、杏仁核和腹侧苍白球等脑区的激活程度较高，这些脑区与个体对奖励效价进行评估时所激活的大部分脑区是重叠的。同时，也有研究表明上述脑区是与奖励评估有关的（Waraczynski，2006）。这就说明，青春期时"被同伴所接受"这一信息可以被青少年以一种类似于加工奖励刺激的方式呈现，包括非社会性的奖励（Nelson et al.，2003）。这种神经回路的重叠中介了社会信息的加工和奖励信息的加工，这一点可以解释为什么在同伴参与的情境下冒险行为更可能发生。

模拟驾驶实验研究为上述结论提供了有力的支持。研究者认为，朋友的在场之所以会促进青少年冒险，是由于这种社会因素使得青少年对与潜在奖励的期望有关的脑区敏感性增强，激活程度提高。他们用功能性磁共振成像技术，对青少年期、成年早期和成年期的被试进行了模拟驾驶的考察，分别在有朋友观看和独自一个人操作的情景下进行。实验发现，当了解到有朋友在观察自己进行实验时，青少年组的被试在与奖励有关的脑区激活程度更高，这些脑区包括腹侧纹状体和眶额皮质，而这些位置的活动预测了个体接下来的冒险行为。与认知控制有关的脑区对于不同社会情境的影响不明显（Chein et al.，2011）。

（4）青少年中后期各脑区的发展特点

从青春期中后期开始，青少年的冒险行为逐渐减少。有研究表明这与青春期后期个体认知神经结构的变化有关。与高级认知能力相关的脑区在青少年后期出现了显著的发展，包括外侧前额叶皮质、顶叶联合皮质以及前扣带回的部分区域，这些脑区都与抽象推理能力和深思熟虑的行为有关，因此，认知控制系统的成熟是使个体从青少年到成年期冒险行为逐渐减少的重要原因。

与此同时，认知控制系统发生的一些功能性改变也促进了个体控制冒险行为，做出正确的决策，具体体现在背外侧前额叶皮质在青春期后期的激活强度的提高（Durston et al.，2002）。由于背外侧前额叶皮质的发育与空间工作记忆以及反应抑制能力有关，它与在青春期前期迅速发育的腹内侧前额叶皮质不同。腹内侧前额叶皮质主要与情绪调节的能力有关，随着年龄的增加，当个体步入青春后期，认知控制系统逐渐发育成熟，认知和情绪共同调节个体的决策和行为，当二者达到调和时，个体便可以做出理智而又理想的决策。

正如前文所提到的，青少年个体极易受到同伴的影响。当个体逐渐成长，到青春期后期，认知控制系统对冲动的奖赏寻求行为的调节与抑制能力增强，同时认知控制与社会—情绪两个系统的协调共处促进了个体的调节加工能力发展，此时的青少年所受到的同伴对他们决策的影响开始逐渐减少（Steinberg，Monahan，2007），他们可以更多地根据自己的认知控制系统进行调节并做出理智的选择，而非因同伴的煽动感情用事。

（二）青春期激素系统的发展变化特点

青春期个体的整个激素系统也在发生着巨大的变化，这些变化也与青少年的情感反应和冒险行为有着密切的关系。斯坦伯格认为，青少年在感觉寻求（sensation seeking）方面的增加虽然与性成熟期（puberty，即青春期）发生的时间恰巧一致，但这并不完全是由于性激素的增加所致（Steinberg，2008）。当然，也有证据显示，相比于生理年龄的增长，感觉寻求的增加与性成熟更加相关（Martin et al.，2002）。这两种假设都很好地反驳了青春期的冒险行为完全由认知能力决定的观点，并且有研究表明，青春期性成熟与认知能力并没有显著关系。

1.多巴胺系统的重塑

多巴胺系统在青春期出现了一系列重要的变化，由于对情绪与社会信息的加工主要依赖于情感和动机性过程的编码网络，而多巴胺在情绪与动机调节中起着关键的作用，因此，多巴胺系统在这一时期的发展会促进青少年社会情绪方面的变化。与社会情绪发展有关的脑区将会参与社会信息加工过程，包括识别与社会相关的刺激、社会判断（如对他人的评价、对自己或者他人吸引力的判断、猜测他人的意图等）、与社会有关的信息推理。有趣的是，社会性刺激所激活的脑区对奖励维度的变化也有敏感性，也就是说，在面对社会性刺激时会激活的脑区与那些对奖励的各个维度的评估比较敏感的脑区在很大一部分上是重叠的，如腹侧纹状体和内侧前额叶皮质。

多巴胺随着年龄的增长会发生变化，个体出生后会出现一个小幅度的增加，到9—10岁，大脑的纹状体和前额叶皮质多巴胺受体密度减小，这种变化在男性中更明显。但很重要的一点是，多巴胺系统在皮质与皮质下出现的多巴胺受体增减的时间和程度上都不同。斯坦伯格猜测多巴胺受体在这两个区域内相对密度的变化，才是造成青少年奖励加工过程变化的原因（Steinberg，2008）。青少年早期的多巴胺系统重塑达到一个顶峰，由于多巴胺系统是个体的奖励中枢，多巴胺受体的增加、减少以及重新分配，尤其是从边缘系统到前额叶区域的变化，可能对解释感觉寻求具有重要意义。从青春期中后期开始，多巴胺系统的进一步改变以及一些其他神经递质对奖赏过程的调节作用，将改变个体的奖赏敏感性，从而降低了个体奖赏寻求的倾向。

2.类固醇独立与类固醇依赖过程

类固醇属于脂类，包括性激素、肾上腺皮质激素等，本书中的类固醇主要指性激素。有很多研究者认为，由多巴胺系统中介的奖励寻求行为的变化是由于大脑中性激素的影响所致，然而，虽然多巴胺系统的重塑在时间上是与青春期性成熟巧合的，但还不是很清楚究竟是不是由性成熟导致了多巴胺系统的重塑。科学家做了一系列动物阉割的实验来说明这个问题。在性成熟期之前将动物的性腺割下来，它们将不会经历由性成熟引起的性激素上升，结果却发现，它们的多巴胺受体照样会激增，也会和未阉割的动物一样有突触修剪。因此，多巴胺系统的变化似乎与性激素无关（Sisk，Foster，2004）。所以，区分这两个概念很重要：青春期强调导致生殖功能成熟的过程，青少年期强调行为上、认知上、社会情感上的变化，二者无论在概念上还是在神经生物学上都是不同的。在青少年早期由成熟驱动的对奖励寻求的增加有着很强的生理学基础，它与青春期性成熟的出现是同步的，但是这种变化只能由很少一部分的激素变化来解释。

事实上，青春期很多行为上的改变都被误解为是性成熟的作用使然，实际上它们是被一种类似于生物钟的作用事先设定好的，这些行为改变都只是在时间上与性成熟期荷尔蒙的作用巧合，但是完全独立于它们。所以可以区分出两种变化：依赖类固醇的过程和不依赖类固醇的过程。

3.催产素的变化

青春期的各项发展中，催产素的变化也对青少年冒险行为起到了十分重要的作用。催产素也是一种垂体神经激素，起着神经递质的作用；它是人与人之间亲密关系的起源，催产素可以促进彼此的信任（Kosfeld et al.，2005）和对心理状态归因的准确性（Guastella et al.，2010），恋人们之所以会渴望拥抱亲吻也正是由于催产素在起作用。最近有研究表明，催产素对于改善社交恐惧症和自闭症可能具有重要作用（Bartz，Hollander，2006）。在青春期阶段，催产素受体数量在边缘系统（包括杏仁核和伏隔核）增多，由于它在性腺类固醇对社会信息的记忆和社会联结的影响中起到中介作用，青少年更大程度上受到社会关系的影响（Nelson et al.，2005）。由于催产素受体的增加，个体更容易受到社会关系带给他们的影响，因此青少年愿意花更多的时间与同龄人在一起，同伴关系对于青少年的行动和决策就产生了重要的影响。从另一方面来看，对同伴关系这一社会刺激的强烈关注又进而鼓励了个体冒险行为的发生。

有研究表明，青春期时大脑中与动机加工有关的脑区出现了多巴胺和催产素受体的变化，这些受体密度和分布的改变提高了个体对于社会因素如朋友交往的敏感性。与儿童和成年人相比，青少年在面对一系列社会刺激（如面部表情或社会反馈）时，由于多巴胺和催产素受体的作用，与动机加工有关的脑区出现显著的激活。鉴于这些原因，青少年可能会由于意识到朋友在观看而提高了大脑中动机加工环路的激活强度，以至于对存在可能收益和奖励的冒险行为具有更大的敏感性，更容易投身于冒险活动（Spear，2010）。

总的来讲，从儿童期到青春期早期，社会—情绪系统的相对成熟使得青少年的冒险行为增加。其原因主要有两方面：一是脑结构的发展性变化使同伴对于青少年风险寻求倾向的影响增大；二是生理驱动的多巴胺系统通路的重塑、类固醇分泌和催产素受体的增加。从青少年后期到成年期，冒险行为的减少主要与两个因素有关：一是认知控制系统的成熟，促使个体有能力进行长远计划和抑制冲动行为；二是皮质与皮质下区域联结的成熟，促使了情绪与认知的协调一致，使得两者互相调节彼此的加工过程。青春期个体的心理成熟状况和认知能力变化如图7-1所示。

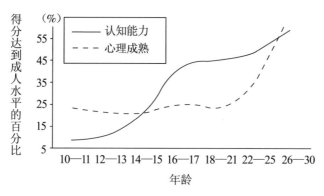

图7-1 认知能力与心理成熟之间的关系

二、青春期冒险行为的脑与认知科学研究对教育实践的启示

在将上述认知神经科学研究的成果应用于教育教学实践之前，首先应该澄清两点。（1）认知神经科学研究的结论并不是完全确凿无误的，需谨慎地看待。因为关于生理与行为之间的关系还缺乏直接的证据，已有结论只能说明这两者之间可能存在非常紧密的联系，对其因果关系的推论尚需谨慎。（2）并不是所有可能导致感觉寻求的刺激和倾向都会导致青少年的冒险行为，在这两者中间存在一些中介变量或调节变量，如：成熟时间点，早熟的个体被认为出现冒险行为的可能性更大；人格特质倾向，有的个体可能倾向于风险规避，而有的个体可能更喜欢寻求风险，使他们在进行决策或行动时存在更多潜在危险因子；机遇，也就是个体参与危险行为的机会，包括父母的监督、酒精毒品的易得性等，那些有更多机会暴露在反社会冒险行为活动中的个体更可能去参与冒险行为。

（一）教育认知神经科学研究的应用实例

随着近年来科学技术的飞速进步，认知神经科学领域的研究方兴未艾，利用高精度、高质量的实验仪器，研究者们设计、实施大量的实验，探索心理与行为的神经基础，揭示出较行为观察、实验所得结果而言更接近本质的生物机制。在青春期冒险行为的问题上，认知神经视角下的研究层出不穷。

腹侧纹状体被称为大脑的"激励中心"，与奖励反馈有关，常常在人们得到外界回报时发挥作用，比如赌博赢钱或享受美食的时候。腹侧纹状体的发育发展使青少年对奖励刺激更加热衷，而在寻求奖励刺激的过程中，腹侧纹状体会受到激活。在成人被试身上做的神经成像学研究发现，在被试实施亲社会行为时比个人得到奖励时腹侧纹状体的活动更强，这可能说明，帮助他人实际上是更有意义、更有回报的经历。特尔泽（E. H. Telzer）等人的研究是采用了功能性磁共振成像技术的纵向研究，测试时间1（即T1）和测试时间2（即T2）相隔一年，选取的48个被试均处于青春期。T1时，被试被要求在核磁的扫描下完成为家庭做贡献任务（family contribution task），选择为自己还是为家庭赢得一定的经济利益，在被试选择牺牲自己的利益而为家庭赢得奖励时，研究认为他们做出了"有成本的贡献"，并采集其腹侧纹状体的激活程度数据。另外，T1时被试还需填写冒险行为自我报告、一年间冒险行为可能性自我报告和家庭责任感估计的5点量表。T2时，被试重新填写冒险行为自我报告。结果显示，"有成本的贡献"情况下神经激活程度与T1时的冒险行为表现没有显著相关，但与T1、T2间冒险行为的减少与否显著相关，从而说明，腹侧纹状体的强烈激活能够有效预测一年后冒险行为的减少，而不能预测当时的冒险行为，即预测仅在纵向维度上有意义。有意义的、亲社会情境下的对奖励的敏感性增强与长时间内青少年冒险行为的减少相关（Telzer et al., 2013）。

该研究揭示出，长期以来被人们认为会导致青春期冒险行为增加的脑区（如腹侧纹状体）可能反而会保护青少年，减少其冒险行为。青少年因帮助他人得到越多奖励，其冒险行为在一定时间内会减少越多。传统的神经成像学研究是用行为测量指标来预测各脑区的激活和反应，最新的进展是，用生理的、神经的指标来预测个体现在或不久将来的行为表现，比自我报告的预测力更强。已有多项研究采取了这个思路。

（二）教育实践与启示

第一，青春期个体冒险行为的增加是有其神经生理基础的，因此，过度控制或过度教育并不适宜，但应加强监督。根据已有的认知神经科学研究成果，青春期冒险行为的增加与青少年在这一时期多巴胺系统、类固醇、催产素等神经生理结构与机能的变化有关，因此在对待有较多冒险行为的"问题少年"时，不应一味指责，更不可随意归因为人品不良等因素，以免伤害他们的自尊心。然而，对青少年的危险行为进行实时监控是十分必要的。美国自 1991 年以来，每两年就进行一次综合的青少年行为危险因素监测，积累了大量的资料，为开展健康教育提供了充分的依据。然而，国内的相关调查研究还很少，今后应在全国范围内加强对青少年危险、犯罪行为的监测。

第二，避免教育中可能出现的性别刻板印象。在现实生活中，我们不自觉地拥有有关冒险行为性别差异的刻板印象，即男性更容易参与到冒险行为中，不仅参与频率更高，冒险行为的严重程度也更高，因而在进行干预和教育时，通常带有先入为主的看法。从进化心理学的角度来看，青少年冒险行为的增加是具有进化意义的。从某种意义上说，规避风险对于个体存活、生儿育女来讲可能才是更大的危险。敢于冒险、勇于挑战的倾向除了可以促使个体在潜在的危险情境中生存下来，对于男性来说，冒险行为也可以使他们在社会等级中保持统治地位，这种统治地位可以保证他们获得充足的物质资源，在选择配偶时也将因此获得优势，即他们有更多的机会繁衍后代。但是，在严格的实验条件下，冒险行为的性别差异并不明显，同时，认知神经脑成像的相关研究也没有发现冒险行为的性别差异，加尔万（A. Galvan）认为这种性别差异可能更多地受到环境因素的调节，而非纯粹的神经生理机制上的不同（Galvan et al.，2007）。对此，转换教育干预方式，避免性别刻板印象，了解青少年冒险行为的环境情景因素，对于青少年减少冒险行为与健康成长有着重要的意义。

第三，改变认知观念，而非单纯言辞说教，提高学生参与的积极性。尽管青春期是一段冒险行为的多发期，但是这段时期对奖励寻求的激活和冲动也并不总是一个持续的状态。青少年大部分时候，如当他们独自一人或者并没有可能引起情绪激动的唤起因素时，个体的认知控制网络是可以控制自己的冒险冲动的。然而，现行的预防青少年冒险行为的教育方式并不是最理想的举措。为预防冒险行为的出现，应该采取灵活多样的活动方式，改变青少年对冒险活动的认知，让他们理解这种冲动和行为倾向背后的深层次原因，而非仅仅告诉他们什么是对的、什么是错的。填鸭式的教育方式并不能起到太大作用，甚至可能适得其反，使处于青春期的个体更加叛逆和不考虑后果。

第四，运用神经活动指标，预测行为表现，对青少年进行筛选、监控和干预。青春期时，青少年对奖励的敏感性会显著提高，同时，兴奋水平和唤起水平也显著提高，因而做起事情来动力十足，充满激情。丰富而高强度的情绪可能导致两种不同的结果：一是问题行为，如吸毒、与不良朋友在一起鬼混、逃学、鲁莽驾驶、飙车等；二是也可将这些情绪引导到比较积极的方向上，从事更有目标指导的活动，比如课后运动、宗教活动、亲社会行为、兴趣爱好、与同伴和恋人健康友爱地交往等。太多的热情要释放，有好的渠道，也有坏的渠道。很自然地，我们要考虑的是怎样把青春期青少年高涨的情绪引导到好的方向上来。日益发达的神经科学研究现在已经可以做到用生理的、神经的指标来预测现在或不久的将来个体的行为表现，这种预测比自我报告的效力更强。如果能用现在的神经系统敏感性数据预测青少年在接下来一段时间内的冒险行为，对我们制定和实施个别化的干预项目十分有利。更为个性化的干预措施比大而化之的、统一途径的项目更有用，更能带来行为的改变。

第五，深入了解青少年参与冒险行为的动机，做到对症下药。对于青少年来讲，研究他们比成年人更多地参与冒险行为的原因是非常重要的，究竟是他们高估了潜在的奖励，还是在得到奖励后的反应与成人有异？这不仅有助于教育者理解青少年在现实生活中参与冒险行为的动机和原因，同时也给家长、学校和社会提供了如何干预和保护青少年，使之免于风险的理论支持。

第六，在处理青少年犯罪问题时，可适当参考心理学和认知科学的研究成果。未来在制定有关青少年社会行为的法律法规时，应该增进心理学家、教育学家和立法部门的沟通交流。当前，我们制定遏制犯罪行为的法律法规时，在哲学层面上是默认了这样一个观点：每个人都是一个可以理性地"选择"自己行为的个体，因此他们应当为自己做出的违法犯罪行为全权负责。事实上，在剖析青少年问题行为的成因时，我们不能忽视大脑发育带来的影响。在量罪量刑时，认知神经科学的证据可能会提供新的视角。

第七，家庭、学校、社区、社会共同创造良好的支持性环境。根据认知神经学家的实证研究证据，青春期个体的冒险行为在某种程度上是由神经生理因素引起的，它是个体在发展过程中不可避免的，因此与其讨论我们如何规避青少年的冒险行为，不如研究如何将青少年的这种行为冲动、感觉寻求的特质引导到有意义的方面，如激发他们参与社区活动，利用他们的活力与精力更好地促进个体本身和社会的进步。除此之外，也并非所有青少年都会因为情绪引起的行为冲动和轻率决定而犯错，大部分青少年都可以顺利、健康地度过青春期，这也为我们提供了一个可以探讨的新领域——是什么使得青少年可以健康成长，这也是近10年来心理学界、教育学界讨论最为热烈的议题——青少年的积极发展心理学。积极心理学认为我们应该更多地关注青春期好的一面，并为此提供更多的资源和支持，这包括学校、社区、家庭等各个环节，探究影响青少年个体成长的环境因素可能对干预青少年冒险行为更有意义。

第八章

学习动机的神经机制与教育质量提升 ①

◎ 第一节 学习动机的定义及其对学业成就的重要性

　　学生能否在学校里取得良好的学业成绩是决定他们今后发展顺利与否的一个关键因素。学生在认知层面上的差异如智力水平、记忆能力和信息处理技巧等通常被认为是决定他们学业成绩的主要因素（Laidra，Pullmann，Allik，2007；Rohde，Thompson，2007）。与此同时，教育学者们也强调许多非认知层面的因素如动机、情感以及环境因素等同样能够对学生的学业成绩产生重要的影响（Meece，Anderman，Anderman，2006；Pekrun，1992；Schunk，Pintrich，Meece，2008）。

　　在众多的非认知因素中，恐怕没有任何一个因素能比动机更为深刻地影响学生的学习行为和学习成绩了。动机作为人类行为的动力源泉，控制着行为的持续性以及发展方向。在教育学层面，学习动机通常被定义为一系列策划和维持目标导向学习的心理机制。很多研究已经证明了学习动机能够影响学生的学习态度、学习策略的使用、学习过程中的自我调控以及学习成绩（Schunk，Pintrich，Meece，2008）。学习动机强烈的学生更容易形成一个良性的循环，如上课精神集中，认真预习复习学习资料，有效设定学习目标，以及在遇到困难和挫折时维持良好心态并保

---

① 本章部分内容发表于《教育生物学杂志》，原题为《动机的神经机制》。

持努力等（Zimmerman，2000）。良好的学习习惯和策略是学生学习进步并取得优良成绩的重要保证。缺少学习动机的学生则更容易陷入一个不良的循环中，如上课精神涣散，拖延，回避学习（Butler，Neuman，1995；Howell，Waston，2007；Midgley，Urdan，2001）。不良的学习习惯和行为会极大地损害学生的学习成绩和学业发展。因此，如何帮助学生形成并维持良好的学习动机在当代教育学中是一个十分重要的课题。

一、学习动机的核心概念

长久以来，众多教育学理论如强化学习理论、需求理论、归因理论、自我效能理论、自我决定理论、期待—价值理论、成就目标理论、兴趣理论、自我调控理论等一直在探讨和研究关于学习动机的现象。这些理论都在不同程度上强调了个人的主观信念、对学习价值的认知、个人的成就目标以及学习兴趣等核心学习动机概念。虽然不同的理论侧重点不同，对动机概念的定义也不尽相同，但教育心理学家们总体将这些动机概念划分为与学习能力和学习目的相关的两大类别（Pintrich，Marx，Boyle，1993）。美国教育心理学家平特里奇（P. R. Pintrich）后来将这两大类别细分为五个互相联系的概念集合，包括：效能感和能力认知、归因和控制认知、兴趣和内在动机、成就价值以及成就目标（Pintrich，2003）。

现今的学习动机研究主要集中在分析学生对于能力、价值以及目标这三大核心概念的认知上。这三个大核心概念能够帮助我们全面地捕捉和了解学生学习动机的相关心理机制（见图8-1）。首先，对成功的期待是驱动学生学习的最关键的要素之一，而关于能力的概念则能够帮助我们了解学生是否相信自己能成功。一些重要的与能力相关的概念包括自我效能感、成功期待和控制能力。其次，关于价值的相关概念能够帮助我们了解学生想不想学习。因为如果缺少价值驱动，学生很难产生动力去学习。典型的价值概念包括自我价值、兴趣价值和有用价值。需要指出的是，价值通常是通过成本效益分析得到的，所以现在许多研究者也开始强调成本对学习动机的影响。再次，关于目标的概念能够帮助我们了解学生是为什么而学习。正确了解学生学习的目标能够让教育者更好地了解学生们不同的行为模式。学生在学习环境中的目标通常可以分为学习目标（mastery goals）和绩效目标（performance goals）两大类。根据目标不同的效价（valence），绩效目标还可以再细分为绩效趋近目标（performance approach goals）和绩效回避目标（performance avoidance goals）。

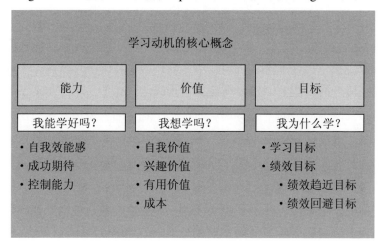

图8-1　学习动机的核心概念

二、能力认知与学习

与能力认知相关的变量中，自我效能感是被讨论和研究得最广泛的一个变量。自我效能感指个人对自己是否具有克服困难，完成某项工作或者达到某个目标的能力的判断（Bandura，1977）。在教育学研究中，自我效能感通常被定义为学生对自己能否成功完成某一既定学习目标的判断（Schunk，1991），即学生认知中对于"我是否能学好"这个问题的回答。一直以来，许多研究者都十分强调自我效能感对学习动机的重要影响（Bandura，1977；Schunk，1991）。很多研究已经证明了有高水平自我效能感的学生通常也有高水平的内在学习动机。他们学习更加努力，更乐于寻求挑战，在遇到困难时不会轻易放弃，同时也对自己的学业成绩更加满意（Bandura，Schunk，1981；Bong，2002；Pajares，Miller，1994；Zimmerman，Kitsantas，2005）。同时，自我效能感已经被证明是众多动机变量中能够最有效预测学生学业成绩的一个变量（Pajares，1996）。

根据国际学生评估项目（Programme for International Student Assessment，PISA）的研究结果，在比较15个不同的学习动机和学习策略等变量对学习成绩的预测力时，自我效能感表现出了最强的预测力（Lee, Stankov, 2013）。正是因为自我效能感对学业成就的重要性，它一直是学习动机研究中的一个核心概念。

自我效能感之父——美国著名心理学家班杜拉曾强调自我效能感是一个特定于情景（context-specific）的变量。人们在不同领域、不同任务或不同环境下的自我效能感水平是各不相同的。比如一个人对于演讲的自我效能感会因为演讲的主题、观众的水平、观众的人数抑或是使用的演讲语言而发生改变（Bandura, 1977）。在学习中，学生对不同科目如数学和英语的自我效能感也会不同。即使是同一学科，学生在不同时间和不同情况下的自我效能感也会发生改变（Bong, 2005）。班杜拉还分析了自我效能感的四大来源，分别是成功经验、替代性经验、社会劝说和情感状态。用通俗的表述方法，这四大来源分别可以理解成学生在学习环境下的"所做""所见""所闻"和"所感"。

首先，成功经验即学生的"所做"是他们自我效能感最重要也是最直接的来源。最行之有效的增进学生自我效能感的方法就是帮助他们多积累成功的经验。因为成功的经验和感受是能够让学生知道他们有能力取得成功的最真实而直接的信息（Bandura, 1982；Biran, Wilson, 1981；Feltz, Landers, Raeder, 1979）。成功的经验能够帮助学生构筑良好的自我效能感；反之，失败的经验，尤其是在稳定的自我效能感构建完成之前的失败经验，则会在很大程度上损害学生的自我效能感。

自我效能感的第二个重要来源是社会模型（social models）所提供的替代性经验，即学生的"所见"。班杜拉和申克（D. H. Schunk）都曾证明过当观察者看到和自己相似的人成功时，他们的自我效能感也会相应提升（Schunk, 1987）。这是因为观察者有理由相信如果和自己相似的人能成功的话那么自己也同样能够获得成功。反之，如果观察者经常看到和自己相似的人失败，他们的自我效能感也会降低（Brown, Inouge, 1978）。我们在讨论替代性经验时需要特别注意的一点是社会模型对观察者的影响很大程度上取决于观察者认为的社会模型和自己的相似性。对学生而言，他们的朋友和学校的同学是最重要的社会模型，即当学生观察的模型是和自己相似的朋友或者其他学生时，他们的自我效能感会更容易受到来自模型成功或者失败的影响。反之，如果学生觉得观察的模型和自己并没有太多的相似之处，他们的自我效能感则不会受到来自这些模型表现的影响。

社会劝说即学生"所闻"，是另一个能够帮助学生构筑自我效能感的渠道。许多研究已经表明，当学生听到周边环境（家人或朋友）表达出对他们能够成功完成任务的信心时，他们会更加认真地投入到相应的任务中去，并且在遇到困难时也会表现出更大的坚韧性。反之，如果学生听到周边环境对他们的能力表示怀疑和不确定时，他们则更容易放弃（Litt，1988；Schunk，1989）。对学生而言，父母和老师是他们周边环境中最为重要的两个角色（Wentzel，1998），因此父母和老师对学生的信任和鼓励可以成为学生构建自我效能感的重要因素。

最后，学生所处的情感状态即"所感"也会影响自我效能感的判断。简而言之，诸如喜悦等正面情绪能够提高人们的自我效能感水平，而诸如不安等负面情绪则会降低人们的自我效能感水平。因此，如何有效地减少学生在学习环境下可能产生的不安焦躁等负面情绪也是教育学者需要关注的一个重要方面。

三、价值认知与学习

多年以来，教育研究者们一直关注与学生们所认为的自己学习的原因或理由相联系的一些动机变量。教育心理学家们认为这些动机变量通常帮助学生们回答"我是否想学习"这个问题。在教育心理学中这些问题的答案通常被定义为学生对学习价值的认知（Wigfield，Eccles，1992）。心理学家们认为人们对价值的认知是决定他们各种选择以及后续行为的关键因素（Rokeach，1973；Schwartz，1995）。在教育学层面，大多数关于学生学习价值的研究都是基于美国著名教育心理学家埃克尔斯（J. Eccles）和她的同事们在20世纪80年代所创建的期待—价值理论。期待—价值理论是教育学研究中被广泛应用的理论之一，它系统地分析了学习动机中与学习能力和学习价值相关的认知对学生的学习选择行为、学习过程及学习成绩的影响（Eccles et al., 1983）。

期待—价值理论中与能力相关的变量即自我效能感。相比于自我效能感是学生实际学习成绩的最有效预测变量，学生对学习价值的认知则是他们在学习环境下一系列选择行为的最有效预测变量（Wigfield，1994）[35-70]（Wigfield，Eccles，1992）。和自我效能感一样，价值也是一个特定于情景的变量。针对不同的学科学生的价值认知水平也会不尽相同。期待—价值理论分析了四种不同的价值：自我价值、兴趣价值、有用价值和成本。首先，自我价值指的是在某一学科上取得成功对个人而言的重要性。自我价值融合了学生对自我属性的认知。比如，当学生认为数学所代表的逻辑科学性能够很好地表达自己的内在属性，或者认为自己是一个立志于投身数学科研的人时，他们就会认为数学学科十分重要并因此对数学学科有很强的自我价值。其次，兴趣价值考虑的则是学生是否对某一学科感兴趣并且享受学习的过程。当学生对某一学科的兴趣价值很高时，他们更容易全身心地投入到此学科的学习中并且在遇到困难时表现出更强的坚韧性。此外，与来自于学生本身的兴趣价值不同，有用价值侧重的是学习的实用性。当学生认为学习某一学科对他们未来的学习生活会产生正面影响或者能帮助他们实现未来生活目标时，他们就会认为这一学科有很高的有用价值。最后，与上述三种正面价值不同，成本认知反映的则是学生认为的学习所连带的一系列负面因素，比如需要花费太多的精力，没有机会去参与其他有趣的事情，失败的话会被别人觉得没有能力，以及由学习而引起的各种负面情绪状态等。

大量的研究已经表明培养学生对学习的自我价值、兴趣价值和有用价值能够有效地帮助他们提高学习动机并取得更好的学习成绩（Wigfield，Eccles，2000）。然而，对于教育环境下学生学习成本认知的研究还处于一个相对滞后的阶段。近年来，越来越多的学者开始强调学生的成本认知对他们学习动机的影响（Barron，Hulleman，2014）。最近几年的研究已经表明了成本认知是各种回避性动机的决定性因素，会导致学生陷入诸如拖延和无序学习等问题行为（Jiang，Kim，Bong，2016；Perez，Cromley，Kaplan，2013）。基于这些发现，我们应该注意到很多时候学生不愿意学习其实并不是因为他们缺少能力或者认为学习没有价值，而是因为学生感觉到了太高的学习成本。所以，如何帮助学生减少各种学习成本的认知和如何帮助学生提高学习能力和学习价值认知一样，也是帮助学生获得最佳学习动机的一个重要手段。

四、目标认知与学习

成就目标是除了能力认知和价值认知以外的另一个关键学习动机变量。成就目标描述的是学生各种学习行为的目的（Dweck，Leggett，1988），即学生认知中对于"我为什么学习"这个问题的答案。初期的成就目标理论区分了学习目标和绩效目标这两大类目标（Ames，Archer，1988；Dweck，Leggett，1988；Nicholls，1984）。当代成就目标理论根据目标的不同效价，把绩效目标进一步细分为绩效趋近目标和绩效回避目标（Elliot，1999）。当学生追求学习目标时，他们学习的目的是提高完善自己的能力。他们的注意力会更多地集中在发展自己的能力以及在学习过程中学会并掌握各种有用的知识和技能。当学生追求绩效趋近目标时，他们学习的目的则是为了证明自己拥有优于别人的能力。他们的注意力更多地集中在如何取得的比别的学生更好的成绩以及如何通过学习获得别人的赞扬。当学生追求绩效回避目标时，他们学习的目的则变成了掩饰自己能力的不足。他们的注意力会更多地集中在如何避免比别的学生表现得差劲以及如何避免失去别人对自己能力的正面评价。可以看到不同的成就目标下个体所奉行的行动纲领差异巨大，这也会对学生的学习行为以及他们的情感和认知反应产生不同的影响（Hulleman et al.，2010）。

通过问卷调查和实验分析等研究方法，教育学者已经表明了追求学习目标的学生通常表现出良好的学习态度和学习习惯。这些学生通常会表现出更高的学习兴趣，更愿意为学习付出努力，更愿意挑战有难度的学习任务，并且能在相对枯燥的学习过程中坚持下来（Urdan，1997）。另一方面，比起学习目标的积极效果，绩效目标对于学习的影响则不是十分一致。追求绩效回避目标的学生通常伴随有不好的学习态度和习惯，他们的自信心、学习价值认知以及学习成绩也相对较低。不同的是，追求绩效趋近目标的学生和追求学习目标的学生一样表现出了较高的自信心、学习价值认知以及学习成绩（Elliot，Mcgregor，2001；Elliot，Murayama，2008）。但是仍然需要注意的一点是，对于追求绩效趋近目标的学生，他们的学习兴趣通常处在一个比较低的水平。因此教育学家们认为，绩效趋近目标虽然在短期内可能对学习产生一定的积极影响（比如能够提高学习成绩），但长远来看，它并不能和学习目标一样有效地帮助学生获得良好的学习兴趣等内在学习动机。

学生追求什么样的成就目标与自身所处的学习环境也有着紧密的联系（Church，Elliot，Gable，2001；Roeser，Midgley，Urdan，1996）。强调努力、注重学习过程、对失败相对宽容的学习环境能让学生更专注于学习目标；强调证明能力、注重学习成果、盛行比较的学习环境则会让学生专注于绩效目标。针对学生所能接触到的各种环境，美国教育心理学家埃姆斯（C. Ames）强调了教室内的目标构成对学生个人成就目标的习得有着特别重要的影响（Ames，1992）。她通过把目标（Target）这个单词的每一个字母与某个特定教室因素相联系，强调了教室内目标构成的六大关键因素：任务（Task）、权限（Authority）、识别（Recognition）、分组（Grouping）、评估（Evaluation）和时间（Timing）。

根据埃姆斯的教室目标理论，一个强调学习目标的教室通常需要具备以下六个要素：提供精心准备的具有挑战性的学习任务；强调学生的自主意识；认可学生的努力及进步过程；提倡同学间的协作；提供公正有效的信息反馈；让学生有足够的机会来管理支配自己的时间。反之，一个强调绩效目标的教室则通常会表现为：充满了结构不良并且枯燥的学习任务；强调控制学生的行为；只认可能力和结果；强调学生之间的对比；提供情绪化且缺少有效信息的反馈；给学生施加各种时间压力。许多研究已经表明，当学生感觉到自己所处的学习环境强调学习目标时，他们也更多地追求学习目标；反之，当学生感觉到自己所处的学习环境强调绩效目标时，他们也更多地追求绩效目标（Anderman，Midgley，1997；Bong，2005；Roeser，Midgley，Urdan，1996）。基于上述研究结果，我们强调要在学校中大力推广学习目标，让学生更多地集中到学习的过程中并提升自身的能力，而不是强调考试成绩和学生之间的对比，因为来自周围环境中的诸如强调能力和对比等信息会让学生更容易形成绩效趋近目标。这样的环境看似能刺激学生提高学习成绩，从长期来看却会损害学生的学习兴趣和动机。

五、传统动机研究方法的缺陷与神经科学的优势

不可否认，传统的动机研究在很大程度上帮助人们加深了对各种动机现象的了解，但是传统的研究方法在动机的测量和量化上仍存在着先天的缺陷。

在心理学层面，行为发生的频率、持久性以及投入时间和精力的程度等是衡量动机水平最直接的指标。虽然这些数据可以通过实验观察分析获得，但是通常需要相对较长的时间。由于这种时间上的限制，传统的动机研究通常采用问卷调查的方式以获得被调查者主观上对自己动机水平的推测。尽管这些主观上的推测和实际的客观行为数据保持了相当高的一致性，但动机终究是一个动态内隐的过程，仅仅通过主观问答的方式很大程度上限制了人们对各种动机现象的心理机制的了解。

在教育学层面，教育学者长久以来致力于研究如何帮助学生维持最佳的学习动机以达到最好的学习效果。通过实验观察和问卷调查等研究手段，教育学者们已经在如何促进学生学习上取得了丰硕的成果。但是，仅仅通过传统的教育测量技术是无法精确而全面地描绘出与学生动机相关的一系列过程的。这是因为传统的教育测量技术无法测量到人类大脑的内在工作机制，因而无法准确地捕捉动机这一动态内隐的变量。幸运的是，教育神经科学的出现提供了一条让教育学者能够科学研究动机变化和发展的新途径（周加仙，2013）。教育神经科学是一门新兴的复合型学科，它通过把传统的教育学研究和新兴的脑神经科学研究相结合，从大脑皮质活动变化的角度客观地分析各种复杂的动机和行为。通过分析大脑皮质的活动变化，教育研究者能够直接观察分析动机的内在生理机制，深化对学生各种动机行为的理解和认识，并最终达到促进学生学习的教育目标。

◎ 第二节　动机的神经机制及其对教育的启示

关于动机如何产生与发展的相关课题也是脑神经科学领域中的一个研究热点。许多大脑结构已经被证明与各种动机现象紧密相连（见插图8-1），如与奖赏信息紧密联系的中脑腹侧被盖区、腹侧纹状体和杏仁核；与能力和价值判断以及决策行为紧密联系的内侧前额叶皮质和眶额皮质；与执行能力和认知控制能力紧密联系的前扣带回和背外侧前额叶皮质。在心理学层面，动机现象可以细分为动机的诱发、完成和维持三大阶段。在脑神经科学层面，不同的大脑部位则会参与到不同阶段的动机现象中。总体说来，动机的脑神经机制可以细分为奖赏导向的动机诱发过程，能力和价值判断导向的动机完成过程，以及目标导向认知控制为基础的动机维持过程。可以看到，在上一节中所讨论的能力、价值以及目标这三个动机的核心变量在脑神经科学层面同样是理解动机现象的关键变量。

一、奖赏与动机的诱发

在脑神经科学领域，动机和奖赏是紧密联系的。无论是物质奖赏还是社会奖赏，都是诱发动机的有效手段。奖赏的主要功能是引发积极情绪进而提高生物体目标行为的频率（Schultz，2006）。因此，生物体会寻找与奖赏相关的信号，学习奖赏和相应刺激之间的联系，分析奖赏的价值，并做出接近或回避行为以期得到可持续性的奖赏。需要注意的是，一个完整的奖赏流程并不仅仅是简单的获得奖赏，而是包含了诸如奖赏的预期、建立行为和奖赏的联系、计划如何获得奖赏、解析奖赏的价值、分析比较不同奖赏的相对价值等次级过程。所以在脑神经层面，很多的大脑区域会协作完成奖赏信号的分析。

和奖赏紧密联系的大脑区域主要分布在多巴胺传递通路（见插图8-2）。多巴胺是由中脑腹侧被盖区分泌的一种神经递质，它是脑中传递快乐和兴奋情绪的介质。多巴胺主要通过中脑边缘和中脑皮质两个通路在脑内传递。在中脑边缘通路中，中脑腹侧被盖区的神经元与腹侧纹状体、杏仁核以及海马体相连。在中脑皮质通路中，多巴胺则由中脑腹侧被盖区传递到内侧前额叶皮质、前扣带回以及鼻周皮质。中脑边缘通路主要负责奖赏的预期和学习，而中脑皮质通路则负责奖赏的相对价值分析和认知控制。除了这两条通路以外，还存在一条连接黑质和背侧纹状体的多巴胺通路，主要负责目标行为的准备和施行。

腹侧纹状体、杏仁核和眶额皮质是最常见的参与处理奖赏信息的大脑区域（Haber，Knutson，2010）。这些大脑区域不仅处理关于食物和性冲动等初级奖赏，同时也处理关于钱和称赞等次级奖赏。其中，腹侧纹状体在预期以及实际接收各类奖赏时特别活跃。研究者已经发现，当人们看到自己喜好的信息，参与自己喜欢的活动，听到笑话，或者是感觉到爱时，腹侧纹状体都显示了强烈的激活水平（Aron et al.，2005；Izuma，Saito，Sadato，2008）。因此，腹侧纹状体也被认为是大脑中的"快乐中心"。除了腹侧纹状体，杏仁核也是大脑中另外一个处理奖赏信息的关键区域（Baxter，Murray，2002；Murray，2007）。虽然杏仁核长久以来被认为是大脑的情绪中心并且对恐惧等负面信息尤其敏感，很多研究也发现了杏仁核其实更多的是对大脑所接收信息的强度而非效价敏感（Haber，Knutson，2010）。相对于腹侧纹状体和杏仁核对奖赏的绝对价值敏感的事实，眶额皮质则是对奖赏的相对价值比较敏感。许多研究已经表明，在接收包含不同奖赏价值的信息时，眶额皮质只对包含相对更高价值的信息产生反应（Grabenhorst，Rolls，2011；Tremblay，Schultz，1999）。所以，眶额皮质被认为是大脑内分析和比较价值的关键区域。

需要注意的一点是，青少年和成人的大脑对奖赏的反应方式是不同的。在对比青少年和成年人对奖赏反应的研究中，研究者发现青少年的腹侧纹状体对实际接收奖赏十分敏感，而成年人的腹侧纹状体则对奖赏的预期更为敏感（Bjork et al.，2004）。另外，研究者还发现，相比成年人，青少年的腹侧纹状体对奖赏信号显示出了十分敏感甚至是有些过度的反应。当预期得到奖赏但实际并没有获得相应奖赏时，青少年的大脑则表现出了强烈的负面情绪反应。与之不同的是，当成年人预期得到奖赏但实际并没有得到相应奖赏时，他们的眶额皮质活动十分活跃（Van Leijenhorst et al.，2010）。这些研究结果揭示了不同年龄段人的大脑对奖赏信息的不同处理方式。当没有获得奖赏时，青少年的大脑很容易只是产生直接的负面情绪反应，而成年人的大脑则可能更专注于计划如何成功获取奖赏。

二、能力和价值判断与动机的形成

根据期待—价值理论（Eccles et al., 1983），个人对某一特定目标的成功可能性以及相应价值的判断是决定他们是否行动的两个关键因素。只有当个人觉得自己有能力取得成功并且觉得成功具有一定价值时，他（或者她）才会采取相应的行动。因此，个人对自己能力以及对成功价值的判断是最终决定动机的基本要素，两者缺一不可。试想一下，即使一个人有百分之百的把握在某样工作上取得成功，如果他（或者她）觉得这个工作没有任何价值的话，也很难产生动机去完成这个工作。同样，即使一个人知道某样工作很有价值，但如果觉得自己没有机会成功，他（或者她）同样不会产生足够的动机去尝试完成挑战。在前文中，我们已经讨论过学生对自己能力（如自我效能感）和对学习价值的判断是决定他们学习动机以及学习质量的关键因素。大量的教育学研究已经表明了对自我效能感的积极判断以及对学习价值的正确认识能够激发学生的内在学习动机，提高学习质量和自我调控学习能力，并帮助学生增加在遇到挫折时的坚韧性（Eccles, Wigfield, 2002）（Wigfield, Cambria, 2010）[35-70]。

在神经学层面，许多研究也探索了关于能力和价值判断的脑神经机制。其中，针对能力判断的研究通常是通过检测学生在记忆类测试中的自信心完成的。个人对于自己能否成功地提取记忆信息并完成测试的判断是一个准确而直观的能力分析过程。这些研究所使用的记忆力测试既包括是否能够成功记录新的记忆信息（Kirchhoff et al., 2000；Sperling et al., 2003），也包括是否能够成功提取旧的记忆信息（Eldridge et al., 2000；Henson et al., 2000）。无论测试的是哪一方面，个人的自信心都体现了大脑中"我知道我可以成功"的信念。这种自信心的心理机制和之前讨论过的自我效能感的心理机制是一致的。

研究结果证明大脑中与自我能力判断和自信心紧密联系的区域是内侧前额叶皮质。例如，通过一系列的记忆类测试，有研究者发现个人的自信心水平和内侧前额叶皮质及内侧颞叶的活动水平显示了紧密的正相关（Chua et al.，2006）。针对不同的记忆类型，这两个不同大脑区域也有着相应的功能区分。内侧前额叶皮质主要负责个人情景类记忆（Levine et al.，2004），而内侧颞叶，特别是内侧颞叶部位的海马体则主要负责客观类记忆。此外，一些其他利用非记忆类测试的研究也发现内侧前额叶皮质在处理与自我相关的信息时特别活跃（Johnson et al.，2002；Kelley et al.，2002）。因此，内侧前额叶皮质可以被认为是大脑中对自我信息以及自信心的分析中心。

值得注意的一点是，自信心和期待价值中的概率分析在一定程度上共享相同的心理机制。期待价值指为了做出最优选择，生物体必须考虑各个选择的期待价值，即每个选择能带来的潜在价值以及每个选择的成功可能性。根据定义，效价、大小和概率是期待价值的三大要素。其中，当个人感觉到成功的概率上升时，他/她对于取得成功的自信心水平也会相应地提升。从这个角度来说，个人对自信心的判断其实是和对期待价值的判断紧密联系的。实际上，大脑在个体做出实际选择之前，已经计算过各个行为选项的期待价值。在一项分析比较奖赏的幅度和概率的实验中，研究者发现腹侧纹状体的活动水平和奖赏的幅度以及积极情绪呈正相关，而内侧前额叶皮质的活动水平则和获得奖赏的概率呈正相关（Knutson et al.，2005）。综合前述的各种研究成果，我们不难发现，内侧前额叶皮质其实是综合处理个人能力信息以及成功概率信息的一个大脑区域，因此也是了解动机完成过程的一个关键区域。

眶额皮质是另一个和价值分析紧密相关的大脑区域。眶额皮质在决策过程中起到的作用是编译各种来自外界环境的相关信息并进行价值分析来指导未来的决策行为。脑神经科学研究已经表明眶额皮质对抽象的价值信息十分敏感（Rolls，Grabenhorst，2008），是大脑内分析比较价值的关键区域（Grabenhorst，Rolls，2011）。眶额皮质和内侧前额叶皮质在结构上是紧密相连的两个大脑区域，并可以在功能上互相协作以做出最有效的决策。具体地说，内侧前额叶皮质负责计算成功的可能性，而眶额皮质负责计算比较各种行为结果的价值。这两个区域的紧密协作是产生动机并指导相应行为的关键脑神经机制（见插图8-3）。

有关脑前额皮质损伤的研究能够帮助我们更直观地了解这一特定大脑区域的重要性。研究者已经发现了眶额皮质损伤患者通常会表现出各种决策缺陷，容易产生一些问题行为，如赌博和吸毒，同时这些患者还表现出情绪控制缺陷（Rolls，Grabenhorst，2008）。有研究者通过分析赌博行为，发现眶额皮质损伤患者坚持选择高风险低成功率的选项以期待一次性获得大量奖赏，但最终都以失败告终（Bechara et al.，1994）。这些问题行为是和腹侧纹状体失去了眶额皮质的有效控制而引发的非正常性活动紧密联系的。在正常的大脑通路中，眶额皮质连接着腹侧纹状体并控制着其对奖赏的本能反应。相比于腹侧纹状体对各类奖赏本能的反应，眶额皮质更多地在分析比较各类奖赏的相对价值。如果腹侧纹状体的活动失去了来自眶额皮质的有效控制，人们也就难以形成正确的动机以指导行动。

综上所述，眶额皮质和内侧前额叶皮质是帮助我们理解人类各种行为背后动机形成的重要脑区。对于学生的学习动机问题，我们应该特别注意到的一点是，青少年的大脑前额叶皮质（包括眶额皮质和内侧前额叶皮质）还处于未成熟阶段。因为缺少生活经验，青少年也难以对各种选择做出准确的价值判断。基于这些考虑，教育者们应该更多地帮助青少年认识到学习的价值以加强他们的学习动机。现在，很多欧美教育学者已经表明了通过一系列简单的强调学习内容和学生自我联系的干预措施，能够有效地激发学生的学习动机（Hulleman，Harackiewicz，2009）。国内的教育学者也应该积极地尝试探索类似的干预措施是否对我国的青少年也有相应的积极效果。

三、目标规划与动机的维持

当动机形成之后，有效地维持动机则是保证达到既定目标的关键。在现实的学习环境中，我们经常可以看到学生无法坚持学习而被各类其他课外活动所吸引。这些现象是因为课外活动通常联系着即时奖赏（immediate reward），而学习则通常是和延迟奖赏（delayed reward）相联系。虽然学生们都知道学习对未来具有很重要的价值，但是人脑对各种奖赏的价值判断会因为获得相应奖赏的时间点而产生变化，而即时奖赏往往比延迟奖赏更具有诱惑性。因为根据延迟折扣（delay discounting）定律，当获得奖赏的时间延后时，此奖赏的相对价值也会相应减小。

有研究者探索了和延迟折扣相关的大脑区域。他们设计了多种基于不同时间点的不同大小的奖赏（如今天20美元或者2周后25美元）并比较了人们在做出不同选择时的大脑活动。研究发现，当人们选择即时奖赏时，纹状体和眶额皮质显示了比较强的活动；而当人们选择延迟奖赏时，前额顶叶皮质则相对比较活跃（McClure et al.，2004）。这些结果表明，选择即时奖赏会刺激大脑的奖赏和价值通路，而选择延迟奖赏则需要大脑中负责认知控制的相应区域的参与。抑制冲动并维持动机需要一个对于未来目标的详细规划以及实施方案。维持目标、行动规划、策略选择以及成果评价等认知控制过程是人们成功维持动机的基础。所以，抵制诱惑并维持动机并不是一个简单的对欲望的压抑过程，而是一个有明确目标导向的认知控制过程。

大脑中负责认知控制的区域主要包括前扣带回和背外侧前额叶皮质（见插图8-4）（Cole，Scheider，2007）。前扣带回的主要功能包括整合认知和情感、注意力控制、行动监测、错误检测、有效抑制以及策略修改等认知控制。其中，前扣带回的腹侧部分负责处理关于情感的信息；而前扣带回的背侧部分和背外侧前额叶皮质相连，是主要负责工作记忆和认知控制的部分（Bush，Luu，Posner，2000）。背外侧前额叶皮质也被认为是和工作记忆能力紧密联系的大脑区域。除了工作记忆能力以外，研究者还发现背外侧前额叶皮质的活动水平和延迟奖赏显示了很强的正相关（Knoch，Fehr，2007）。这些联系可以通过工作记忆能力水平来解释。成功完成奖赏需要人们在做出选择的同时控制自己的认知和情感反应，而这个过程通常需要很强的工作记忆能力的支持。这也就不难理解为何目标导向的认知控制过程总是伴随着强烈的背外侧前额叶皮质活动。此外，背外侧前额叶皮质还是人们控制负面情绪的关键大脑区域（Goldin et al.，2008）。无论是在生活还是学习中，人们都难免会面对失败的情况或是从外界环境中接收负面的信息。如果不能很好地控制这些负面情绪，人们很容易陷入情绪上的低潮而影响动机水平。所以，能否控制好自己的情绪特别是负面情绪也是维持动机水平的一个重要因素。

　　另外，了解学生在不同发展阶段大脑对外界信息的不同反应模式对有效维持学生的动机也是十分关键的。比如，在一个对比不同年龄层大脑背外侧前额叶皮质活动的研究中，研究者发现了8—9岁年龄段孩子的背外侧前额叶皮质只对正面信息有反应，而18—25岁成年人的背外侧前额叶皮质则只对负面信息有反应（Duijvenvoorde et al.，2008）。虽然许多教育学者强调负面信息比正面信息更有价值，因为它包含了有效信息，可以指导生物体改进行为（Baumeister et al.，2001），但是根据上述发展神经学的研究，我们不难理解其实青少年很难从批评中吸取教训很大程度上是因为他们大脑对外界信息的不同反应模式。了解了这些信息，教育者可以认识到一味地批评青少年以维持他们的动机并不会十分有效，相反，我们应该更好地利用合适的奖赏机制和环境支持来帮助他们维持最佳的学习动机。

　　除了奖赏机制和环境支持以外，动机维持的效果很大程度上还取决于学生所具备的认知控制能力。所以，帮助学生强化相应的认知控制能力就显得特别有意义。N-Back任务是一种典型的用于增强工作记忆能力的训练方法（见图8-2）。N-back任务是要求被试判断当前所见的刺激物是否与前面第N个刺激物相一致。它通过控制当前刺激物与目标刺激物间隔的个数（N）来控制工作记忆负荷。例如，当$N=1$时，要求被试判断当前刺激物和与它相邻的前一个刺激物是否一致；当$N=2$时，判断当前刺激物和与它前面隔一个位置上的刺激物是否一致；当$N=3$时，要求比较的是当前刺激物和它前面隔两个位置上的刺激物是否一致，依此类推。N-back任务可以使用多种类型的刺激物，如字母、空间位置和图形等。许多研究已经表明，N-Back这样的工作记忆能力强化训练能够显著地帮助人们提高认知控制能力以及处理各种复杂任务的能力（Klingberg；Forssberg，Westerberg，2002）。这些研究发现也启发了教育学者仅仅强调维持动机的意愿和重要性是远远不够的，结合适当的工作记忆能力训练才能够真正在实际上帮助学生提升认知控制能力来有效地维持最佳学习动机。

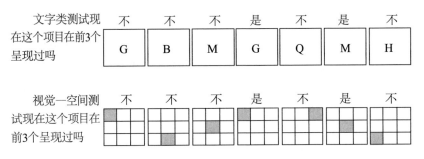

图8-2　N-Back任务

上图为文字类测试，即判断当前所见的字母是否与之前3个顺位时所示字母一致（*N*=3）；下图为视觉空间位置类测试，即判断当前所见图案是否与之前3个顺位时所示图案一致（*N*=3）。两个测试的正确答案都为第4个和第6个选项（Shipstead，Redick，Engle，2012）。

四、神经科学对教育学的启示

学习发生在大脑中，人们正是通过大脑整合来自各方面的信息以指导控制整个学习过程。因此，教育学和脑神经科学是一种双向协作关系。教育神经科学作为一门新兴的跨学科领域，能够让教育学者从大脑皮质活动的角度来分析学生的各种心理以及行为的内在神经机制。整合来自脑神经科学的研究成果，能够帮助教育学者修正并构建一个更为全面完善的模型来解释学生的各种动机现象。

总体说来，动机的脑神经机制可以理解为在腹侧纹状体和杏仁核接收到由中脑腹侧被盖区发出的各类奖赏信息之后，眶额皮质和内侧前额叶皮质做出价值判断和目标导向决策，并把相应信息传送到前扣带回和背外侧前额叶皮质以在认知控制层面维持目标导向行为。了解动机的脑神经机制可以帮助我们更全面而完善地了解学生的学习动机并达到更好的教育效果。比如，我们知道奖赏是诱发动机形成的一个关键因素，因此创造一个能让学生充分感知到潜在奖赏的学习环境是能够有效地刺激学生形成学习动机的。需要注意的是，奖赏没有必要一定是物质奖赏。相反的，教育者和家长都应该谨慎地使用物质奖赏。根据自我决定理论（Deci，Ryan，1985），物质奖赏刺激的是外在动机。从长远的角度来看，利用物质奖赏刺激诱发的外在动机无法帮助学生达到优化学习的目标，反而会损害学生学习的内在动机。

有研究者在脑神经活动层面直接证明物质奖赏对内在动机的损害作用。他们将学生分为两组，对比了提供物质奖赏（金钱奖赏）与否对腹侧纹状体活动的影响。结果发现，没有接触物质奖赏的学生的腹侧纹状体持续地对实验所使用的有趣任务产生反应，而接触物质奖赏的学生，当原本提供的物质奖赏被取消以后，腹侧纹状体便失去了对原本有趣的实验任务的反应（Murayama et al.，2010）。这些证据直接表明了使用金钱等物质奖赏会把学生的注意力吸引到奖赏本身而使其对学习行为本身失去兴趣。相比于物质奖赏，我们可以更多地使用基于学习环境本身的非物质奖赏。任何能够创造期待价值的刺激，比如积极的反馈、适当的称赞、有趣的活动、老师的鼓励等都可以被用来刺激学生的学习动机。脑神经科学研究已经证明社会奖赏和原始奖赏能够刺激相同的大脑区域（Izuma et al.，2008；Lieberman，Eisenberger，2009）。换言之，社会奖赏如称赞、协作、选择权等能够和原始的生理快感一样刺激大脑的多巴胺通路。而来自社会层面的负面信息诸如排斥、不公平对待、比较等同样能够诱发大脑中负面情绪相关区域的活动。这些研究结果都表明了社会奖赏或惩罚和初级奖赏一样是能够影响动机的重要因素。这些信息对教育者而言有着十分重要的启示作用。我们需要更多地通过脑神经科学来探索教育环境下的社会信息诸如赞美、鼓励、支持、同情、合作等能否刺激青少年大脑中的奖赏通路，并以此优化教育环境以帮助青少年更多地体验奖赏信息以诱发学习动机。同样，如果能通过脑神经研究证明欺凌、歧视、分级、不良竞争等社会因素对青少年大脑发展的不利影响，教育者也能够设计相应的对策把可能的不利影响减小到最少。

除了提供多样的奖赏以外，以什么样的方式传达奖赏信息也同样重要。有研究比较了积累型（从零分开始，成功时得到奖赏，失败时没有奖赏）、维持型（从满分开始，成功时没有惩罚，失败时被惩罚）和混合型（从中间分数开始，成功时得到奖赏，失败时被惩罚）这三种不同的奖赏方式对学生动机的影响（Jiang，Kim，Bong，2014）。研究结果表明学生的腹侧纹状体在积累型奖赏方式下维持了最佳的活动水平。积累型奖赏强调提升的过程，能够更好地刺激和维持学生的学习动机。因此，在现实教学中，我们也鼓励教育工作者多采用积累型的方式来传达奖赏信息。这个研究只是探索了诸多可操作环境因素中的一项，今后的研究应当通过多种方式去探索整理更多的能够有效地刺激学生内在学习动机的技术和方法，以达到优化教育的目的。

在创造了能够有效刺激动机的环境以后，如何指导学生正确地形成并维持动机则是教育者面临的另一个重要课题。学生除了学习之外还会接触很多其他的活动，如何帮助学生正确地判断各种活动的相对价值以优化选择是帮助学生形成良好动机的关键。我们不可能完全控制学生所接触的活动和信息，与其尝试去隔离潜在的种种诱惑，不如给学生创造更多的能够自主选择的机会。研究表明选择权本身对人类而言也是一种奖赏（Leotti，Delgado，2011）。所以，给学生营造一个自主的学习环境，并让他们通过更多的选择锻炼来提升价值判断能力并最终形成对学习价值的自我认可是教育者们应该努力争取的一个目标。

此外，指导学生制定合理的目标则是帮助他们有效维持动机的重要手段。目标的设定需要合理地考虑时间因素，不宜把目标设得过高过远，这样会增加学生认知控制的难度。制定相对短期的目标，并把达成目标所需经过的每个阶段细化，能够有效地帮助学生克服困难以坚持目标导向的认知控制过程。同时，我们还应该鼓励学生追求学习目标而不是绩效目标。一项比较不同成就目标如何影响学生分析处理与学习相关的信息的研究发现了追求绩效目标的学生在接收到失败信息时，背外侧前额叶皮质活动水平表现出了明显的下降，而追求学习目标的学生在接收到同样的失败信息时，背外侧前额叶皮质活动水平则没有明显的下降（Lee，Kim，2014）。因为背外侧前额叶皮质是大脑中负责认知控制的关键区域，上述研究发现从神经学的角度直接表明了比起追求学习目标的学生，追求绩效目标的学生在遇到挫折的情况下更容易失去对学习过程有效的认知控制。

除了帮助学生制定合理的目标外，提供合理的反馈信息也是帮助学生控制认知能力并维持动机水平的重要因素。在现行的教育体系下，学生不可避免地会面对各种失败的状况。因此，他们会不同程度地接收到来自环境的各种负面信息，而负面信息则会自动地诱发诸如不安和沮丧等负面情绪。所以，当负面消息不可避免时，用什么样的方式传达就成了左右信息功效的关键。有研究者比较了当学生接收到失败信息时，信息内是否包含失败原因对学生负面情绪调节的影响。研究发现，仅包含失败结果的信息诱发了杏仁核的活动，表明学生对此失败信息产生了明显的负面情绪，而包含了失败原因的信息则诱发了背外侧前额叶皮质的活动并抑制了杏仁核的活动（Woo et al., 2015）。这个研究结果告诉我们，当学生面对失败的时候，提供关于失败的原因能够有效地帮助他们抑制可能产生的负面情绪。另一项研究比较了绝对评价反馈和相对评价反馈对学生情绪及动机的影响。研究者们发现对于成绩比较差和追求绩效目标的学生，相对评价极大地刺激了其大脑中和负面情绪紧密联系的诸如后扣带回等区域（Kim et al., 2010）。这个发现提醒教育者在教学中应该谨慎地使用相对评价反馈。尤其是对于学习成绩已经不理想的学生和以证明自己能力为目标的学生，强调学生之间的对比（相对评价）很有可能导致他们厌恶学习。

总而言之，教育神经科学能够有效地把最新的脑神经科学技术和传统的教育学研究相结合起来。对于动机研究而言，脑神经科学能够帮助我们了解动机这个内隐而动态的概念的产生以及维持机制。这是传统教育学常用的实验或者问卷调查等研究方法所没有办法达到的。如果能把神经科学和教育科学有效联系起来，则可以很大程度上推进教育学的发展，帮助教育者为学生构建一个最佳的学习环境以达到最好的教育效果（Ansari, De Smedt, Grabner, 2012）。现在，教育神经科学还处在起步阶段，我们需要更多的研究来帮助我们了解学生的学习机制。如果我们能够从脑神经机制层面了解到青少年的兴趣、好奇心、逆反心理、自我调节等动机现象，就有希望开发出学生感兴趣的课程、设计学生喜欢的课堂环境、减少可能损害学生动机的因素、帮助学生提高认知控制能力，实现教育学者长久以来所追求的目标。

参考文献

巴特罗，费希尔，莱纳，2011. 受教育的脑：神经教育学的诞生［M］. 周加仙，等译. 北京：教育科学出版社.

白学军，马谐，陈衍，等，2013. 我国农村中小学教师脑科学素养现状调查［J］. 宁波大学学报（教育科学版），35（2）：31-32.

范梅南，2001. 教学机智：教育智慧的意蕴［M］. 李树英，译. 北京：教育科学出版社.

费特曼，2007. 民族志：步步深入［M］. 龚建华，译. 重庆：重庆大学出版社.

冯娟，2011. 大学英语教育中情感教学与互动教学［J］. 内蒙古财经学院学报（综合版），5：75-77.

耿宁，陈立胜，2011. 孟子、斯密与胡塞尔论同情与良知［J］. 世界哲学（1）：35-52.

胡卫平，王兴起，2010. 情绪对创造性科学问题提出能力的影响［J］. 心理科学，3：608-611.

黄翯青，苏彦捷，2012. 共情的毕生发展：一个双过程的视角［J］. 心理发展与教育，28（4）：434-441.

黄文英，张媛，徐亨屹，2008. 大强度运动及慢性心理应激对大鼠血清IL-1β、IL-2、IL-6含量的影响［J］. 中国运动医学杂志，27（1）：93-94.

黄宇霞，罗跃嘉，2004. 国际情绪图片系统在中国的试用研究［J］. 中国心理卫生杂志，18（9）：631-634.

蒋晓燕，2011. 人际互动中的社会决策：囚徒困境任务的ERP研究［D］. 济南：山东师范大学.

李雪冰，罗跃嘉，2011. 空间及言语工作记忆任务的情绪效应：来自ERP/fMRI的证据［J］. 心理科学进展，19（2）：166-174.

刘宏艳，胡治国，彭聃龄，2006. 情绪神经回路的可塑性［J］. 心理科学发展，14（5）：683.

刘将，葛鲁嘉，2011. 文化对知觉及其神经机制的影响：来自文化神经科学的证据［J］. 山东师范大学学报（人文社会科学版），56（5）：127-133.

刘擎，2015. 重建全球想象：从"天下"理想走向新世界主义［J］. 学术月刊，8：5-15.

刘烨，付秋芳，傅小兰，2009. 认知与情绪的交互作用［J］. 科学通报，54（18）：2783-2796.

罗跃嘉，黄宇霞，李新影，等，2006. 情绪对认知加工的影响：事件相关脑电位系列研究［J］. 心理科学进展，14（4）：505-510.

洛耶，2004. 达尔文：爱的理论：着眼于对新世纪的治疗［M］. 单继刚，译. 北京：社会科学文献出版社.

毛梦钗，黄宇霞，2013. 情绪与学习：来自认知神经科学的证据［J］. 教育发展研究（Z2）：85-88.

孟昭兰，2007. 情绪心理学［M］. 北京：北京大学出版社.

潘彦谷，刘衍玲，冉光明，等，2013. 动物和人类的利他本性：共情的进化［J］. 心理科学进展，21（7）：1229-1238.

曲静，王晓慧，娄淑杰，2012. 运动性免疫抑制大鼠肝、脾糖皮质激素受体表达变化探讨［J］. 中国运动医学杂志，31（8）：710-717.

斯诺，2003. 两种文化［M］. 陈克艰，秦小虎，译. 上海：上海科技出版社.

Sousa D A. 2012. 心智、脑与教育：教育神经科学对课堂教学的启示［M］. 周加仙，等译. 上海：华东师范大学出版社.

隋雪，高淑青，王娟，2010. 情绪影响认知实验研究的进展［J］. 辽宁师范大学学报（社会科学版）（2）：55-58.

孙芳萍，陈传锋，2010. 学业情绪与学业成绩的关系及其影响因素研究［J］. 心理科学（1）：204-206.

万明钢，王平，2005. 教学改革中的文化冲击与文化适应问题［J］. 教育研究（10）：44-48.

王建雅，陈学志，2009. 脑科学为基础的课程与教学［J］.教育实践与研究，22（1）：149，158.

王叶茂，2011. 递增负荷运动对大鼠下丘脑—垂体—肾上腺皮质轴的影响研究［D］.济南：山东师范大学.

威尔逊，1988. 人类的本性［M］.甘华鸣，译.福州：福建人民出版社.

肖可夫，菲利普斯，2006. 从神经细胞到社会成员：儿童早期发展的科学［M］.方俊明，李伟亚，译.台北：台湾信谊出版社.

谢东北，郝选明，2009. 运动与免疫关系研究进展述评［J］.体育学刊，16（5）：100-103.

谢丰舟，2006. 神经科学与教育［J］.当代医学，32（7）：537.

谢志芳，2001. 课堂互动教学模式初探［D］.福州：福建师范大学.

杨帅，黄希庭，王晓刚，等，2012.文化影响自我解释的神经［J］.心理科学进展，20（1）：149-157.

杨雄里，董奇，1999. 脑科学与儿童智力发展［Z］.北京：香山科学会议咨询报告.

姚雨佳，2011. 无意识情绪调节：认知重评和表达抑制调整情绪反应［D］.金华：杭州师范大学.

俞国良，董妍，2007. 情绪对学习不良青少年选择性注意和持续性注意的影响［J］.心理学报，39（4）：679-687.

岳欣云，2011.教学互动的表层结构与深层结构［J］.中国教育学刊（12）：41-43.

张萍，葛明贵，2006. 浅谈课堂教学中的人际互动［J］.黑龙江教育（高教研究与评估）（1/2）：132-134.

张琦，2007. 遵循循证原则制订教育政策［J］.中国教育学刊（7）：11-15.

张婷，2010. 执行功能和心理理论的关系［D］.重庆：西南大学.

赵广高，2012. 运动致大鼠Th1/Th2失衡与JAK2/STAT4变化的关系［D］.北京：北京体育大学.

郑璞，刘聪慧，俞国良，2012. 情绪诱发方法述评［J］.心理科学进展（1）：45-55.

郑庆，许远理，瞿鸿雁，2011. 从认知神经科学角度探析情绪与认知的整合关系［J］.内江师范学院学报（1）：117-121.

郑日昌，李占宏，2006. 共情研究的历史与现状［J］. 中国心理卫生杂志，20（4）：277-279.

周加仙，2010. 教育神经科学：架起脑科学与教育政策和实践的桥梁：经济合作与发展组织Brunodella Chiesa访谈［J］. 全球教育展望（39）：3-7.

周加仙，2011. 教育神经科学：创建心理、脑与教育之间的永久连接：哈佛大学Kurt W. Fischer教授访谈［J］. 全球教育展望，40（1）：11-16.

周加仙，2013. 教育神经科学：创建心智，脑与教育的联结［J］. 华东师范大学学报（教育科学版），31：42-48.

周加仙，罗璐娇，顾晨璐，2012. 人类的可教性与教学脑：安东尼奥·巴特罗院士访谈［J］. 全球教育展望，41（6）：3-9.

周珍，2007. 循证医学在精神科的应用现状［J］. 临床心身疾病杂志，13（3）：282-284.

周祖文，2001. 循证医学研究的某些近况［J］. 河北医学（75）：470-472.

周祖文，2006. 循证医学与医学信息服务的几个问题［J］. 医学信息，19（5）：990-991.

朱滢，2007. 文化与自我［M］. 北京：北京师范大学出版社.

Alaska Native Knowledge Network, 1998. Alaska standards for culturally-responsive schools［EB/OL］. ［2013-03-03］. http://www.ankn.uaf.edu/publications/ standards.html.

Alloway T P, Gathercole S E, Adams A, et al., 2005. Working memory and phonological awareness as predictors of progress towards early learning goals at school entry［J］. British Journal of Developmental Psychology, 23:417-426.

Ames C, 1992. Classrooms: goals, structures, and student motivation［J］. Journal of Educational Psychology, 84: 261-271.

Ames C, Archer J, 1988. Achievement goals in the classroom: Students' learning strategies and motivation processes［J］. Journal of Educational Psychology, 80: 260-267.

Amunts K, Schlaug G, Jäncke L, et al., 1997. Motor cortex and hand motor skills: structural compliance in the human brain［J］. Human Brain Mapping, 5（3）：206-215.

Anderman E M, Midgley C, 1997. Changes in achievement goal orientations, perceived academic competence, and grades across transition to middle-level schools［J］. Contemporary Educational Psychology, 22: 269-298.

Ansari D, De Smedt B, Grabner R H, 2012. Neuroeducation: a critical overview of an emerging field ［J］. Neuroethics, 5: 105-117.

Arias-Carrión O, Stamelou M, Muríllo-Rodriguez E, et al. , 2010. Dopaminergic reward system: a short integrative review ［J］. International Archives of Medicine, 3: 24.

Aron A, Fisher H E, Mashek D J, et al. , 2005. Reward, motivation, and emotion systems associated with early-stage intense romantic love: an fMRI study ［J］. Journal of Neurophysiology, 94: 327-337.

Ashkenazi S, Henik A, Ifergane G, et al. , 2008. Basic numerical processing in left intraparietal sulcus （IPS） acalculia ［J］. Cortex, 44（4）: 439-448.

Avenanti A, Sirigu A, Aglioti S M, 2010. Racial bias reduces empathic sensorimotor resonance with other-race pain ［J］. Current Biology, 20（11）: 1018-1022.

Aydin K, Ucar A, Oguz K K, et al. , 2007. Increased gray matter density in the parietal cortex of mathematicians: a voxel-based morphometry study ［J］. American Journal of Neuroradiology, 28（10）: 1859-1864.

Bakermans-Kranenburg M J, Van IJzendoorn M H, 2008. Oxytocin receptor （OXTR） and serotonin transporter （5-HTT） genes associated with observed parenting ［J］. Social Cognitive and Affective Neuroscience, 3（2）: 128-134.

Bakermans-Kranenburg M J, Van IJzendoorn M H, 2009. The first 10000 adult attachment interviews: distributions of adult attachment representations in clinical and non-clinical groups ［J］. Attachment & Human Development, 11（3）: 223-263.

Bandura A, 1977. Self-efficacy: toward a unifying theory of behavioral change ［J］. Psychological Review, 84: 191-215.

Bandura A, 1982. Self-efficacy mechanism in human agency ［J］. American Psychologist, 37: 122-147.

Bandura A, Schunk D H, 1981. Cultivating competence, self-efficacy, and intrinsic interest through proximal self-motivation ［J］. Journal of Personality and Social Psychology, 41: 586-598.

Barraza J A, Zak P J, 2009. Empathy toward strangers triggers oxytocin release and subsequent generosity ［J］. Annals of the New York Academy of Sciences, 1167（1）: 182-189.

Barron K E, Hulleman C S, 2014. Expectancy-value-cost model of motivation [M] // Eccles J S, Salmel-aro K. International encyclopedia of social and behavioral sciences: motivational psychology. 2nd ed. New York: Elsevier.

Bartels A, Zeki S, 2004. The neural correlates of maternal and romantic love [J] . Neuroimage, 21 (3): 1155-1166.

Bartz J A, Hollander E, 2006. The neuroscience of affiliation: forging links between basic and clinical research on neuropeptides and social behavior [J] . Hormones and Behavior, 50 (4): 518-528.

Bartz J A, Zaki J, Bolger N, et al., 2010. Oxytocin selectively improves empathic accuracy [J] . Psychological Science, 21 (10): 1426-1428.

Batson C D, 2009. These things called empathy: eight related but distinct phenomena [M] //Decety J, Ickes W J. The social neuroscience of empathy. Cambridge, MA: MIT Press.

Batson C D, Dyck J L, Brandt J R, et al. , 1988. Five studies testing two new egoistic alternatives to the empathy-altruism hypothesis [J] . Journal of Personality and Social Psychology, 55 (1): 52.

Battro A M, 2007a. Homo educabilis: a neurocognitive approach [R] . Pontifical Academy of Sciences.

Battro A M, 2007b. Reflections and actions concerning a globalized education [EB/OL] . [2015-12-10] . http: //www. pass. va/content/dam/scienzesociali/pdf/acta13/acta13-battro. pdf.

Battro A M, 2009. Multiple intelligences and constructionism in the digital era [M] . Chen J Q, Moran S, Gardner H. Multiple Intelligences Around the World. San Francisco, C A : Jossey-Bass.

Battro A M, Denham P J, 2007. Hacia una inteligencia digital [M] . Academia Nacional de Educación.

Battro A M, Reggini H C, 1978. Perspectives in open spaces: a geometrical application of the Thouless index [J] . Perception, 7 (5): 583-588.

Battro A M. 2004 . Digital skills, globalization and education [M] // Suárez-Orozco M M, Qin-Hilliard D D. Globalization: culture and education in the new millennium. San

Francisco: California University Press.

Baumeister R F, Bratslavsky E, Finkenauer C, et al. , 2001. Bad is stronger than good [J] . Review of General Psychology, 5: 323-370.

Baumgartner T, Heinrichs M, Vonlanthen A, et al. , 2008. Oxytocin shapes the neural circuitry of trust and trust adaptation in humans [J] . Neuron, 58 (4) : 639-650.

Baxter M G, Murray E A, 2002. The amygdala and reward [J] . Nature Reviews Neuroscience, 3: 563-573.

Bechara A, Damasio A R, Damasio H, et al. , 1994. Insensitivity to future consequences following damage to human prefrontal cortex [J] . Cognition, 50: 7-15.

Berchtold N C, Chinn G, Chou M, et al. , 2005. Exercise primes a molecular memory for brain-derived neurotrophic factor protein induction in the rat hippocampus [J] . Neuroscience, 133 (3) : 853-861.

Berndt T J, Miller K E, 1990. Expectancies, values, and achievement in junior high school [J] . Journal of Educational Psychology, 82: 319-326.

Bernstein R J, 1983. Beyond objectivism and relativism: science, hermeneutics, and praxis [M] . Philadelphia: University of Pennsylvania Press.

Berry J W, 2003. Conceptual approaches to acculturation [M] // Chun K M, Organista P B, Marín G. Acculturation: advances in theory, measurement, and applied research. Washington, D C: American Psychological Association.

Besedovsky H, Sorkin E, Felix D, et al. , 1977. Hypothalamic changes during the immune response [J] . European Journal of Immunology, 7 (5) : 323-325.

Besson M, Chobert J, Marie C, 2011. Transfer of training between music and speech: common processing, attention, and memory [J] . Frontiers in Psychology, 2 (4) : 94.

Biran M, Wilson G T, 1981. Treatment of phobic disorders using cognitive and exposure methods: a self-efficacy analysis [J] . Journal of Counseling and Clinical Psychology, 49: 886-899.

Bjork J M, Knutson B, Fong G W, et al. , 2004. Incentive-elicited brain activation in adolescents: similarities and differences from young adults [J] . Journal of Neuroscience, 24: 1793-1802.

Blais C, Jack R E, Scheepers C, et al., 2008. Culture shapes how we look at faces [J] .

PloS One,3（8）: e3022.

Blalock J E, 1984. The immune system as a sensory organ［J］. The Journal of Immunology, 132（3）: 1067-1070.

Blalock J E, Stanton J D, 1980. Common pathways of interferon and hormonal action ［J］. Nature, 283（5745）: 406-408.

Bloom P, 2011. Moral nativism and moral psychology［M］// Mikulincer M, Shaver P R. Social psychology of morality: exploring the causes of good and evil.American Psychological Association Press.

Blum R W, Nelson-Mmari K, 2004. The health of young people in a global context ［J］. Journal of Adolescent Health, 35（5）: 402-418.

Bodas J, Ollendick T H, 2005. Test anxiety: a cross-cultural perspective［J］. Clinical Child and Family Psychology Review, 8（1）: 65-88.

Bong M, 2002. Role of self-efficacy and task value in predicting college students' course enrollments and intentions ［J］. Contemporary Educational Psychology, 26: 553-570.

Bong M, 2005. Within-grade changes in Korean girls' motivation and perceptions of the learning environment across domains and achievement levels ［J］. Journal of Educational Psychology, 97: 656-672.

Bosch O J, Meddle S L, Beiderbeck D I, et al. , 2005. Brain oxytocin correlates with maternal aggression: link to anxiety［J］. The Journal of Neuroscience, 25（29）: 6807-6815.

Boyd R, Richerson P J, Henrich J,2011. The cultural niche: why social learning is essential for human adaptation［J］. Proceedings of the National Academy of Sciences, 108: 10918-10925.

Boyd R, Richerson P J. 1988. Culture and the evolutionary process［M］. Chicago: University of Chicago press.

Brannon E M, 2002. The development of ordinal numerical knowledge in infancy［J］. Cognition, 83（3）: 223-240.

Brannon E M, Abbott S, Lutz D J, 2004. Number bias for the discrimination of large visual sets in infancy［J］. Cognition, 93（2）: B59-B68.

Brown I, Inouye D K, 1978. Learned helplessness through modeling: the role of perceived similarity in competence ［J］. Journal of Personality and Social Psychology, 36:

900-908.

Brown S, 2001. Are music and language homologues? [J]. Annals-New York Academy of Sciences, 930: 372-374.

Bryant G A, Barrett H C, 2008. Vocal emotion recognition across disparate cultures [J]. Journal of Cognition and Culture, 8（1）: 135-148.

Bush G, Luu P, Posner M I, 2000. Cognitive and emotional influences in anterior cingulate cortex [J]. Trends in Cognitive Sciences, 4: 215-222.

Butler E A, Gross J J, 2004. Hiding feelings in social contexts: out of sight is not out of mind [J]. The Regulation of Emotion: 101-126.

Butler E A, Lee T L, Gross J J, 2007. Emotion regulation and culture: are the social consequences of emotion suppression culture-specific? [J]. Emotion, 7（1）: 30-48.

Butler R, Neuman O, 1995. Effects of task and ego achievement goals on help-seeking behaviors [J]. Journal of Educational Psychology, 87: 261-271.

Butterworth B, Cappelletti M, Kopelman M, 2001. Category specificity in reading and writing: the case of number words [J]. Nature Neuroscience, 4（8）: 784-786.

Buysse V, Wesley P W, 2006. Evidence-based practice in the early childhood field [J]. Zero to Three.

Cao Y, Contreras-Huerta L S, McFadyen J, et al., 2015. Racial bias in neural response to others' pain is reduced with other-race contact [J]. Cortex, 70: 68-78.

Carew T J, Magsamen S H, 2010. Neuroscience and education: an ideal partnership for producing evidence-based solutions to guide 21st century learning [J]. Neuron, 67（5）: 685-688.

Carpenter M, Akhtar N, Tomasello M, 1998. Fourteen-through 18-month-old infants differentially imitate intentional and accidental actions [J]. Infant Behavior and Development, 21（2）: 315-330.

Carr L, Iacoboni M, Dubeau M C, et al., 2003. Neural mechanisms of empathy in humans: a relay from neural systems for imitation to limbic areas [J]. Proceedings of the National Academy of Sciences, 100（9）: 5497-5502.

Castren E, Voikar V, Rantamaki T, 2007. Role of neurotrophic factors in depression [J]. Curr Opin Pharmacol, 7（1）: 18-21.

Chartrand J P, Belin P, 2006. Superior voice timbre processing in musicians [J] . Neuroscience Letters, 405（3）: 164-167.

Chee M W L, Zheng H, Goh J O S, et al., 2011. Brain structure in young and old east Asians and westerners: comparisons of structural volume and cortical thickness [J] . Journal of Cognitive Neuroscience, 23（5）: 1065-1079.

Chein J, Albert D, O'Brien L, et al., 2011. Peers increase adolescent risk taking by enhancing activity in the brain's reward circuitry [J] . Developmental Science, 14（2）: F1-F10.

Chen H, 2012. Impact of parent's socioeconomic status on perceived parental pressure and test anxiety among Chinese high school students [J] . International Journal of Psychological Studies, 4（2）: 235.

Chiao J Y, Blizinsky K D. 2010. Culture–gene coevolution of individualism–collectivism and the serotonin transporter gene [J] . Proceedings of the Royal Society of London B: Biological Sciences, 277（1681）: 529-537.

Chiao J Y, Harada T, Komeda H, et al., 2009. Neural basis of individualistic and collectivistic views of self [J] . Human Brain Mapping, 30（9）: 2813-2820.

Chiao J Y, Iidaka T, GordonH L, et al., 2008. Cultural specificity in amygdala response to fear faces [J] . Journal of Cognitive Neuroscience, 20（12）: 2167-2174.

Chobert J, Marie C, François C, et al., 2011. Enhanced passive and active processing of syllables in musician children [J] . Journal of Cognitive Neuroscience, 23（12）: 3874-3887.

Choudhury S, 2010. Culturing the adolescent brain: what can neuroscience learn from anthropology? [J] . Social Cognitive and Affective Neuroscience, 5（2/3）: 159-167.

Chua E F, Schacter D L, Rand-Giovannetti E, et al., 2006. Understanding metamemory: neural correlates of the cognitive process and subjective level of confidence in recognition memory [J] . NeuroImage, 29: 1150-1160.

Church M A, Elliot A J, Gable S L, 2001. Perceptions of classroom environment, achievement goals, and achievement outcomes [J] . Journal of Educational Psychology, 93: 43-54.

Church R M, 1959. Emotional reactions of rats to the pain of others [J] . Journal of Comparative and Physiological Psychology, 52（2）: 132.

Cohen K R, Soskic S, Iuculano T, et al.,2010. Modulating neuronal activity produces specific and long-lasting changes in numerical competence [J]. Current Biology, 20 (22): 2016-2022.

Cole M, Scheider W, 2007. The cognitive control network: integrated cortical regions with dissociable functions [J]. NeuroImage, 37: 343-360.

Cox C L, Uddin L Q, Di Martino A, et al., 2012. The balance between feeling and knowing: affective and cognitive empathy are reflected in the brain's intrinsic functional dynamics [J]. Social Cognitive and Affective Neuroscience, 7 (6): 727-737.

Cunningham W A, Zelazo P D, 2007. Attitudes and evaluations: a social cognitive neuroscience perspective [J]. Trends in Cognitive Sciences, 11 (3): 97-104.

Darwall S, 1998. Empathy, sympathy, care [J]. Philosophical Studies, 89 (2): 261-282.

Davies H, Nutley S, Smith P, 2000. What works?: evidence-based policy and practice in public services [M]. Bristol: Policy Press.

Davies P, 1999. What is evidence-based education? [J]. British Journal of Educational Studies, 47 (2): 108-121.

Davies P, 2004. Is evidence-based government possible [C]. Fourth Annual Campbell Collaboration Colloquium.

De Dreu C K W, Greer L L, Handgraaf M J J, et al., 2010. The neuropeptide oxytocin regulates parochial altruism in intergroup conflict among humans [J]. Science, 328 (5984): 1408-1411.

De Dreu C K W, Greer L L, Van Kleef G A, et al., 2011. Oxytocin promotes human ethnocentrism [J]. Proceedings of the National Academy of Sciences, 108 (4): 1262-1266.

Decety J, Jackson P L, Sommerville J A, et al., 2004. The neural bases of cooperation and competition: an fMRI investigation [J]. Neuroimage, 23 (2): 744-751.

Decety J, Lamm C, 2006. Human empathy through the lens of social neuroscience [J]. The Scientific World Journal, 6: 1146-1163.

Deci E L, Ryan R M, 1985. Intrinsic motivation and self-determination in human behavior [M]. New York: Plenum.

Declerck C H, Boone C, Kiyonari T, 2010. Oxytocin and cooperation under conditions of uncertainty: the modulating role of incentives and social information [J]. Hormones and

Behavior, 57（3）: 368-374.

Dehaene S, Bossini S, Giraux P, 1993. The mental representation of parity and number magnitude［J］. Journal of Experimental Psychology: General, 122（3）: 371.

Dehaene S, Izard V, Pica P, et al., 2009. Response to comment on "log or linear? distinct intuitions of the number scale in western and Amazonian indigene cultures"［J］. Science, 323（5910）: 38c.

Dehaene S, Le Clec' H G, Cohen L, et al., 1998. Inferring behavior from functional brain images［J］. Nature Neuroscience, 1（7）: 549.

Dehaene S, Spelke E, Pinel P, et al., 1999.Sources of mathematical thinking: behavioral and brain-imaging evidence［J］. Science, 284（5416）: 970-974.

Delazer M, Ischebeck A, Domahs F, et al., 2005. Learning by strategies and learning by drill: evidence from an fMRI study［J］. Neuroimage, 25（3）: 838-849.

Delazer M, Domahs F, Bartha L, et al., 2003.Learning complex arithmetic: an fMRI study［J］. Cognitive Brain Research, 18:76 - 88.

Denes G, Signorini M, 2001. Door but not four and 4 a category specific transcoding deficit in a pure acalculic patient［J］. Cortex, 37（2）: 267-277.

Dishman R K, Hong S, Soares J, et al., 2000. Activity-wheel running blunts suppression of splenic natural killer cell cytotoxicity after sympathectomy and footshock ［J］. Physiology & Behavior, 71（3）: 297-304.

Domes G, Heinrichs M, Gläscher J, et al., 2007. Oxytocin attenuates amygdala responses to emotional faces regardless of valence［J］. Biological Psychiatry, 62（10）: 1187-1190.

Donaldson Z R, Young L J, 2008. Oxytocin, vasopressin, and the neurogenetics of sociality［J］. Science, 322（5903）: 900-904.

Duijvenvoorde A C K, Zanolie K, Rombouts S A R B, et al., 2008. Evaluating the negative or valuing the positive? Neural mechanisms supporting feedback-based learning across development ［J］. Journal of Neuroscience, 28: 9495-9503.

Durston S, Thomas K M, Yang Y, et al., 2002. A neural basis for the development of inhibitory control［J］. Developmental Science, 5（4）: F9-F16.

Dweck C S, Leggett E L, 1988. A social-cognitive approach to motivation and personality［J］. Psychological Review, 95: 256-273.

Eadie B D, Redila V A, Christie B R, 2005. Voluntary exercise alters the cytoarchitecture of the adult dentate gyrus by increasing cellular proliferation, dendritic complexity, and spine density［J］. Journal of Comparative Neurology, 486（1）: 39-47.

Earley P C,Ang S, 2003. Cultural intelligence: an analysis of individual interactions across cultures［M］. Palo Alto, CA: Stanford University Press.

Eccles J S, Adler T F, Futterman R, et al. , 1983. Expectancies, values and academic behaviors ［M］// Spence J T. Achievement and achievement motives. San Francisco, CA: Freeman.

Eccles J S, Wigfield A, 2002. Motivational beliefs, values, and goals［J］. Annual Review of Psychology, 53: 109-132.

Eger E, Sterzer P, Russ M O, et al. , 2003. A supramodal number representation in human intraparietal cortex［J］. Neuron, 37（4）: 719-726.

Ekman P, Friesen W V, O'Sullivan M, et al. , 1987. Universals and cultural differences in the judgments of facial expressions of emotion［J］. Journal of Personality and Social Psychology, 53（4）: 712.

Eldridge L L, Knowlton B J, Furmanski C S, et al. , 2000. Remembering episodes: a selective role for the hippocampus during retrieval ［J］. Neuroscience, 3: 1149-1152.

Elfenbein H A, Ambady N, 2002a. On the universality and cultural specificity of emotion recognition: a meta-analysis［J］. Psychological Bulletin, 128（2）: 203.

Elfenbein H A, Ambady N, 2002b. Universals and cultural differences in recognizing emotions［J］. Current Directions in Psychological Science, 12: 159-164.

Elliot A J, 1999. Approach and avoidance motivation and achievement goals ［J］. Educational Psychologist, 34: 169-189.

Elliot A J, Mcgregor H, 2001. A 2 × 2 achievement goal framework ［J］. Journal of Personality and Social Psychology, 80: 501-509.

Elliot A J, Murayama K, 2008. On the measurement of achievement goals: critique, illustration, and application ［J］. Journal of Educational Psychology, 100: 613-628.

Ernst C, Olson A K, Pinel J P, et al. , 2006. Antidepressant effects of exercise: evidence for an adult-neurogenesis hypothesis? ［J］. Journal of Psychiatry Neurosci, 31（2）: 84-92.

Esch F R, Möll T, Schmitt B, et al. , 2012. Brands on the brain: do consumers use declarative information or experienced emotions to evaluate brands? ［J］. Journal of Consumer Psychology, 22（1）: 75-85.

Farmer J, Zhao X V, Van Praag H, et al. , 2004. Effects of voluntary exercise on synaptic plasticity and gene expression in the dentate gyrus of adult male Sprague–Dawley rats in vivo ［J］. Neuroscience, 124（1）: 71-79.

Feltz D L, Landers D M, Raeder U, 1979. Enhancing self-efficacy in high avoidance motor tasks: a comparison of modeling techniques ［J］. Journal of Sport Psychology, 1: 112-122.

Field T, Diego M, Hernandez-Reif M, et al. , 2007. Depressed mothers' newborns show less discrimination of other newborns' cry sounds ［J］. Infant Behavior and Development, 30（3）: 431-435.

Fischer K W, 2013. Constructing a scientific groundwork for learning and teaching ［J］. Journal of Bio-education, 1（1）: 13-29.

Folland N A, Butler B E, Smith N A, et al. , 2012. Processing simultaneous auditory objects: infants' ability to detect mistuning in harmonic complexes ［J］. The Journal of the Acoustical Society of America, 131（1）: 993-997.

Folstein J R, Van Petten C. 2008. Influence of cognitive control and mismatch on the N2 component of the ERP: a review ［J］. Psychophysiology, 45（1）: 152-170.

Forgeard M, Winner E, Norton A, et al. , 2008. Practicing a musical instrument in childhood is associated with enhanced verbal ability and nonverbal reasoning ［J］. PloS One, 3（10）: e3566.

Frans B M, de Waal F B M, Aureli F, 1996. Consolation, reconciliation, and a possible cognitive difference between macaques and chimpanzees ［M］//Russon A E, Bard K A, Parker S T. Reaching into thought: the minds of the great apes. Cambridge: Cambridge University Press.

Fraser O N, Stahl D, Aureli F, 2008. Stress reduction through consolation in chimpanzees ［J］. Proceedings of the National Academy of Sciences, 105（25）: 8557-8562.

Fredrickson B L, Branigan C, 2005. Positive emotions broaden the scope of attention and thought-action repertoires［J］. Cognition & Emotion, 19（3）: 313-332.

Freeman J B, Rule N O, Adams Jr R B, et al., 2009. Culture shapes a mesolimbic response to signals of dominance and subordination that associates with behavior［J］. Neuroimage, 47（1）: 353-359.

Fujioka T, Trainor L J, Ross B, et al. , 2004. Musical training enhances automatic encoding of melodic contour and interval structure［J］. Journal of Cognitive Neuroscience, 16（6）: 1010-1021.

Fujisawa K K, Kutsukake N, Hasegawa T , 2006. Peacemaking and consolation in Japanese preschoolers witnessing peer aggression［J］. Journal of Comparative Psychology, 120（1）: 48.

Furneaux S, Land M F, 1999. The effects of skill on the eye–hand span during musical sight–reading［J］. Proceedings of the Royal Society of London B: Biological Sciences, 266（1436）: 2435-2440.

Galton F, 1880.Visualised numerals［J］. Nature, 21: 252-256.

Galvan A, Hare T, Voss H, et al. , 2007. Risk-taking and the adolescent brain: who is at risk?［J］. Developmental Science, 10（2）: F8-F14.

Ganley C M, Vasilyeva M, 2011.Sex differences in the relation between math performance, spatial skills, and attitudes［J］. Journal of Applied Developmental Psychology, 32（4）: 235-242.

Garber J, Dodge K A, 1991. The development of emotion regulation and dysregulation［J］. Monographs of the Society for Research in Child Development, 59: 73-100.

Garber M, 2004. Compassion［M］//Berlant L G. Compassion: the culture and politics of an emotion. London: Psychology Press.

Gaser C, Schlaug G, 2003. Brain structures differ between musicians and non-musicians［J］. The Journal of Neuroscience, 23（27）: 9240-9245.

Gasper K, Clore G L, 2002. Attending to the big picture: mood and global versus local processing of visual information［J］. Psychological Science, 13（1）: 34-40.

Gazzola V, Rizzolatti G, Wicker B, et al. , 2007. The anthropomorphic brain: the mirror neuron system responds to human and robotic actions［J］. Neuroimage, 35（4）: 1674-1684.

Gobel S, Walsh V, Rushworth M F S, 2001.The mental number line and the human angular gyrus [J]. Neuroimage, (14): 1278-1289.

Gogtay N, Giedd J N, Lusk L, et al., 2004. Dynamic mapping of human cortical development during childhood through early adulthood [J]. Proceedings of the National Academy of sciences of the United States of America, 101 (21): 8174-8179.

Goh J O S, Siong S C, Park D, et al., 2004. Cortical areas involved in object, background, and object-background processing revealed with functional magnetic resonance adaptation [J]. Journal of Neuroscience, 24 (45): 10223-10228.

Goldin A, Pezzatti L, Battro A M, et al., 2011. Socrates' teaching brain: the Meno experiment [J]. Mind, Brain and Education, 5: 4, 180-185.

Goldin P R, McRae K, Ramel W, et al., 2008. The neural bases of emotion regulation: reappraisal and suppression of negative emotion [J]. Biological Psychiatry, 63 (6): 577-586.

Goldin P R, Mcrae K, Ramel W, et al., 2008. The neural bases of emotion regulation: reappraisal and suppression of negative emotion [J]. Biological Psychiatry, 63: 577-586.

Gordon I, Zagoory-Sharon O, Leckman J F, et al., 2010a. Oxytocin and the development of parenting in humans [J]. Biological Psychiatry, 68 (4): 377-382.

Gordon I, Zagoory-Sharon O, Leckman J F, et al., 2010b. Oxytocin, cortisol, and triadic family interactions [J]. Physiology & Behavior, 101 (5): 679-684.

Gordon P, 2004. Numerical cognition without words: evidence from Amazonia [J]. Science, 306 (5695): 496-499.

Gottlieb G.1997. Synthesizing nature-nurture: prenatal roots of instinctive behavior [M]. Mahwah, NJ: Erlbaum.

Grabenhorst F, Rolls E T, 2011. Value, pleasure and choice in the ventral prefrontal cortex [J]. Trends in Cognitive Sciences, 15: 56-67.

Gray J R, Braver T S, Raichle M E, 2002. Integration of emotion and cognition in the lateral prefrontal cortex [J]. Proceedings of the National Academy of Sciences, 99 (6): 4115-4120.

Greenwood B N, Foley T E, Day H E W, et al., 2003. Freewheel running prevents learned helplessness/behavioral depression: role of dorsal raphe serotonergic neurons [J]. The Journal of Neuroscience, 23 (7): 2889-2898.

Gross J J, Richards J M, John O P, 2006. Emotion regulation in everyday life [M] //

Snyder D K, Simpson J, Hughes J N. Emotion regulation in couples and families: pathways to dysfunction and health. American Psychological Association.

Gross J J, Thompson R A, 2007. Emotion regulation: conceptual foundations [M] // Gross J J. Handbook of emotion regulation. New York: Guilford Press.

Groβ W, Linden U, Ostermann T, 2010. Effects of music therapy in the treatment of children with delayed speech development-results of a pilot study [J]. BMC Complementary and Alternative Medicine, 10 (1): 39.

Guastella A J, Einfeld S L, Gray K M, et al., 2010. Intranasal oxytocin improves emotion recognition for youth with autism spectrum disorders [J]. Biological Psychiatry, 67 (7): 692-694.

Haber S N, Knutson B, 2010. The reward circuit: linking primate anatomy and human imaging [J]. Neuropsychopharmacology, 35: 4-26.

Hagman G, 2005. The musician and the creative process [J]. Journal of the American Academy of Psychoanalysis and Dynamic Psychiatry, 33 (1): 97-117.

Haidt J, Keltner D, 1999. Culture and facial expression: open-ended methods find more expressions and a gradient of recognition [J]. Cognition & Emotion, 13 (3): 225-266.

Halberda J, Mazzocco M M, Feigenson L, 2008.Individual differences in non-verbal number acuity correlate with maths achievement [J]. Nature, 455 (7213): 665-668.

Hamilton W D, 1963. The evolution of altruistic behavior [J].American Naturalist, 97 (896):354-356.

Hamlin J K, Wynn K, Bloom P, 2010. Three-month-old infants show a negativity bias in Social evaluation [J]. Developmental Science, 13: 923-929.

Hamlin J K, Wynn K, Bloom P, 2007. Social evaluation by preverbal infants [J]. Nature, 450 (7169): 557-559.

Han S, Northoff G, 2009. Understanding the self: a cultural neuroscience approach [J]. Progress in Brain Research, 178: 203-212.

Hanakawa T, Honda M, Okada T, et al., 2003.Neural correlates underlying mental calculation in abacus experts: a functional magnetic resonance imaging study [J]. Neuroimage,19: 296 -307.

Hannon E E, Trehub S E, 2005. Metrical categories in infancy and adulthood [J].

Psychological Science, 16（1）: 48-55.

Harada T, Li Z, Chiao J Y,2010.Differential dorsal and ventral medial prefrontal representations of the implicit self modulated by individualism and collectivism: an fMRI study［J］. Social Neuroscience, 5（3）: 257-271.

Hardiman M, Rinne L, Gregory E, et al. , 2012. Neuroethics, neuroeducation, and classroom teaching: where the brain sciences meet pedagogy［J］. Neuroethics, 5（2）: 135-143.

Hargreaves A, Fullan M, 2012. Professional capital: transforming teaching in every school［M］. New York: Teachers College Press.

Hargreaves D H,1996. Teaching as a research based profession: possibilities and prospects［M］. London: Teacher Training Agency.

He C, Hotson L, Trainor L J, 2009. Development of infant mismatch responses to auditory pattern changes between 2 and 4 months old［J］. European Journal of Neuroscience, 29（4）: 861-867.

Hedden T, Ketay S, Aron A, et al., 2008.Cultural influences on neural substrates of attentional control［J］. Psychological Science, 19（1）: 12-17.

Heine S J,2001. Self as cultural product: an examination of east Asian and north American selves［J］. Journal of Personality, 69（6）: 881-905.

Henson R N, Rugg M D, Shallice T, et al. , 2000. Confidence in recognition memory for words: dissociating right prefrontal roles in episodic retrieval ［J］. Journal of Cognitive Neuroscience, 12: 913-923.

Herholz S C, Boh B, Pantev C, 2011. Musical training modulates encoding of higher-order regularities in the auditory cortex［J］. European Journal of Neuroscience, 34（3）: 524-529.

Hille K, Gust K, Bitz U, et al. , 2011. Associations between music education, intelligence, and spelling ability in elementary school［J］. Advances in Cognitive Psychology, 7（1）: 1-6.

Hoffman M L, 2001. Empathy and moral development: implications for caring and justice［M］. Cambridge: Cambridge University Press.

Hogan D E, Huesman T, 2008. Music training and semantic clustering in college students ［J］. The Journal of Genetic Psychology, 169（4）: 322-331.

Homae F, Watanabe H, Nakano T, et al. , 2012. Functional development in the infant brain for auditory pitch processing ［J］. Human Brain Mapping, 33（3）: 596-608.

Hong Y, Morris M W, Chiu C, et al.,2000.Multicultural minds: a dynamic constructivist approach to culture and cognition ［J］. American Psychologist, 55（7）: 709-720.

Hot P, Saito Y, Mandai O, et al. , 2006. An ERP investigation of emotional processing in European and Japanese individuals ［J］. Brain Research, 1122（1）: 171-178.

Howell A J, Watson D C, 2007. Procrastination: associations with achievement goal orientation and learning strategies ［J］. Personality and Individual Differences, 43: 167-178.

Hubbard E M , Piazza M , Pinel P, et al., 2005. Interactions between number and space in parietal cortex ［J］. Nature Rev. Neurosci., 6: 435-448.

Hulleman C S, Harackiewicz J M, 2009. Promoting interest and performance in high school science classes ［J］. Science, 326: 1410-1412.

Hulleman C S, Schrager S M, Bodmann S M, et al. , 2010. A meta-analytic review of achievement goal measures: different labels for the same constructs or differnet constructs with similar labels ［J］. Psychological Bulletin, 136（3）: 422-449.

Immordino-Yang M H, 2008. The stories of Nico and Brooke revisited: toward a cross-disciplinary dialogue about teaching and learning ［J］. Mind, Brain, and Education, 2（2）: 49-51.

Immordino-Yang M H, Damasio A, 2007. We feel, therefore we learn: the relevance of affective and social neuroscience to education ［J］. Mind, Brain, and Education, 1（1）: 3-10.

Insel T R, 2000. Toward a neurobiology of attachment ［J］. Review of General Psychology, 4（2）: 176.

Ischebeck A, Zamarian L, Siedentopf C, et al., 2006. How specifically do we learn? Imaging the learning of multiplication and subtraction ［J］. NeuroImage, 30:1365 - 1375.

Israel S, Lerer E, Shalev I, et al. , 2009. The oxytocin receptor（OXTR）contributes to prosocial fund allocations in the dictator game and the social value orientations task ［J］. PloS One, 4（5）: e5535.

Izuma K, Saito D N, Sadato N, 2008. Processing of social and monetary rewards in the human striatum ［J］. Neuron, 58: 284-294.

Jeong E J, Biocca F A, 2012. Are there optimal levels of arousal to memory? effects of arousal, centrality, and familiarity on brand memory in video games［J］. Computers in human behavior, 28（2）: 285-291.

Ji L J, Peng K, Nisbett R E, 2000. Culture, control, and perception of relationships in the environment［J］. Journal of Personality and Social Psychology, 78（5）: 943.

Jiang Y, Kim S, Bong M, 2014. Effects of reward contingencies on brain activation during feedback processing［J］. Frontiers in Human Neuroscience, 8: 656.

Jiang Y, Kim S, Bong M, 2016. Role of perceived cost in students' academic motivation and achievement［C］// Public scholarship to educate diverse democracies: proceeding of the annual meeting of the American Educational Research Association.

Johnson J D, Simmons C H, Jordav A, et al. , 2002. Rodney King and OJ revisited: the impact of race and defendant empathy induction on judicial decisions［J］. Journal of Applied Social Psychology, 32（6）: 1208-1223.

Johnson S C, Baxter L C, Wilder L S, et al. , 2002. Neural correlates of self-reflection ［J］. Brain, 125: 1808-1814.

Kanske P, Kotz S A, 2011. Positive emotion speeds up conflict processing: ERP responses in an auditory Simon task［J］. Biological Psychology, 87（1）: 122-127.

Keating D, 2004. Cognitive and brain development［M］// Lerner R, Steinberg L. Handbook of adolescent psychology . New York: Wiley.

Keenan J P, Wheeler M A, Gallup G G, et al., 2000. Self-recognition and the right prefrontal cortex［J］. Trends in Cognitive Sciences, 4（9）: 338-344.

Kelley W M, Macrae C N, Wyland C L, et al. , 2002. Finding the self? An event-related fMRI study［J］. Journal of Cognitive Neuroscience, 14: 785-794.

Kelly D J, Quinn P C, Slater A M, et al. , 2005. Threemonth-olds, but not newborns, prefer own-race faces［J］. Developmental Science, 8（6）: F31-F36.

Kendrick K, 2000. Oxytocin, motherhood and bonding［J］. Experimental Physiology, 85（s1）: 111-124.

Keverne E B, Kendrick K M, 1992. Oxytocin facilitation of maternal behavior in sheepa［J］. Annals of the New York Academy of Sciences, 652（1）: 83-101.

Killgore W D S, Oki M, Yurgelun-Todd D A, 2001. Sex-specific developmental changes in amygdala responses to affective faces ［ J ］. Neuroreport, 12（2）: 427-433.

Kim H S, Sherman D K, Sasaki J Y, et al. , 2010. Culture, distress, and oxytocin receptor polymorphism （OXTR） interact to influence emotional support seeking ［ J ］. Proceedings of the National Academy of Sciences, 107（36）: 15717-15721.

Kim S, Lee M J, Chung Y, et al. , 2010. Comparison of brain activation during norm-referenced versus criterion-referenced feedback: the role of perceived competence and performance-approach goals ［ J ］. Contemporary Educational Psychology, 35: 141-152.

Kirchhoff B A, Wagner A D, Maril A, et al. , 2000. Prefrontal-temporal circuitry for episodic encoding and subsequent memory ［ J ］. Journal of Neuroscience, 20: 6173-6180.

Kitayama S, Duffy S, Kawamura T, et al. , 2003. Perceiving an object and its context in different cultures: a cultural look at new look ［ J ］. Psychological Science, 14（3）: 201-206.

Klingberg T, Forssberg H, Westerberg H, 2002. Training of working memory in children with ADHD ［ J ］. Journal of Clinical and Experimental Neuropsychology, 24: 781-791.

Knoch D, Fehr E, 2007. Resisting the power of temptations: the right prefrontal cortex and self-control ［ J ］. Annals of the New York Academy of Sciences, 1104: 123-134.

Knutson B, Taylor J, Kaufman M, et al. , 2005. Distributed neural representation of expected value ［ J ］. Journal of Neuroscience, 25: 4806-4812.

Kogan A, Saslow L R, Impett E A, et al. , 2011. Thin-slicing study of the oxytocin receptor （OXTR） gene and the evaluation and expression of the prosocial disposition ［ J ］. Proceedings of the National Academy of Sciences, 108（48）: 19189-19192.

Kohut M L, Boehm G W, Moynihan J A, 2001. Prolonged exercise suppresses antigen-specific cytokine response to upper respiratory infection ［ J ］. Journal of Applied Physiology, 90（2）: 678-684.

Kokal I, Engel A, Kirschner S, et al. , 2011. Synchronized drumming enhances activity in the caudate and facilitates prosocial commitment-if the rhythm comes easily ［ J ］. PLoS One, 6（11）: e27272.

Kompus K, Hugdahl K, 2009. Distinct control networks for cognition and emotion in the prefrontal cortex ［ J ］. Neuroscience Letters, 467（2）: 76-80.

Kosfeld M, Heinrichs M, Zak P J, et al. , 2005. Oxytocin increases trust in humans ［ J ］. Nature, 435（7042）: 673-676.

Krajewski K, Schneider W, 2009. Exploring the impact of phonological awareness, visual–spatial working memory, and preschool quantity–number competencies on mathematics achievement in elementary school: findings from a 3-year longitudinal study [J]. Journal of Experimental Child Psychology, 103（4）: 516-531.

Kraus N, Chandrasekaran B, 2010. Music training for the development of auditory skills [J]. Nature Reviews Neuroscience, 11（8）: 599-605.

Kraus N, Skoe E, Parbery-Clark A, et al., 2009. Experince-induced malleability in neural encoding of pitch, timbre, and timing [J]. Annals of the New York Academy of Sciences, 1169（1）: 543-557.

Kutsukake N, Castles D L, 2004. Reconciliation and post-conflict third-party affiliation among wild chimpanzees in the Mahale Mountains, Tanzania [J]. Primates, 45（3）: 157-165.

Laidra K, Pullmann H, Allik J, 2007. Personality and intelligence as predictors of academic achievement: a cross-sectional study from elementary to secondary school [J]. Personality and Individual Differences, 42: 441-451.

Lancy D F, Bock J C, Gaskins S, 2010. The anthropology of learning in childhood [M]. Lanham: AltaMira Press.

Langford D J, Crager S E, Shehzad Z, et al., 2006. Social modulation of pain as evidence for empathy in mice [J]. Science, 312（5782）: 1967-1970.

Laperriere A, Ironson G, Antoni M H, et al., 1994. Exercise and psychoneuroimmunology [J]. Medicine & Science in Sports & Exercise, 26（2）: 182-190.

Laski E V, Casey B M, Yu Q, et al., 2013. Spatial skills as a predictor of first grade girls' use of higher level arithmetic strategies [J]. Learning and Individual Differences, 23: 123-130.

LeDoux J, 1998. The emotional brain: the mysterious underpinnings of emotional life [M]. New York: Simon and Schuster.

Lee C Y, Hung T H, 2008. Identification of Mandarin tones by English-speaking musicians and nonmusicians [J]. The Journal of the Acoustical Society of America, 124（5）: 3235-3248.

Lee D J, Chen Y, Schlaug G, 2003. Corpus callosum: musician and gender effects [J]. Neuroreport, 14（2）: 205-209.

Lee H L, Noppeney U, 2011. Long-term music training tunes how the brain temporally binds signals from multiple senses [J] . Proceedings of the National Academy of Sciences, 108 (51) : 1441-1450.

Lee J, Stankov L, 2013. Higher-order structure of noncognitive constructs and prediction of PISA 2003 mathematics achievement [J] . Learning and Individual Differences, 26: 119-130.

Lee K, Ng S F, Ng E L, et al., 2004.Working memory and literacy as predictors of performance on algebraic word problems [J] .Journal of Experimental Child Psychology, 89:140-158.

Lee W, Kim S, 2014. Effects of achievement goals on challenge seeking and feedback processing: Behaivoral and fMRI evidence [J] . PloS One, 9: e107254.

Lemer C, Dehaene S, Spelke E, et al., 2003. Approximate quantities and exact number words: dissociable systems [J] . Neuropsychologia, 41 (14) : 1942-1958.

Leotti L A, Delgado M R. 2011. The inherent reward of choice [J] . Psychological Science, 22: 1310-1318.

Levine B, Turner G R, Tisserand D, et al., 2004. The functional neuroanatomy of episodic and semantic autobiographical remembering: a prospective functional MRI study [J] . Journal of Cognitive Neuroscience, 16: 1633-1646.

Lewis E D, Turner R, Egan G F, 2009. The brain in culture and culture in the brain: a review of core issues in neuroanthropology [J] . Progress in Brain Research, 178: 43-64.

Lieberman M D, 2011. Why symbolic processing of affect can disrupt negative affect: social cognitive and affective neuroscience investigations [M] // Todorov A, Fiske S T, Prentice D A. Social neuroscience: toward understanding the underpinnings of the social mind. New York: Oxford University Press.

Lieberman M D, Eisenberger N I, 2009. Neuroscience: pains and pleasures of social life [J] . Science, 323: 890-891.

Lieberman M D, Inagaki T K, Tabibnia G, et al. , 2011. Subjective responses to emotional stimuli during labeling, reappraisal, and distraction [J] . Emotion, 11 (3) : 468.

Liew S L, Ma Y, Han S, et al., 2011. Who's afraid of the boss: cultural differences in social hierarchies modulate self-face recognition in Chinese and Americans [J] . PloS One,

6（2）：1-8.

Lim H A, 2010. Effect of "developmental speech and language training through music" on speech production in children with autism spectrum disorders［J］. Journal of Music Therapy, 47（1）：2-26.

Lim S L, Padmala S, Pessoa L, 2008. Affective learning modulates spatial competition during low-load attentional conditions［J］. Neuropsychologia, 46（5）：1267-1278.

Lipton J S, Spelke E S, 2003. Origins of number sense large-number discrimination in human infants［J］. Psychological Science, 14（5）：396-401.

Litt M D, 1988. Cognitive mediators of stressful experience: self-efficacy and perceived control［J］. Cognitive Therapy and Research, 12: 241-260.

Losin E A R, Dapretto M, Iacoboni M, 2009. Culture in the mind's mirror: how anthropology and neuroscience can inform a model of the neural substrate for cultural imitative learning［J］. Progress in Brain Research, 178: 175-190.

Lucht M J, Barnow S, Sonnenfeld C, et al. , 2009. Associations between the oxytocin receptor gene （OXTR） and affect, loneliness and intelligence in normal subjects［J］. Progress in Neuro-Psychopharmacology and Biological Psychiatry, 33（5）：860-866.

Ma Y, Han S, 2009. Self-face advantage is modulated by social threat–boss effect on self-face recognition［J］. Journal of Experimental Social Psychology, 45（4）：1048-1051.

Ma Y, Han S, 2010. Why we respond faster to the self than to others? An implicit positive association theory of self-advantage during implicit face recognition［J］. Journal of Experimental Psychology Human Perception and Performance, 36（3）：619.

Macbeth A H, Stepp J E, Lee H J, et al. , 2010. Normal maternal behavior, but increased pup mortality, in conditional oxytocin receptor knockout females［J］. Behavioral Neuroscience, 124（5）：677.

Magne C, Schön D, Besson M, 2006. Musician children detect pitch violations in both music and language better than nonmusician children: behavioral and electrophysiological approaches［J］. Journal of Cognitive Neuroscience, 18（2）：199-211.

Markus H R, Kitayama S,1991. Culture and the self: implications for cognition, emotion, and motivation［J］. Psychological Review, 98（2）：224.

Martin C A, Kelly T H, Rayens M K, et al. , 2002. Sensation seeking, puberty, and nicotine, alcohol, and marijuana use in adolescence ［J］. Journal of the American Academy of Child & Adolescent Psychiatry, 41（12）: 1495-1502.

Martin L L, Stoner P, 1996. Mood as input: what we think about how we feel determines how we think ［M］// Martin L L, Tesser A. Striving and feeling: interactions among goals, affect, and self-regulation. New Jersey: Lawrence Erlbaum Associates.

Masserman J H, Wechkin S, Terris W, 1964. "Altruistic" behavior in rhesus monkeys ［J］. American Journal of Psychiatry, 121（6）: 584-585.

Masuda T, Nisbett R E,2001. Attending holistically versus analytically: comparing the context sensitivity of Japanese and Americans ［J］. Journal of Personality and Social Psychology, 81（5）: 922-934.

Mathur V A, Harada T, Lipke T, et al., 2010. Neural basis of extraordinary empathy and altruistic motivation ［J］. Neuroimage, 51（4）: 1468-1475.

Matsumoto D, 1992. More evidence for the universality of a contempt expression ［J］. Motivation and Emotion, 16（4）: 363-368.

McCrink K, Wynn K, 2004. Large-number addition and subtraction by 9-month-old infants ［J］. Psychological Science, 15（11）: 776-781.

McCusker R H, Kelley K W, 2013. Immune–neural connections: how the immune system's response to infectious agents influences behavior ［J］. The Journal of Experimental Biology, 216（1）: 84-98.

McClure S M, Laibson D I, Loewenstein, et al., 2004. Separate neural systems value immediate and delayed monetary rewards ［J］. Science, 306: 503-507.

Meece J L, Anderman E M, Anderman L H, 2006. Classroom goal structure, student motivation, and academic achievement ［J］. Annual Review of Psychology, 57: 487-503.

Meece J L, Wigfield A, Eccles J S, 1990. Predictors of math anxiety and its consequences for young adolescents' course enrollment intentions and performance in mathematics ［J］. Journal of Educational Psychology, 82: 60-70.

Meltzoff A N, Moore M K, 1977. Imitation of facial and manual gestures by human neonates ［J］. Science, 198（4312）: 75-78.

Meyer M, Elmer S, Ringli M, et al., 2011. Long-term exposure to music enhances the sensitivity of the auditory system in children ［J］. European Journal of Neuroscience, 34

（5）: 755-765.

Midgley C, Urdan T, 2001. Academic self-handicapping and achievement goals: a further examination ［J］. Contemporary Educational Psychology, 26: 61-75.

Mies G W, van der Molen M W, Smits M, et al. , 2011. The anterior cingulate cortex responds differently to the validity and valence of feedback in a time-estimation task ［J］. Neuroimage, 56（4）: 2321-2328.

Miles H J, Gross J J, 1999. Emotion Suppression ［M］//Levinson D, Ponzett J J, Jorgensen P F. Encyclopedia of human emotions. New York : Macmillan.

Mobbs D, Greicius M D, Abdel-Azim E, et al. , 2003. Humor modulates the mesolimbic reward centers ［J］. Neuron, 40: 1041-1048.

Moon C, Cooper R P, Fifer W P, 1993. Two-day-olds prefer their native language ［J］. Infant Behavior and Development, 16（4）: 495-500.

Moran J M, Macrae C N, Heatherton T F, et al., 2006. Neuroanatomical evidence for distinct cognitive and affective components of self ［J］. Journal of Cognitive Neuroscience, 18（9）: 1586-1594.

Moreno S, Bialystok E, Barac R, et al. , 2011. Short-term music training enhances verbal intelligence and executive function ［J］. Psychological Science, 22（11）: 1425-1433.

Moriguchi Y, Ohnishi T, Kawachi R T, et al. , 2005. Specific brain activation in Japanese and Caucasian people to fearful faces ［J］. Neuroreport, 16（2）: 133-136.

Mosteller F, Light R, Sachs J, 1996. Sustained inquiry in education: lessons from skill grouping and class size ［J］. Harvard Educational Review, 66（4）: 797-843.

Moyer R S, Landauer T K, 1967.Time required for judgements of numerical inequality ［J］. Nature, 215: 1519–1520.

Muir P,2007.Toward culture: some basic elements of culture-based instruction in China's high schools ［J］. Sino-US English Teaching, 4（4）: 38-43.

Murayama K, Matsumoto M, Izuma K, et al. , 2010. Neural basis of the undermining effect of monetary reward on intrinsic motivation ［J］. Proceedings of the National Academy of Sciences, 107: 20911-20916.

Murray E A, 2007. The amygdala, reward, and emotion ［J］. Trends in Cognitive Sciences, 11: 489-497.

Münte T F, Altenmüller E, Jäncke L, 2002. The musician's brain as a model of neuroplasticity [J] . Nature Reviews Neuroscience, 3 (6) : 473-478.

Nabkasorn C, Miyai N, Sootmongkol A, et al. , 2006. Effects of physical exercise on depression, neuroendocrine stress hormones and physiological fitness in adolescent females with depressive symptoms [J] . The European Journal of Public Health, 16 (2) : 179-184.

Nan Y, Friederici A D, 2013. Differential roles of right temporal cortex and Broca's area in pitch processing: evidence from music and Mandarin [J] . Human Brain Mapping, 34 (9) : 2045-2054.

National Reading Panel, National Institute of Child Health, Human Development (US) ,et al., 2000. Report of the national reading panel: teaching children to read: an evidence-based assessment of the scientific research literature on reading and its implications for reading instruction [R] .

National Research Council, 2002. Scientific research in education [M] . Washington, DC: National Academies Press.

Negroponte N, 2005. The $100 laptop [M] // Sorondo M S, Malinvaud E, Léna P. Globalization and education. Berlin: Walter de Gruyter.

Nelson E E, Leibenluft E, McClure E B, et al. , 2005. The social re-orientation of adolescence: a neuroscience perspective on the process and its relation to psychopathology [J] . Psychological Medicine, 35 (02) : 163-174.

Nelson E E, McClure E B, Monk C S, et al. , 2003. Developmental differences in neuronal engagement during implicit encoding of emotional faces: an event-related fMRI study [J] . Journal of Child Psychology and Psychiatry, 44 (7) : 1015-1024.

Neumann I D, 2008. Brain oxytocin mediates beneficial consequences of close social interactions: from maternal love and sex [M] //Pfaff D W, Kordon C, Chanson P. Hormones and Social Behaviour. Berlin: Springer.

Newman C L, Motta R W, 2007. The effects of aerobic exercise on childhood PTSD, anxiety, and depression [J] . International Journal of Emergency Mental Health, 9 (2) : 133.

Ng S H, Han S, Mao L, et al., 2010. Dynamic bicultural brains: fMRI study of their flexible neural representation of self and significant others in response to culture primes [J] . Asian Journal of Social Psychology, 13 (2) : 83-91.

Nguyen P M, Terlouw C, Pilot A, 2006. Culturally appropriate pedagogy: the case of group learning in a Confucian Heritage Culture context [J]. Intercultural Education, 17 (1): 1-19.

NguyenT, 2008. Universals in facial expression [M]. Munich, Germany: GRIN Verlag.

Nicholls J G 1984. Achievement motivation: conceptions of ability, subjective experiences, task choice, and performance [J]. Psychological Review, 91: 328-346.

Nisbett R E, Masuda T. 2003. Culture and point of view [J]. Proceedings of the National Academy of Sciences, 100 (19): 11163-11170.

Nisbett R E, Miyamoto Y, 2005. The influence of culture: holistic versus analytic perception [J]. Trends in Cognitive Sciences, 9 (10): 467-473.

Nisbett R E, Peng K, Choi I, et al., 2001. Culture and systems of thought: holistic versus analytic cognition [J]. Psychological Review, 108 (2): 291.

Nisbett R E, 2003. The geography of thought: why we think the way we do [M]. New York: Free Press.

Noddings N, 2005. Educating citizens for global awareness [M]. New York: Teachers College Press.

Northoff G, 2010. Humans, brains, and their environment: marriage between neuroscience and anthropology? [J]. Neuron, 65 (6): 748-751.

OECD, 2010. GlobaliSation and linguistic competencies: summary of the project report, project results and key messages [R].

Pajares F, 1996. Self-efficacy beliefs in academic settings [J]. Review of Educational Research, 66: 543-578.

Pajares F, Miller M D, 1994. Role of self-efficacy and self-concept beliefs in mathematical problem solving: a path analysis [J]. Journal of Educational Psychology, 86: 193-203.

Parbery-Clark A, Strait D L, Anderson S, et al., 2011. Musical experience and the aging auditory system: implications for cognitive abilities and hearing speech in noise [J]. PLoS One, 6 (5): e18082.

Parbery-Clark A, Tierney A, Strait D L, et al., 2012. Musicians have fine-tuned neural distinction of speech syllables [J] . Neuroscience, 219: 111-119.

Park D C, Huang C M,2010. Culture wires the brain: a cognitive neuroscience perspective [J] . Perspectives on Psychological Science, 5 (4) : 391-400.

Passingham R, 2008. What is special about the human brain? [M] . Oxford: Oxford University Press.

Patston L L M, Kirk I J, Rolfe M H S, et al. , 2007. The unusual symmetry of musicians: musicians have equilateral interhemispheric transfer for visual information [J] . Neuropsychologia, 45 (9) : 2059-2065.

Pekrun R, 1992. The impact of emotions on learning and achievement: towards a theory of cognitive/motivational mediators [J] . Applied Psychology, 41: 359-376.

Perani D, Saccuman M C, Scifo P, et al. , 2010. Functional specializations for music processing in the human newborn brain [J] . Proceedings of the National Academy of Sciences, 107 (10) : 4758-4763.

Perez T, Cromley J G, Kaplan A, 2013. The role of identity development, values, and costs in college STEM retention [J] . Journal of Educational Psychology, 106: 315-329.

Perrachione T K, Del Tufo S N, Gabrieli J D E, 2011. Human voice recognition depends on language ability [J] . Science, 333 (6042) : 595-595.

Pessoa L, 2008. On the relationship between emotion and cognition [J] . Nature Reviews Neuroscience, 9 (2) : 148-158.

Pessoa L, 2009. How do emotion and motivation direct executive control? [J] . Trends in Cognitive Sciences, 13 (4) : 160-166.

Pessoa L, 2010. Emotion and cognition and the amygdala: from "what is it? " to "what's to be done? " [J] . Neuropsychologia, 48 (12) : 3416-3429.

Phinney J S, Devich-Navarro M,1997. Variations in bicultural identification among African American and Mexican American adolescents [J] . Journal of Research on Adolescence, 7 (1) : 3-32.

Piazza M, Mechelli A, Price C J, et al., 2006. Exact and approximate judgements of visual and auditory numerosity : an fMRI study [J] . Brain Research, 1106: 177-188.

Pica P, Lemer C, Izard V, et al. , 2004. Exact and approximate arithmetic in an Amazonian indigene group [J] . Science, 306 (5695) : 499-503.

Pintrich P R, 2003. A motivational science perspective on the role of student motivation in learning and teaching contexts [J] . Journal of Educational Psychology, 95: 667-686.

Pintrich P R, Marx R W, Boyle R A, 1993. Beyond cold conceptual change: the role of motivational beliefs and classroom contextual factors in the process of conceptual change [J] . Review of Educational Research, 63: 167-199.

Plutchik R, 1990. Evolutionary bases of empathy [M] // Eisenberg N, Strayer J. Empathy and its development. Cambridge: Cambridge University Press.

Polk T A, Farah M J,1998. The neural development and organization of letter recognition: evidence from functional neuroimaging, computational modeling, and behavioral studies [J] . Proceedings of the National Academy of Sciences, 95 (3) : 847-852.

Polk T A, Stallcup M, Aguirre G K, et al., 2002. Neural specialization for letter recognition [J] . Journal of Cognitive Neuroscience, 14 (2) : 145-159.

Premack D, Premack A J, 1997. Infants attribute value to the goal-directed actions of self-propelled objects [J] . Journal of Cognitive Neuroscience, 9 (6) : 848-856.

Preston S D, de Waal F B M, 2002. Empathy: its ultimate and proximate bases [J] . Behavioral and Brain Sciences, 25 (1) : 1-20.

Price G R, Holloway I, Räsänen P, et al. , 2007. Impaired parietal magnitude processing in developmental dyscalculia [J] . Current Biology, 17 (24) : 1042-1043.

Qin S, Young C B, Supekar K, et al. , 2012. Immature integration and segregation of emotion-related brain circuitry in young children [J] . Proceedings of the National Academy of Sciences, 109 (20) : 7941-7946.

Rabadi M H, 2007. Randomized clinical stroke rehabilitation trials in 2005 [J] . Neurochemical Research, 32 (4-5) : 807-821.

Rand D G, Greene J D, Nowak M A, 2012. Spontaneous giving and calculated greed [J] . Nature, 489 (7416) : 427-430.

Rauscher F H, Shaw G L, Ky K N, 1993. Music and spatial task performance [J] . Nature, 365 (6447) : 611.

Ray R D, Shelton A L, Hollon N G, et al., 2010. Interdependent self-construal and neural representations of self and mother [J] . Social Cognitive and Affective Neuroscience, 5 (2/3) : 318–323.

Ray R D, Zald D H, 2012. Anatomical insights into the interaction of emotion and cognition in the prefrontal cortex [J]. Neuroscience & Biobehavioral Reviews, 36 (1): 479-501.

Reggini H C, 2011. Put a brain in your camera: nonstandard perspectives and computer images in the arts [J]. Mind, Brain, and Education, 5 (1): 12-18.

Rescher N, 1975. Unselfishness: the role of the vicarious affects in moral philosophy and social theory [M]. Pittsburgh: University of Pittsburgh Press.

Riem M M E, Pieper S, Out D, et al., 2011. Oxytocin receptor gene and depressive symptoms associated with physiological reactivity to infant crying [J]. Social Cognitive and Affective Neuroscience, 6 (3): 294-300.

Rilling J K, Goldsmith D R, Glenn A L, et al., 2008. The neural correlates of the affective response to unreciprocated cooperation [J]. Neuropsychologia, 46 (5): 1256-1266.

Rizzolatti G, Craighero L, 2004. The mirror-neuron system [J]. Annual Review of Neuroscience, 27: 169-192.

Rodrigues S M, Saslow L R, Garcia N, et al., 2009. Oxytocin receptor genetic variation relates to empathy and stress reactivity in humans [J]. Proceedings of the National Academy of Sciences, 106 (50): 21437-21441.

Rodriguez V, 2013. The potential of systems thinking in teacher reform as theorized for the teaching brain framework [J]. Mind, Brain, and Education, 7 (2): 77-85.

Rodriguez V, 2012. The teaching brain and the end of the empty vessel [J]. Mind, Brain, and Education, 6 (4): 177-185.

Roeser R W, Midgley C, Urdan T C, 1996. Perceptions of the school psychological environment and early adolescents' psychological and behavioural functioning in school: The mediating role of goals and belonging [J]. Journal of Educational Psychology, 88: 408-422.

Rohde T E, Thompson L A, 2007. Predicting academic achievement with cognitive ability [J]. Intelligences, 35: 83-92.

Rokeach M, 1973. The nature of human values [M]. New York: Free Press.

Rolls E T, Grabenhorst F, 2008. The orbitofrontal cortex and beyond: from affect to decision-making [J]. Progress in Neurobiology, 86: 216-244.

Rosenhan D, White G M, 1967. Observation and rehearsal as determinants of prosocial behavior [J]. Journal of Personality and Social Psychology, 5（4）: 424.

Rotzer S, Kucian K, Martin E, et al., 2008. Optimized voxel-based morphometry in children with developmental dyscalculia [J]. Neuroimage, 39（1）: 417-422.

Rotzer S, Loenneker T, Kucian K, et al., 2009. Dysfunctional neural network of spatial working memory contributes to developmental dyscalculia [J]. Neuropsychologia, 47（13）: 2859-2865.

Rowe G, Hirsh J B, Anderson A K, 2007. Positive affect increases the breadth of attentional selection [J]. Proceedings of the National Academy of Sciences, 104（1）: 383-388.

Rykhlevskaia E, Uddin L Q, Kondos L, et al., 2009. Neuroanatomical correlates of developmental dyscalculia: combined evidence from morphometry and tractography [J]. Frontiers in Human Neuroscience, 3（51）: 51.

Sackett D L, 1998. Evidence-based medicine [J]. Lancet, 23（10）: 1085.

Sackett D L, Rosenberg W M C, Gray J A M, et al., 1996. Evidence based medicine: what it is and what it isn't [J]. BMJ, 312（7023）: 71-72.

Sackett D L, Straus S E, Richardson W S, et al., 2000. Evidence-based medicine: how to practice and teach EBM [M]. Edinburgh, UK: Churchill Livingstone.

Sackett D L. 1997. Evidence-based medicine [J]. Seminars in Perinatology, 21（1）: 3-5.

Sanfey A G, 2007. Decision neuroscience: new directions in studies of judgment and decision making [J]. Current Directions in Psychology Science, 16: 151-155.

Schellenberg E G, 2004. Music lessons enhance IQ [J]. Psychological Science, 15（8）: 511-514.

Scherer K R, Wallbott H G, 1994. Evidence for universality and cultural variation of differential emotion response patterning [J]. Journal of Personality and Social Psychology, 66（2）: 310.

Schlaug G, Jäncke L, Huang Y, et al., 1995. Increased corpus callosum size in musicians [J]. Neuropsychologia, 33（8）: 1047-1055.

Schmitz T W, De Rosa E, Anderson A K, 2009. Opposing influences of affective state valence on visual cortical encoding [J] . The Journal of Neuroscience, 29（22）: 7199-7207.

Schnell K, Bluschke S, Konradt B, et al. , 2011. Functional relations of empathy and mentalizing: an fMRI study on the neural basis of cognitive empathy [J] . Neuroimage, 54（2）: 1743-1754.

Schug J, Matsumoto D, Horita Y, et al. , 2010. Emotional expressivity as a signal of cooperation [J] . Evolution and Human Behavior, 31（2）: 87-94.

Schulte-Rüther M, Markowitsch H J, Fink G R, et al. , 2007. Mirror neuron and theory of mind mechanisms involved in face-to-face interactions: a functional magnetic resonance imaging approach to empathy [J] . Journal of Cognitive Neuroscience, 19（8）: 1354-1372.

Schultz W, 2006. Behavioral theories and the neurophysiology of reward [J] . Annual Review of Psychology, 27: 87-115.

Schunk D H, 1987. Peer models and children's behavioral change [J] . Review of Educational Research, 57: 149-174.

Schunk D H, 1989. Social cognitive theory and self-regulated learning [M] // Zimmerman B J, Schunk D H. Self-regulated learning and academic achievement: theory, research, and practice. New York: Springer-Verlag.

Schunk D H, 1991. Self-efficacy and academic motivation [J] . Educational psychologist, 26: 207-231.

Schunk D H, Pintrich P R, Meece J L, 2008. Motivation in education: theory, research, and applications [M] . Upper Saddle River, NJ: Merrill Prentice Hall.

Schwartz S H, 1995. Value priorities and behavior: applying a theory of integrated value systems [M] // Seligman C, Olsen J M, Zanna M P. The psychology of values: the Ontario symposium. Hillsdale, NJ: Erlbaum.

Schön D, Magne C, Besson M, 2004. The music of speech: music training facilitates pitch processing in both music and language [J] . Psychophysiology, 41（3）: 341-349.

Seed A M, Clayton N S, Emery N J. , 2007. Postconflict third-party affiliation in rooks, corvus frugilegus [J] . Current Biology, 17（2）: 152-158.

Seligman R, Brown R A, 2010. Theory and method at the intersection of anthropology and cultural neuroscience [J] . Social Cognitive and Affective Neuroscience, 5（2/3）: 130-137.

Shamay-Tsoory S G, 2011a. The neural bases for empathy [J] . The Neuroscientist, 17（1）: 18-24.

Shamay-Tsoory S G, 2011b. Empathic processing: its cognitive and affective dimensions and neuroanatomical basis [M] // Decety J, Ickes W. The social neuroscience of empathy. Massachusetts: The MIT Press.

Shamay-Tsoory S G, Aharon-Peretz J, Perry D, 2009. Two systems for empathy: a double dissociation between emotional and cognitive empathy in inferior frontal gyrus versus ventromedial prefrontal lesions [J] . Brain, 132（3）: 617-627.

Shamay-Tsoory S G, Fischer M, Dvash J, et al. , 2009. Intranasal administration of oxytocin increases envy and schadenfreude（gloating）[J] . Biological Psychiatry, 66（9）: 864-870.

Shamay-Tsoory S G, Tomer R, Goldsher D, et al. , 2004. Impairment in cognitive and affective empathy in patients with brain lesions: anatomical and cognitive correlates [J] . Journal of Clinical and Experimental Neuropsychology, 26（8）: 1113-1127.

She H C, Fisher D, 2000. The development of a questionnaire to describe science teacher communication behavior in Taiwan and Australia [J] . Science Education, 84（6）: 706-726.

Shipstead Z, Redick T S, Engle R W, 2012. Is working memory training effective? [J] . Psychological Bulletin, 138: 628-654.

Shonkoff J P, 2000. Science, policy, and practice: three cultures in search of a shared mission [J] . Child Development, 71（1）: 181-187.

Siegler R S, Thompson C A, Schneider M, 2011. An integrated theory of whole number and fractions development [J] . Cognitive Psychology, 62（4）: 273-296.

Simon O, Mangin J F, Cohen L, et al. , 2002. Topographical layout of hand, eye, calculation, and language-related areas in the human parietal lobe [J] . Neuron, 33（3）: 475-487.

Singer T, Lamm C, 2009. The social neuroscience of empathy [J] . Annals of the New York Academy of Sciences, 1156（1）: 81-96.

Singer T, Seymour B, O' doherty J, et al., 2004.Empathy for pain involves the affective but not sensory components of pain [J] . Science, 303（5661）: 1157-1162.

Singh N A, Stavrinos T M, Scarbek Y, et al., 2005. A randomized controlled trial of high versus low intensity weight training versus general practitioner care for clinical depression in older adults [J] . The Journals of Gerontology Series A: Biological Sciences and Medical Sciences, 60（6）: 768-776.

Sisk C L, Foster D L, 2004. The neural basis of puberty and adolescence [J] . Nature Neuroscience, 7（10）: 1040-1047.

Skuse D, Albanese A, Stanhope R, et al. , 1996. A new stress-related syndrome of growth failure and hyperphagia in children, associated with reversibility of growth-hormone insufficiency [J] . Lancet, 348（9024）: 353-358.

Smith A, 2010. The theory of moral sentiments [M] . London: Penguin Books.

Smith E M, Blalock J E, 1981. Human lymphocyte production of corticotropin and endorphin-like substances: association with leukocyte interferon [J] . Proceedings of the National Academy of Sciences, 78（12）: 7530-7534.

Spear L, 2010. The behavioral neuroscience of adolescence [J] . Neuroscience & Biobehavioral Reviews, 24: 417-463.

Sperling R A, Chua E F, Cocchiarella A, et al. , 2003. Putting names to faces: successful encoding of associative memories activates the anterior hippocampal formation [J] . NeuroImage, 20: 1400-1410.

Spindler G D, Spindler L S, 1990. The American cultural dialogue and its transmission [M] . Psychology Press.

Stanovich P J, Stanovich K E, 2003. Using research and reason in education: how teachers can use scientifically based research to make curricular & instructional decisions [R] . Washington, D C: National Institute for Literacy.

Steinberg L, 2008. A social neuroscience perspective on adolescent risk-taking [J] . Developmental Review, 28（1）: 78-106.

Steinberg L, 2010. A dual systems model of adolescent riskätaking [J] . Developmental Psychobiology, 52（3）: 216-224.

Steinberg L, Monahan K C, 2007. Age differences in resistance to peer influence [J] . Developmental Psychology, 43（6）: 1531.

Strait D L, Kraus N, Parbery-Clark A, et al. , 2010. Musical experience shapes top-down auditory mechanisms: evidence from masking and auditory attention performance [J]. Hearing Research, 261 (1): 22-29.

Strait D L, Kraus N, Skoe E, et al. , 2009. Musical experience promotes subcortical efficiency in processing emotional vocal sounds [J]. Annals of the New York Academy of Sciences, 1169 (1): 209-213.

Strathearn L, Fonagy P, Amico J, et al. , 2009. Adult attachment predicts maternal brain and oxytocin response to infant cues [J]. Neuropsychopharmacology, 34 (13): 2655-2666.

Straus S E, Richardson W S, Glasziou P, et al. , 2005. Evidence-based medicine: how to practice and teach EBM [M]. 3th ed. Edinburge: Churchill Livingstone.

Straus S E, Richardson W S, Glasziou P, et al. , 2005. Evidence-based medicine: how to practice and teach EBM [M]. Edinbuigh, UK: Churchill Livingstone.

Strauss S E, 2005. Teaching as a natural cognitive ability: implications for classroom practice and teacher education [M] // Pillemer D, White S. Developmental psychology and social change. Cambridge: Cambridge University Press.

Subramaniam K, Kounios J, Parrish T B, et al. , 2009. A brain mechanism for facilitation of insight by positive affect [J]. Journal of Cognitive Neuroscience, 21 (3): 415-432.

Sui J, Liu C H, Han S. 2009. Cultural difference in neural mechanisms of self-recognition [J]. Social Neuroscience, 4 (5): 402-411.

Sui J, Zhu Y, Chiu C,2007. Bicultural mind, self-construal, and self-and mother-reference effects: consequences of cultural priming on recognition memory [J]. Journal of Experimental Social Psychology, 43 (5): 818-824.

Swart H, Hewstone M, Christ O, et al. , 2011. Affective mediators of intergroup contact: a three-wave longitudinal study in South Africa [J]. Journal of Personality and Social Psychology, 101 (6): 1221.

Sylwester K, Lyons M, Buchanan C, et al. , 2012. The role of theory of mind in assessing cooperative intentions [J]. Personality and Individual Differences, 52 (2): 113-117.

Talhelm T, Zhang X, Oishi S, et al., 2014. Large-scale psychological differences within China explained by rice versus wheat agriculture [J]. Science, 344 (6184): 603-608.

Tartar J L, de Almeida K, McIntosh R C, et al. , 2012. Emotionally negative pictures increase attention to a subsequent auditory stimulus［J］. International Journal of Psychophysiology, 83（1）: 36-44.

Telzer E H, Fuligni A J, Lieberman M D, et al. , 2013. Ventral striatum activation to prosocial rewards predicts longitudinal declines in adolescent risk taking［J］. Developmental Cognitive Neuroscience, 3: 45-52.

TenHouten W D, 1991. Into the wild blue yonder: on the emergence of the ethnoneurologies—the social science-based neurologies and the philosophy-based neurologies［J］. Journal of Social and Biological Structures, 14（4）: 381-408.

TenHouten W D, Morrison J W, Durrenberger E P, et al. , 1976. More on split-brain research, culture, and cognition［J］. Current Anthropology, 17（3）: 503–511.

Teri L, Gibbons L E, McCurry S M, et al. , 2003. Exercise plus behavioral management in patients with Alzheimer disease: a randomized controlled trial［J］. Jama, 290（15）: 2015-2022.

Titchener E, 1909. Elementary psychology of the thought processes［M］. New York: Macmillan.

Tost H, Kolachana B, Hakimi S, et al. , 2010. A common allele in the oxytocin receptor gene（OXTR）impacts prosocial temperament and human hypothalamic-limbic structure and function［J］. Proceedings of the National Academy of Sciences, 107（31）: 13936-13941.

Trainor L, 2008. Science & music: the neural roots of music［J］. Nature, 453（7195）: 598-599.

Trejo J L, Carro E, Torres-Alemán I, 2001. Circulating insulin-like growth factor I mediates exercise-induced increases in the number of new neurons in the adult hippocampus ［J］. The Journal of Neuroscience, 21（5）: 1628-1634.

Tremblay L, Schultz W, 1999. Relative reward preference in primate orbitofrontal cortex ［J］. Nature, 398: 704-708.

Triandis H C,1989. The self and social behavior in differing cultural contexts［J］. Psychological Review, 96（3）: 506.

Trivers R L, 1971. The evolution of reciprocal altruism [J] . Quarterly Review of Biology, 46（1）: 35-57.

Tsai J L, Knutson B, Fung H H, 2006. Cultural variation in affect valuation [J] . Journal of Personality and Social Psychology, 90（2）: 288.

Tsai J L, Levenson R W, McCoy K, 2006. Cultural and temperamental variation in emotional response [J] . Emotion, 6（3）: 484.

Tsai J L, Louie J Y, Chen E E, et al. , 2007a. Learning what feelings to desire: socialization of ideal affect through children's storybooks [J] . Personality and Social Psychology Bulletin, 33（1）: 17-30.

Tsai J L, Miao F F, Seppala E, et al. , 2007b. Influence and adjustment goals: sources of cultural differences in ideal affect [J] . Journal of Personality and Social Psychology, 92（6）: 1102.

Turner R, 2001. Culture and the human brain [J] . Anthropology and Humanism, 26（2）: 167-172.

Urdan T C, 1997. Achievement goal theory: past results, future directions [M] // Pintrich P R, Maehr M L. Advances in motivation and achievement. Greenwich, CT: JAI Press.

Uzefovsky F, Shalev I, Israel S, et al. , 2014. The dopamine D4 receptor gene shows a gender-sensitive association with cognitive empathy: evidence from two independent samples [J] . Emotion, 14（4）: 712.

Uzefovsky F, Shalev I, Israel S, et al. , 2015. Oxytocin receptor and vasopressin receptor 1a genes are respectively associated with emotional and cognitive empathy [J] . Hormones and Behavior, 67: 60-65.

Vaish A, Carpenter M, Tomasello M, 2009. Sympathy through affective perspective taking and its relation to prosocial behavior in toddlers [J] . Developmental Psychology, 45（2）: 534.

Van Leijenhorst L, Zanolie K, Van Meel C S, et al. , 2010. What motivates the adolescent? brain regions mediating reward sensitivity across adolescence [J] . Cerebral Cortex, 20（1）: 61-69.

Van Praag H, Shubert T, Zhao C, et al. , 2005. Exercise enhances learning and hippocampal neurogenesis in aged mice [J] . The Journal of Neuroscience, 25（38）: 8680-8685.

Vandello J A, Cohen D,1999. Patterns of individualism and collectivism across the United States [J] . Journal of Personality and Social Psychology, 77（2）: 279.

Vaynman S S, Ying Z, Gomez-Pinilla F, 2006. Exercise differentially regulates synaptic proteins associated to the function of BDNF [J] . Brain Res, 1070（1）: 124-130.

Vermeulen N, 2010. Current positive and negative affective states modulate attention: an attentional blink study [J] . Personality and Individual Differences, 49（5）: 542-545.

Viviani D, Stoop R, 2008. Opposite effects of oxytocin and vasopressin on the emotional expression of the fear response [J] . Progress in Brain Research, 170: 207-218.

Vogeley K, Roepstorff A,2009. Contextualising culture and social cognition [J] . Trends in Cognitive Sciences, 13（12）: 511-516.

Westphal M Bonanno G A, 2011. Emotion self-regulation [J] . Annals of the New York Academy of Sciences, 769（12）: 2365-2375.

Walker P M, Silvert L, Hewstone M, et al. , 2007. Social contact and other-race face processing in the human brain [J] . Social Cognitive and Affective Neuroscience, 3（1）: 16-25.

Walsh V, 2003. A theory of magnitude: common cortical metrics of time, space and quantity [J] . Trends in Cognitive Sciences, 7（11）: 483-488.

Waraczynski M A, 2006. The central extended amygdala network as a proposed circuit underlying reward valuation [J] . Neuroscience & Biobehavioral Reviews, 30（4）: 472-496.

Warneken F, Tomasello M, 2006. Altruistic helping in human infants and young chimpanzees [J] . Science, 311（5765）: 1301-1303.

Warneken F, Tomasello M, 2009. The roots of human altruism [J] . British Journal of Psychology, 100（3）: 455-471.

Wasik B A, 1998. Volunteer tutoring programs in reading: a review [J] . Reading Research Quarterly, 33（3）: 266-291.

Wasik B A, Slavin R E, 1993. Preventing early reading failure with one-to-one tutoring:

a review of five programs [J]. Reading Research Quarterly, 28（2）: 179-200.

Watanabe D, Savion-Lemieux T, Penhune V B, 2007. The effect of early musical training on adult motor performance: evidence for a sensitive period in motor learning [J]. Experimental Brain Research, 176（2）: 332-340.

Watanabe S, Ono K, 1986. An experimental analysis of "empathic" response: effects of pain reactions of pigeon upon other pigeon's operant behavior [J]. Behavioural Processes, 13（3）: 269-277.

Wei W, Lu H, Zhao H, et al., 2012. Gender differences in children's arithmetic performance are accounted for by gender differences in language abilities [J]. Psychological Science, 23（3）: 320-330.

Wentzel K R, 1998. Social relationships and motivation in middle school: the role of parents, teachers, and peers [J]. Journal of Educational Psychology, 90: 202-209.

Wigfiedl A, Eccles J S, 1992. The development of achievement task values: a theoretical analysis [J]. Developmental Review, 12: 265-310.

Wigfiedl A, Eccles J S, 2000. Expectancy-value theory of achievement motivation [J]. Contemporary Educational Psychology, 25: 68-81.

Wigfield A, 1994. Expectancy-value theory of achievement motivation: a developmental perspective [J]. Educational Psychology Review, 6: 49-78.

Wigfield A, Cambria J, 2010. Expectancy-value theory: retrospective and prospective [M]// Urdan T C, Karabenick S A. The decade ahead: theoretical perspectives on motivation and achievement. Bingley, UK: Emerald Group Publishing Limited.

Wik G, Lekander M, Fredrikson M, 1998. Human brain-immune relationships: a PET study [J]. Brain, Behavior, and Immunity, 12（3）: 242-246.

Wiltermuth S S, Tiedens L Z, 2011. Incidental anger and the desire to evaluate [J]. Organizational Behavior and Human Decision Processes, 116（1）: 55-65.

Wong P C M, Skoe E, Russo N M, et al., 2007. Musical experience shapes human brainstem encoding of linguistic pitch patterns [J]. Nature Neuroscience, 10（4）: 420-422.

Woo Y, Song J, Jiang Y, et al., 2015. Effects of informative and confirmatory feedback on brain activation during negative feedback processing [J]. Frontiers in Human

Neuroscience, 9: 378.

Wynn K, 1992. Addition and subtraction by human infants [J]. Nature, 358（27）: 749-750.

Xu F, Spelke E S, 2000. Large number discrimination in 6-month-old infants [J]. Cognition, 74（1）: B1-B11.

Xu F, Spelke E S, Goddard S, 2005. Number sense in human infants [J]. Developmental Science, 8（1）: 88-101.

Xu X, Zuo X, Wang X, et al., 2009. Do you feel my pain? Racial group membership modulates empathic neural responses [J]. The Journal of Neuroscience, 29（26）: 8525-8529.

Yousefi F, Redzuan M, Bte M, et al., 2010. The effects of family income on test-anxiety and academic achievement among Iranian high school students [J]. Asian Social Science, 6（6）: 89.

Zaki J, Ochsner K N, 2012. The neuroscience of empathy: progress, pitfalls and promise [J]. Nature Neuroscience, 15（5）: 675-680.

Zentner M, Eerola T, 2010. Rhythmic engagement with music in infancy [J]. Proceedings of the National Academy of Sciences, 107（13）: 5768-5773.

Zhang H, Chen C, Zhou X, 2012. Neural correlates of numbers and mathematical terms [J]. NeuroImage, 60（1）: 230-240.

Zhu Y, Zhang L, Fan J, et al., 2007. Neural basis of cultural influence on self-representation [J]. Neuroimage, 34（3）: 1310-1316.

Zimmerman B J, 2000. Becoming a self-regulated learner: an overview [J]. Theory into Practice, 41: 64-70.

Zimmerman B J, Kitsantas A, 2005. Homework practices and academic achievement: the mediating role of self-efficacy and perceived responsibility beliefs [J]. Contemporary Educational Psychology, 30: 397-417.

Zorzi M, Priftis K, Umilta C, 2002. Brain damage: neglect disrupts the mental number line [J]. Nature, 417: 138-139.

Zuo X, Han S, 2013. Cultural experiences reduce racial bias in neural responses to others' suffering [J]. Culture and Brain, 1（1）: 34-46.

索 引

后　记

循证教育决策与实践：中外学者的
共同追求

　　自20世纪90年代以来，国际教育领域掀起了一股循证教育决策与实践的热潮，它强调根据科学证据来制定教育政策，开展教育实践。这一热潮体现在了发达国家的教育政策之中。例如，美国2002年颁布的《不让一个孩子掉队法案》规定，联邦政府资助的教育项目与实践，必须以"科学研究为基础"。该法案中有110处提到"基于科学的研究"，并将其明确地定义为"采用严格的、系统的、科学的程序，获得可靠的知识"。教育神经科学能够为教育决策与实践提供科学严谨的证据，因此受到各国政府的高度重视，成为发达国家教育战略研究的重点。2001年，日本政府启动30亿日元的"脑科学与教育"研究项目，该项目总体目标是将脑科学研究作为国家教育发展的一项战略任务，进行教育理论与实践的应用研究。同年，荷兰科学委员会启动"国家项目"，该项目总预算达2.9亿欧元，设立心智的学习、心智的健康、心智的运作三个主题。2005年，美国自然科学基金会斥资9亿美元，组建包括认知神经科学、心理学、计算科学、教育学四个学科领域专家的跨学科研究团队。

　　在这种背景下，我们邀请了哈佛大学的库尔特·W.费希尔教授、法国斯坦尼斯拉斯·迪昂院士、日本小泉英明院士以及阿根廷安东尼奥·巴特罗院士等中外学者共同讨论教育神经科学的发展与循证教育决策与实践的问题，本书就是这些讨论的智慧结晶。本书共分为四部分八章。第一部分主要讨论了循证教育政策与实践产生的背景及其主要思想，在此基础上，探索了教育神经科学视野中的循证教育研究方法，如费希尔教授及其同事根据脑科学与认知科学的研究成果，开发了复杂技能量表，用于测量技能的动态发展过程。他们的研究发现，学习的发展路径因人而异。即使对同一个人，不同情景下其学习发展路径也是不同的。小泉英明院士及其团队探索了溯因推理方法，即渐进重复法，在实际应用中效果显著。这种方法首先由社会科学研究者与人文科学研究者归纳出一些可检验的思路，然后自然科学研究者进行可行性评价以及初步筛选，再交由社会科学研究者进一步修正细化，最后，自然科学研究者在此基础之上调整指标并最终提出有意义的研究假设。巴特罗院士则提出，教育神经科学的研究重点需要从学习脑的研究转移到教学脑的研究。第二部分主要从教育神经科学的证据来论证联合国的两个重要教育政策：学会关心以及文化适宜性教育政策。前者阐述了人类的关怀从生物倾向到共同伦理的形成过程中，教育所发挥的巨大作用；后者比较了东西文化的异同及其对人脑与认知所产生的重要影响，教育改革要取得成功，教育决策者和实践者既要掌握教育神经科学的知识，又要能够把握本国的文化传统与内涵。第三部分和第四部分从教育神经科学的角度，为阅读、数学、音乐、体育教育实践的开展提供了科学而严谨的证据，同时，还从认知与神经科学的角度分析了学生的情绪与学习动机等贯穿不同学科学习的调控因素，揭示影响教育实践效果的重要因素。例如，教育的本质究竟是什么？法国的迪昂院士提出的"教育即大脑皮质的再利用"的观点为我们理解教育的这一核心问题提供了重要的思路。他以阅读为例，为我们展示了教育如何再利用人脑的皮质区域，并在此基础上，得出这些研究对教育实践的启示。阅读实际上是人脑对口头语言进行了视觉化的加工。阅读时，视觉输入迅速激活识别字形的视觉字形区，此后输入信息的激活扩散到其他负责口头语言加工的脑区，其中有专门负责语音与语义加工的特定脑区。所有语种的单词都必须生成视觉表征、进行语音或语义编码后，才能被人类掌握。近些年来，我国教育神经科学也得到了长足的发展。一批有志学者率先踏入这个新兴的学科领域，已经有众多的研究成果产生。本书将引领读者从科学的角度来思考我国的教育改革与实践。

　　本书的提纲由周加仙提出，她组织国内外的学者来撰写相关章节。

全书总共分为八章，各章具体分工如下：第一章周加仙。第二章第一节，美国哈佛大学费希尔教授（周加仙、王泓、柳恒爽翻译）；第二节，日本小泉英明院士（周加仙、毛垚力、贾玉雪翻译）；第三节，阿根廷安东尼奥·巴特罗院士（梁宏琛翻译，周加仙审校）；第四节，钱雨。第三章周加仙。第四章周加仙。第五章第一节，法国迪昂院士（周加仙、毛垚力、魏婧翻译）；第二节，杨红、王芳、周加仙、赵晖；第三节，南云、陈雪梅、刘文利、周加仙；第四节，黄文英、杨念恩、简裕。第六章高振宇。第七章第一节，毛梦钗、黄宇霞；第二节，艾卉、周慧、黄宇霞；第三节，程琛、胡经纬；第四节，江琦、邓欢；第八章，姜怡。

在本书的写作过程中，有些论文已经在国内外的核心期刊上发表，我们在文中列出，感谢这些学术期刊对于新兴学科的大力支持。此书出版之际，我们还要感谢教育科学出版社的大力支持。在这样一个跨越了人文社会科学与自然科学的大跨度学科交叉研究领域，我们深感自己才疏学浅，水平有限，如有不足之处，还望读者不吝赐教。

周加仙

2016年2月

于华东师范大学俊秀楼

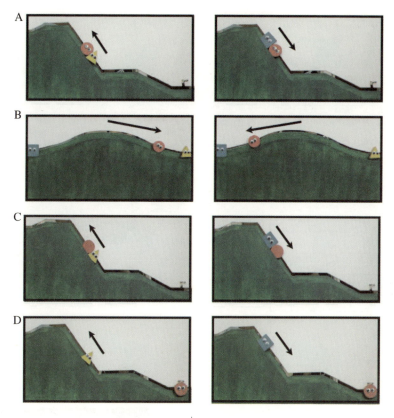

插图3-1 婴儿观看的木偶剧

A.红色圆圈代表登山者，登山者试图爬上山两次，每一次都滚到山底。第三次，登山者或者被帮助者推上山（左图），或者被阻碍者推下山（右图）。实验1中，婴儿交替地观看这两个情景；实验3中，婴儿交替地观看其中一种条件，或者是帮助的事件，或者是阻碍的事件，与D中所描述的中性事件相对应。

B.实验1和实验3，测试婴儿观看的时间长度，登山者从山顶下来，坐在帮助者的右侧（左图），或者阻碍者的左侧（右图）。10个月的婴儿看登山者坐在阻碍者左侧的时间更长，表明他们对这一情景感到奇怪。而6个月的婴儿对这两种情景观看的时间一样长，这表明他们的社会评价能力比对他人的推断能力发展的时间更早。

C.实验2，推上去、推下来的习惯性事件。（左图）帮助者将停在山脚的圆圈向上推，（右图）阻碍者将停在山顶的圆圈向下推。婴儿交替地观看这两个事件。

D.实验3，帮助者/中性条件的习惯性事件（左图），阻碍者/中性条件的习惯性事件（右图）。中性人物没有与登山者产生交互作用，而是沿着帮助者（左图）或者阻碍者（右图）的道路向上或者向下走。

图片来源：Hamlin J K，Wynn K，Bloom P，2007.Social evaluation by preverbal infants［J］. Nature，450：557-560.

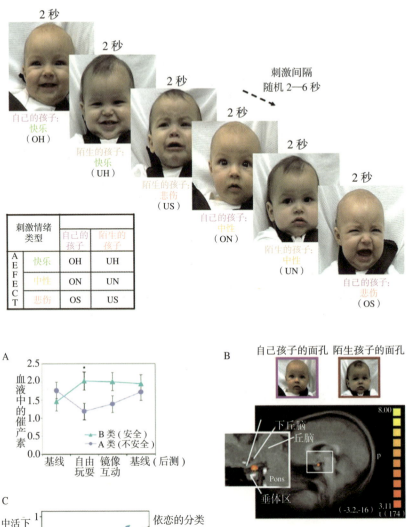

插图3-2　外周催产素和相关脑区对婴儿面孔的激活

实验一共呈现6种类型婴儿面孔图片：3种是自己孩子的中性、快乐、悲伤面孔图；3种是他人孩子的中性、快乐、悲伤面孔图。婴儿面孔图片呈现2秒钟，然后出现2—6秒的空白间隔。研究结果表明：

（A）安全的B类依恋模式的母亲在与自己的婴儿互动时，外周催产素水平更高。第一个基线是母婴分离20分钟后收集的数据。第二个数据是母婴自由玩耍5分钟后测得的数据。第三个数据是母亲通过镜子与自己的婴儿进行视觉与声音的互动，但是母婴身体被屏幕分开。第四个数据是母婴再分离20分钟后收集的数据。（B）与A类母亲相比，B类母亲在观看自己婴儿和他人婴儿的面孔图片时，下丘脑—垂体（hypothalamus/pituitary region）区域的激活更高。（C）外周催产素水平与母亲观看自己孩子的中性面孔时下丘脑—垂体区域的激活程度之间的相关性。

图片来源：Strathearn L，Fonagy P，Amico J，et al.，2009. Adult attachment predicts maternal brain and oxytocin response to infant cues［J］. Neuropsychopharmacology，34：2655-2666.

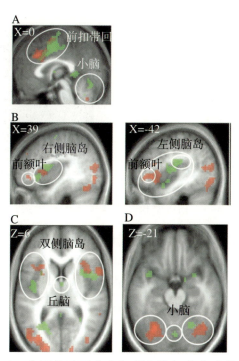

插图3-3　自己体验到疼痛与观察伴侣疼痛时激活的脑区

绿色的部分表示被试在自己接受电击的时候显著激活的脑区，红色部分代表被试观看男朋友接受电击时活跃的脑区。A. 前扣带回和小脑的激活。B. 双侧脑岛延伸到外侧前额皮质，左侧脑岛后部延伸到第二体感皮质、双侧枕叶皮质、梭状回。C. 双侧脑岛与背侧中部。D. 小脑/梭状回中部与外侧丘脑。图片中重叠的部分说明，在共情的时候，至少有一部分神经机制与自己感受疼痛是一样的，由此产生共情的感觉（Singer et al.，2004）。

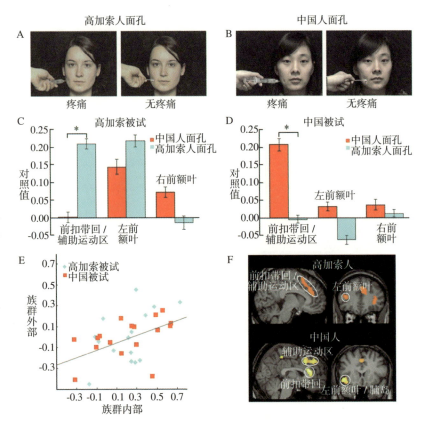

插图3-4　白人女孩和中国女孩的扎针实验

A.实验刺激材料：有疼痛与无疼痛的高加索人面孔；

B.有疼痛与无疼痛的中国人面孔；

C.高加索人的前扣带回和前额叶皮质对不同族群面孔有无疼痛的反应值；

D. 中国人的前扣带回和前额叶皮质对不同族群面孔有无疼痛的反应值；

E. 族群内部与外部成员前扣带回共情神经反应之间的相关性；x轴与y轴分别代表不同族群内部成员和外部成员前扣带回的共情反应，其指标是有无疼痛的刺激对照值；

F.全脑统计分析得出，被试在观看不同族群内部成员的面孔时，前扣带回和前额叶或者脑岛的激活量增加，上排脑图是高加索被试的结果，下排图是中国被试的结果（Xu et al.，2009）。

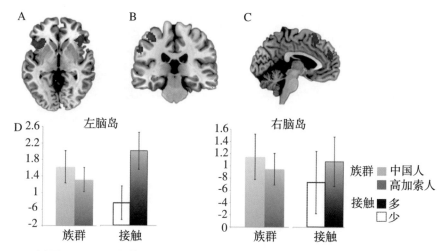

插图3-5　不同种族和条件下疼痛激活的脑区高于非疼痛激活的脑区

A.双侧脑岛的激活。

B.左侧体感皮质（中央后回），次级感觉皮质的激活低于阈值。

C.额中皮质激活，包括补偿运动区和额中回。

D.不同族群（高加索与中国人面孔）和接触水平与左右脑岛的激活程度。

图片来源：Cao Y, Contreras-Huerta L S, McFadyen J, et al., 2015. Racial bias in neural response to others' pain is reduced with other-race contact ［J］. Cortex, 70：68-78.

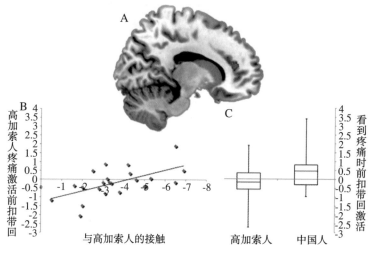

插图3-6　不同种族共情激活的脑区

A.与族外人员（高加索人）相比，对族内人员（中国人）疼痛的感受更强地激活了前扣带回。

B.对高加索人疼痛的感受激活的前扣带回与日常社会环境中对高加索人的接触量显著相关。

图片来源：Cao Y, Contreras-Huerta L S, McFadyen J, et al., 2015. Racial bias in neural response to others' pain is reduced with other-race contact ［J］. Cortex, 70：68-78.

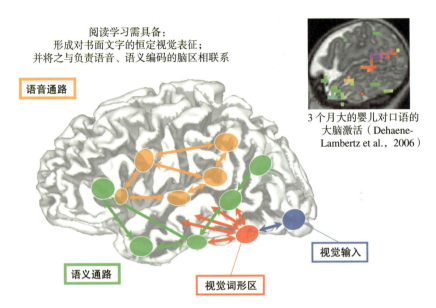

插图5–1　与阅读有关的大脑结构

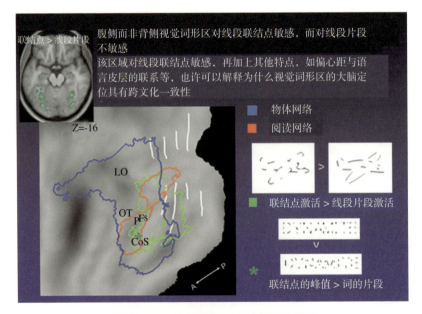

插图5–2　比德曼效应的神经学解释

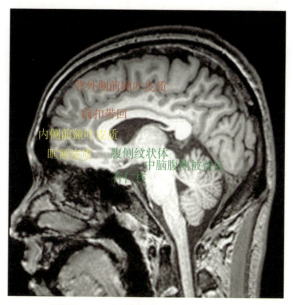

插图8-1　与动机紧密联系的脑区域

绿色（动机的诱发）：中脑腹侧被盖区、腹侧纹状体、杏仁核。黄色（动机的完成）：眶额皮质、内侧前额叶皮质。红色（动机的维持）：前扣带回、背外侧前额叶皮质。

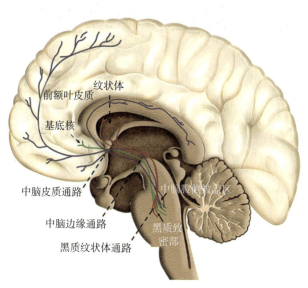

插图8-2　多巴胺通路〔Arias-Carrión et al.，2010〕

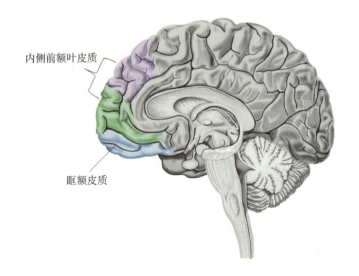

内侧前额叶皮质

眶额皮质

插图8-3　与能力和价值判断紧密联系的眶额皮质（蓝色）和内侧前额叶皮质（绿色和紫色）

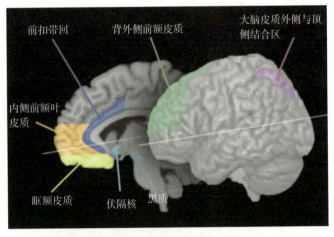

前扣带回　　背外侧前额皮质　　大脑皮质外侧与顶侧结合区

内侧前额叶皮质

眶额皮质　　伏隔核　　黑质

插图8-4　与认知控制紧密联系的前扣带回（青色）和背外侧前额皮质（绿色）

图中其他脑区域：眶额皮质（黄色），内侧前额叶皮质（橙色），伏隔核（蓝色，腹侧纹状体的一部分），黑质（蓝色），大脑皮质外侧与顶侧的结合区域（紫色）（Sanfey，2007）。